NCS
한국중부발전
직무능력평가

NCS 한국중부발전

직무능력평가

초판 인쇄   2021년 10월 6일
초판 발행   2021년 10월 8일

편 저 자 | 취업적성연구소
발 행 처 | ㈜서원각
등록번호 | 1999-1A-107호
주   소 | 경기도 고양시 일산서구 덕산로 88-45(가좌동)
교재주문 | 031-923-2051
팩   스 | 031-923-3815
교재문의 | 카카오톡 플러스 친구[서원각]
영상문의 | 070-4233-2505
홈페이지 | www.goseowon.com
책임편집 | 정유진
디 자 인 | 이규희

PREFACE

우리나라 기업들은 1960년대 이후 현재까지 비약적인 발전을 이루었다. 이렇게 급속한 성장을 이룰 수 있었던 배경에는 우리나라 국민들의 근면성 및 도전정신이 있었다. 그러나 빠르게 변화하는 세계 경제의 환경에 적응하기 위해서는 근면성과 도전정신 이외에 또 다른 성장 요인이 필요하다.

최근 많은 공사·공단에서는 기존의 직무 관련성에 대한 고려 없이 인·적성, 지식 중심으로 치러지던 필기전형을 탈피하고, 산업현장에서 직무를 수행하기 위해 요구되는 능력을 산업부문별·수준별로 체계화 및 표준화한 NCS를 기반으로 하여 채용공고 단계에서 제시되는 '직무 설명자료'에서 제시되는 직업기초능력과 직무수행능력을 측정하기 위한 직업기초능력평가, 직무수행능력평가 등을 도입하고 있다.

한국중부발전에서도 업무에 필요한 역량 및 책임감과 적응력 등을 구비한 인재를 선발하기 위하여 고유의 직무능력평가를 치르고 있다. 본서는 한국중부발전 신입사원 채용대비를 위한 필독서로 한국중부발전 직무능력평가의 출제경향을 철저히 분석하여 응시자들이 보다 쉽게 시험 유형을 파악하고 효율적으로 대비할 수 있도록 구성하였다.

신념을 가지고 도전하는 사람은 반드시 그 꿈을 이룰 수 있습니다. 처음에 품은 신념과 열정이 취업 성공의 그 날까지 빛바래지 않도록 서원각이 수험생 여러분을 응원합니다.

STRUCTURE

핵심이론정리

NCS 직업기초능력평가의 각 영역에 대한 핵심이론을 수록하였습니다.

출제예상문제

각 영역에 대한 다양한 유형의 출제예상문제를 수록하여 실전에 대비할 수 있습니다.

면접

성공취업을 위한 면접의 기본과 면접기출을 수록하여 취업의 마무리까지 깔끔하게 책임집니다.

CONTENTS

PART

I

한국중부발전 소개

01 회사소개

1 KOMIPO 소개

(1) 회사개요

세계 최고 수준의 발전소 건설 및 운영 기술력을 바탕으로 화력발전(석탄, LNG, 중유)과 풍력, 태양광, SRF, 연료전지 발전 등을 통해 고품질의 안정적인 전력을 공급하고 있다.

한국중부발전은 더욱 깨끗하고 건강한 에너지를 전달하고자 화력발전소의 환경설비를 세계 최고 수준으로 교체하여 미세먼지와 환경오염의 걱정이 없는 안전한 발전소를 운영하고 있으며, 다양한 신재생에너지의 지속 개발을 통해 대한민국 에너지 전환 추진에 앞장서고 있다.

① 새로운 도전으로 에너지 산업을 선도

    ㉠ 대한민국 화력발전의 시초가 된 당인리발전소(서울화력)의 운영에서부터, 기네스에 등재된 세계 최장 6,500일 발전소 장기 무고장운전의 기록을 보유한 보령발전본부, 초고효율 초초임계압 화력발전 신기술의 국산화에 성공한 신보령발전본부 등 대한민국 에너지 역사의 중요한 순간에는 항상 한국중부발전이 있었다.

    ㉡ 인구 천만의 대도시 서울의 안정적 전력공급을 위해 세계 최초로 도심 지하 대규모 LNG 복합발전소를 준공하였으며 지금 이 순간에도 에너지 산업의 역사를 써나가고 있는 한국중부발전은 대한민국뿐만 아니라 해외 각지에도 에너지 기술력을 수출하며, 대한민국의 에너지 영토를 넓혀가고 있다.

② 해외 전력시장으로의 진출

    ㉠ 인도네시아에 대한민국 표준석탄화력 모델을 수출, 발전소 건설 및 운영 기술력과 노하우를 전하며 찌레본 화력, 탄중자티 화력, 왐푸 수력, 땅가무스 수력 등의 발전소를 통해 자바섬 전력공급의 6%를 담당하고 있고, 시보르빠 수력, 찌레본 화력 후속기 등의 추가 사업을 진행하며 인도네시아의 안정적 전력공급과 경제발전에 기여하고자 한다.

    ㉡ 이 외에도 스웨덴 스타브로 풍력의 건설과 미국 네바다주 볼더시의 대규모 태양광발전단지의 개발 및 운영 사업을 진행하며 'KOMIPO'라는 대한민국의 에너지 브랜드를 만들어 가고 있다.

③ 국민의 에너지가 되는 기업, 한국중부발전 … 누구도 생각하고 시도하지 못한 아이디어와 도전정신을 바탕으로 에너지 산업의 선두에서 노하우와 경험을 쌓으며, 국민의 풍요롭고 건강한 삶을 위해 노력해온 한국중부발전은 앞으로도 대한민국은 물론 세계인의 발전에 든든한 에너지가 되는 기업이 되고자 한다.

(2) 2030 VISION

① 경영전략 체계도

미션	친환경 에너지의 안전하고 안정적인 공급을 통해 국가발전과 국민 삶의 질 개선에 기여한다			
비전	삶의 가치를 높이는 클린에너지 리더 Clean Energy Leader enhancing the Value of Life			
핵심가치	안전	혁신	신뢰	상생
경영방침	신뢰경영	가치경영		행복경영
경영목표	30% 신재생 에너지 발전량 비율	0% 사망만인율	90% 발전설비 국산화율	95점 KOSVI
	80% 대기오염물질 저감률	240% 부채비율	30% 해외사업 설비용량 비율	1위 청렴도 점수 공기업
전략목표	친환경 에너지 사업 선도	안전하고 지속가능한 경영	미래 성장동력 창출	국민신뢰 기반 사회적가치 구현
전략과제	• 그린뉴딜 기반 신재생에너지 확대 • 탄소중립 체계 이행 강화 • 환경오염물질 저감 극대화 • 친환경 설비·연료 전환 확대	• 재난 대응체계 강화 • 안전문화 확산 및 정착 • 발전운영 신뢰성 및 효율성 제고 • 위기대응 경영체계 고도화	• 소재·부품·장비 국산화 • 실용화 중심 4IR 기술확산 • 친환경 중심해외사업 다각화 • 미래대응 인적자원 확보	• 국민이 체감하는 일자리 창출 • 개방형 혁신·규제개선 활성화 • 지역공동체 공동발전 • 윤리·인권 기반 조직 운영

② KOMIPO 4 Way

핵심가치		행동기준
안전	인간존중을 바탕으로 국민과 구성원의 안전과 건강을 최우선시	• 국민과 구성원의 안전을 우선시하여, 누구나 건강한 생활을 영위할 수 있도록 노력 • 안전 생활의 자발적 실천을 통해 선진 안전문화 정착에 기여 • 발생 가능한 모든 사고에 선제적으로 대응하여, 안전사고 Zero화에 일조
혁신	변화를 두려워하지 않으며 통찰력 및 열린사고로 언제나 모든 분야에서 혁신을 주도	• 끊임없는 혁신과 변화를 통해 국민의 삶의 질 향상을 실천 • 변화하는 시대에 대응하기 위한 지속적인 자기개발로 역량을 강화 • 진취적인 사고와 창의성을 통해 에너지 전환시대의 혁신을 주도
신뢰	기본과 원칙에 충실하고 투명하게 솔선수범 함으로써 국민과 구성원의 신뢰 제고	• 엄격한 윤리기준과 원칙 준수를 통해 투명하고 성실하게 업무를 수행 • 다양한 이해관계자들과의 진솔한 소통을 통해 대내외 공신력을 고하는데 기여 • 주인의식과 진정성을 바탕으로 고객과의 신뢰를 구축
상생	모든 이해관계자와 상생을 항상 우선 고려하고, 경제적·사회적 가치를 공유	• 국민을 최우선으로 하는 상생정신으로 사회적 가치를 창출하기 위해 노력 • 우리 회사가 지역 사회와 협력기업의 동반자로서 성장하는데 기여 • 동료들과 서로 협력하고 존중함으로써 상생의 가치를 실현

2 사업 소개

(1) 발전소

① 보령발전본부 … 국내 최초의 국산화 표준 석탄화력발전소

보령발전본부는 국내 전체 전력설비의 3.50%를 차지하는 대규모 발전단지로 유연탄 화력, LNG복합화력, 태양광, 소수력, 연료전지의 설비를 운영 중이며, 우드펠릿과 유기성 고형연료(하수슬러지)를 화력발전소에서 혼소하는 설비와 습식아민 이산화탄소 포집 설비까지 다양한 설비를 보유한 국내 최고의 종합 발전단지이다.

② 인천발전본부 ··· 수도권 전력공급의 핵심, 고효율 최신식의 복합화력설비

1970년 기력 1호기가 준공되어 운영하기 시작하여 1979년 기력 4호기까지 건설되어 기력 설비용량이 1,150MW에 이르렀으나, 기력 3, 4호기는 2009년, 기력 1, 2호기는 2014년 4월 1일부로 폐지되었다. 인천발전본부는 안정적인 전력공급을 위해 2005년 복합1호기(503.5MW)를 준공한 이후 고효율의 최신식 복합발전설비의 건설을 지속적으로 추진하여, 2009년에는 복합2호기(509MW)를 준공하였으며, 2012년 12월에는 복합3호기(450MW)가 준공되어 운영 중이다. 도심지역에 위치한 발전소로써 전력공급 뿐만 아니라, 경기도 부천과 인근지역에 난방열도 공급하고 있다.

③ 서울발전본부 ··· 세계 최초 도심 대용량 지하발전소

서울발전본부의 연료원은 LNG로 석탄화력발전소와는 달리 황산화물과 먼지가 배출되지 않는다. 서울발전본부는 대기환경보전법 질소산화물 배출허용기준인 20ppm(O_2 15%) 보다 훨씬 낮은 5ppm 이하로 배출되도록 운영하고 있다.

• 원주그린열병합 발전소 : 발전소는 10MW규모, 주연료는 일반 고형연료제품(SRF)으로 원주시에서 생산한 SRF(RDF)와 일반고형연료 SRF를 사용하고 있다. 원주그린열병합 발전소는 국가 대체에너지 개발 및 폐기물 자원화 정책에 적극 부응하고 있으며, 온실가스 배출 감축에 기여하고 있다.

④ 신서천건설본부 ··· 초고효율 친환경

1000MW용량의 초고효율 초초임계압발전소이다. 고효율의 USC(Ultra Super Critical)발전소로 효율은 높이고 온실가스배출은 줄이는 동시에 세계 최고 수준의 환경설비 구비 및 석탄분진 비산방지를 위한 사일로(SILO)형 옥내 저탄장 설치 등을 통해 석탄발전소의 환경오염에 대한 우려를 해소할 것으로 기대된다.

⑤ 제주발전본부 ··· 청정제주의 전력공급을 책임지는 친환경 발전소

1982년 11월 10MW급 기력발전소 준공을 시작으로 30여 년 넘게 제주도의 안정적 전력공급을 책임지고 있는 제주발전본부는 총 설비용량 482MW로, 제주지역 전력사용량의 약 35%를 담당하고 있는 제주도 최대 전력공급단지이다. 천혜의 관광지인 제주도 최북단에 위치하고 있는 제주발전본부는 기력 2기, 내연 2기, 복합 2기, 태양광, 풍력 발전시설 등 다양한 발전설비를 보유하고 있으며, 친환경 발전을 선도하고 있다. 또한 2020년 LNG 발전을 시작으로 제주도가 추진하는 「Garbon Free Island」 사업을 선도하는 친환경 발전소로 거듭나게 되었다.

⑥ 세종발전본부 ··· 세종시의 도시계획과 조화된 친환경 설계

세종발전본부는 행정중심복합도시 개발계획에 따라 2011년 10월에 착공, 2013년 11월 30일 준공하여 2013년 12월부터 530MW의 전력과 391Gcal/hr의 난방열을 생산하여 세종시 약 10만 세대의 공동주택, 정부청사 등에 난방열과 전기를 공급하고 있다. 세종발전본부는 세종특별자치시의 도시계획과 조화된 친환경 설계로 최신의 환경시설 운영하여 세종시민의 쾌적한 생활환경 조성에 기여하고 있으며, 세종발전본부 운영으로 개별 가스난방과 비교하여 15%정도의 저렴한 난방열을 공급하고 있다.

⑦ 신보령발전본부 ··· 초고효율의 미래형 친환경 발전소

신보령발전본부는 총 2,000MW 용량의 국내 최초 순수 국산화 기술을 적용한 초초임계압 발전소이다. 신보령발전본부는 고효율의 USC(Ultra Super Critical) 발전소로 발전효율은 높이고 온실가스 배출을 줄이는 동시에 최신의 질소산화물저감설비, 배기가스 탈황설비 등을 갖춘 친환경발전소로, 신보령 1, 2호기 완공을 통해 국민에게 더욱 저렴하고 친환경적인 전기를 공급할 수 있게 되고, 최초 국산화 초초임계압 발전소의 건설 및 운영 기술력의 해외 수출을 통한 글로벌시장 판로 개척도 기대하고 있다.

(2) 국내사업

① 화력발전소 운영 ··· 고품질의 안정적인 전력공급을 기업의 가장 큰 목표로 삼고 있는 한국중부발전은 고도의 설비관리 및 예방정비시스템을 구축, 국가의 혈맥인 전력을 안정적으로 공급함으로써 국가 경쟁력 향상에 크게 기여하고 있다. 또한 화재나 천재지변 같은 불가항력에 대비하여 전 직원이 안전사고 대비 훈련을 철저히 시행하고 있다.

② 신재생에너지 개발 ··· 태양광, 풍력, 바이오, 연료전지, 소수력, 해양에너지 등 다양한 신재생에너지원을 활용한 설비를 건설 및 운영하며, 신재생에너지 공급 의무화제도(RPS)를 이행하고, 온실가스 감축에도 큰 기여를 하고 있다.

③ 발전소 건설 ··· 복합화력, 양수, 내연, CHP(열병합 발전), 소수력, 풍력, 태양광 등 신규발전소 건설을 통해 미래성장 동력을 창출해 오고 있다.

④ SPC 사업 ··· 출자를 통해 국내 다양한 에너지 사업 분야에 참여하고 있으며, 특히 신재생에너지 분야의 활발한 사업개발로 친환경 전력공급에 앞장서고 있다.

(3) 해외 사업

① 해외발전사업 … 수십년간 쌓아온 발전소 운영 및 정비의 풍부한 경험과 성과를 바탕으로 전 세계에서 세계 최고 수준의 전문적인 O&M(Operation and Maintenance)서비스를 제공하고 있다.

② 해외신재생에너지 … 선도적인 친환경기업으로서, 주요사업인 화력발전의 수출과 더불어 신재생에너지의 해외진출도 적극적으로 추진하고 있다.

③ 기술자문분야 … 경험과 기술적인 전문지식을 통해 전 세계의 고객들에게 전력공급의 안정성 향상과 전력부문 개발 원조 및 세계 환경문제 해결을 위한 기술자문 서비스를 제공하고 있다.

(4) 에너지신산업

국내 최초 풍력이용 P2G(Power To Gas) 그린수소 개발 … 풍력 잉여전력 활용을 위한 500kW급 그린수소 수전해 기술개발을 통해 재생에너지 확대에 따른 전력계통 불안정성을 해결하고, 수소경제 활성화 및 일자리 창출에 기여하고 있다.

02 채용안내

1 인재상 및 Keyword

(1) 인재상

Creative Global KOMIPO Challenger … 창조적 에너지로 세계와 소통하여 KOMIPO의 미래를 이끄는 인재

Creative Challenger	혁신적 사고와 열정으로 새로운 가치창출에 도전하는 인재
Performance Leader	강한 자부심과 책임감으로 자기업무에 주도적인 인재
Global Communicator	상호 존중과 배려로 세계와 소통하는 인재

(2) 인재상 Keyword

① 안전 … 인간존중을 바탕으로 국민과 구성원의 안전과 건강을 최우선시합니다.

② 혁신 … 변화를 두려워하지 않으며 통찰력 및 열린 사고로 언제나 모든 분야에서 혁신을 주도합니다.

③ 신뢰 … 기본과 원칙에 충실하고 투명하게 솔선수범함으로써 국민과 구성원의 신뢰를 제고합니다.

④ 상생 … 모든 이해관계자와 상생을 항상 우선 고려하고, 경제적 · 사회적 가치를 공유합니다.

2 채용 절차

(1) 1단계 – 직무적합도평가(인 · 적성검사)

• 전 분야 공통, 적 · 부 판정

• 회사 핵심가치 부합도 및 직업기초능력요소 중 인성요소 평가

• C~D 등급 부적합 [전체 S~D(5단계) 등급] / 부적합 대상은 불합격 처리

(2) 2단계 – 직무능력평가(필기전형)

① 한국사 및 직무지식평가(70문항, 50%)

- 공통 : 한국사 10문항

- 직군별 전공지식 : 50문항

직군		범위
발전기계	대졸	[일반기계기사 과목] 재료/유체/열역학, 동력학 등 기계일반
	고졸	기계분야 지식
발전전기	대졸	[전기기사 과목] 전력공학, 전기기기, 회로/제어공학 등 전기일반
	고졸	전기, 전자, 제어계측분야 지식

※ 난이도 : 대졸–원론 수준 50% 이상 출제 / 고졸–관련분야 기능사 수준

- 직무수행능력평가 : 직군별 직무상황 연계형 10문항

② 직업기초능력평가 중 인지요소 80문항(50%)

직군	범위			
발전기계	의사소통	문제해결	자원관리	기술능력
발전전기	의사소통	문제해결	수리능력	기술능력

(3) 3단계 – 심층면접(면접전형)

① 1차 면접 – 직군별 직무역량평가

- PT면접 / 토론면접 등

※ 당일 현장 직무적합도평가 시행[본인 확인용]

※ 본인확인 : 1단계 전형(온라인 직무적합도평가) 평가결과 기준, 답변 일치율 70% 이상일 경우 합격(오차범위 초과시 불합격)

② 2차 면접 – 인성면접

- 태도 및 인성부분 등 종합평가

- 점수반영 : 필기(20%) + 1차 면접(30%) + 2차 면접(50%)

(4) 4단계 – 신원조회 / 신체검사

전 분야 공통, 적·부 판정

ESG경영 고도화 종합 추진계획 선포

- 이사회 내 ESG위원회 및 CEO중심 ESG경영추진위원회 신설
- 매년 약 2,000억원 투입 가시적 성과창출 목표

올해 회사창립 20주년을 맞은 한국중부발전(사장 김호빈)은 지속가능 성장동력 창출을 위한 전사적 혁신의 일환으로 「ESG경영 고도화 종합 추진계획」을 수립하고 9월 13일(월) ESG경영추진위원회 및 ESG경영처 신설 등 실행조직 개편을 단행했다.

중부발전이 발표한 ESG경영 고도화 종합계획의 주요 내용으로는 이사회 내 이사진과 전문위원으로 구성된 「ESG위원회」 신설, CEO를 중심으로 경영진과 핵심부서장을 위원으로 하는 「ESG경영추진위원회」 구성·운영, ESG경영 실행력 강화를 위한 전담조직으로 「ESG경영처」 신설, ESG 중심의 경영전략체계 재편 등이다.

중부발전은 지난 4월부터 ESG 경영의 중점요소인 환경, 사회, 지배구조 각 분야에서 대표적인 성과지표 13개를 선정하고 2025년까지 달성할 단계별 목표를 수립하여 지속적으로 추진해오고 있으며, 이번에 수립한 「ESG경영 고도화 종합계획」을 통하여 ESG를 회사 경영전략 체계 전반에 안착, 구체화하겠다는 계획이다.

ESG경영의 대표요소인 환경(Environment) 분야의 핵심성과지표(Key Index)는 환경경영과 미세먼지 등 대기오염물질 감축 등을 통한 환경 성과이다. 중부발전은 2020년까지 약 5,600억 원을 투입하여 대기오염물질 배출량을 2015년 대비 약 68%(2.4만 톤)을 줄였으며, 향후 5년간 총 8,000억 원을 추가 투입하여 2025년까지 대기오염물질 배출량을 2015년 대비 82%를 줄일 계획이다.

사회(Social) 분야의 대표적인 성과지표는 지역사회공헌 및 협력사 동반성장이다. 중부발전은 이를 위해 향후 5년간 총 2,000억 원을 추가 투입하여, 2025년까지 직접 일자리 500개, 창업벤처 36개, 협력사 해외수출 230억 원 달성을 목표하고 있다.

지배구조(Governance) 분야의 핵심성과지표(Key Index)는 국민권익위원회의 공공기관 청렴도와 ISO37001(부패방지경영시스템)이다. 중부발전은 최근 5년간 공공기관 최고 수준의 청렴도를 유지해왔으며, 작년에는 부패방지경영시스템과 인권경영시스템 인증을 동시에 획득했다. 중부발전은 윤리, 준법, 인권 전반의 우수한 기업문화를 기반으로, 2025년까지 청렴도 평가 1등급 지속 및 인권경영시스템 5년 연속 인증으로 명예의 전당 헌정을 달성한다는 계획이다.

김호빈 한국중부발전 사장은 "ESG는 화력발전을 기반으로 성장해 온 우리회사에게는 커다란 도전이지만, 중부발전은 지난달 「ESG경영 실천을 위한 노사 공동선언」을 통해 에너지 대전환 시대의 선도적 역할을 위해 노사(勞使)가 하나되기로 다짐한 것처럼, 위기를 기회로 삼아 현 세대와 미래 세대까지 고려하는 균형감있고 포괄적인 발전을 추구할 것"이라고 밝혔다.

-2021. 9. 14.

면접질문
- 한국중부발전의 사회적 가치 실현 전략에 대해 설명해 보시오.
- ESG 경영에 대해 설명해 보시오.

한국중부발전, 2025년까지 하수 등 재이용수 사용률 70% 까지 확대

– 재이용수 사용률 현재 5%에서 2025년까지 70% 달성

한국중부발전(사장 김호빈)은 9월 15일(수) 기후변화 시대 지속가능한 물 관리를 위해 물 재이용 확대 [Komipo ReWater70] 로드맵을 선포했다.

[Komipo ReWater70] 로드맵은 지속적인 충남서부지역 가뭄 등 기후변화로 인한 강우량의 편차로 지역별 물부족이 심화 될 것으로 전망됨에 따라 수자원 리스크 관리 및 국민 물 기본권 확대를 위해 수립되었으며, 하수·빗물 등 미이용 수자원 발굴, 재이용 사업 투자계획 등 2025년까지 물사용량 중 재이용수를 70% 이상 활용하기 위한 기본계획을 담고 있다.

먼저, 하수처리수를 역삼투압 방식으로 정수 후 공업용수로 사용하는 하수처리수 재처리 사업을 통해 연간 500만 톤을 활용 할 예정이다. 환경부, 충남도, 보령시와 공동으로 총 사업비 315억 원을 투자하여 연간 365만 톤 규모의 시설을 금년 11월에 착공하여 2023년말 준공할 계획이다. 향후 하수처리장 위치 등 발전소 주변 여건을 고려하여 인천, 세종 지역 등에서 순차적으로 사업을 확대할 예정이다.

또한, 옥내저탄장 지붕 등 발전소 부지내 빗물을 재활용하기 위해 30억 원을 투자하여 2024년까지 연간 33만 톤 규모의 시설을 설치하고 앞으로 신규발전소는 건설 단계부터 설계에 반영할 계획이다.

마지막으로 사업소 발생 폐수의 재이용 여건을 재검토하여 현재 50만 톤 규모인 내부 폐수 재활용량을 연간 150만 톤까지 증대 할 계획이다.

이를 위해 중부발전은 하수처리수 재이용 사업 60억 원 등 총 120억 원을 2025년까지 투자하고, 로드맵에 대한 이행현황을 외부에 투명하게 공개하여 물경영 수준을 객관적으로 평가 받을 예정이다.

한국중부발전 김호빈 사장은 "중부발전은 [Komipo ReWater70] 로드맵 이행을 통해 연간 667만 톤 미이용 수자원을 활용 하여 국민 보편적 물복지에 기여 할 수 있을 것으로 기대된다"라며 "앞으로 지속가능한 물 재이용 사업을 성공적으로 추진하기 위해 최선을 다하겠다"라고 전했다.

– 2021. 9. 15.

면접질문
- 친환경발전소로 거듭나기 위한 방법 중 재이용수 사용을 제외한 다른 방법에는 어떤 것이 있을지 말해 보시오.
- 용수 재이용과 더불어 다양한 수자원 보호 활동에는 어떤 것이 있는지 말해 보시오.

PART

II

NCS 직업기초능력평가

01 의사소통능력

1 의사소통과 의사소통능력

(1) 의사소통

① 개념 : 사람들 간에 생각이나 감정, 정보, 의견 등을 교환하는 총체적인 행위로, 직장생활에서의 의사소통은 조직과 팀의 효율성과 효과성을 성취할 목적으로 이루어지는 구성원 간의 정보와 지식 전달 과정이라고 할 수 있다.

② 기능 : 공동의 목표를 추구해 나가는 집단 내의 기본적 존재 기반이며 성과를 결정하는 핵심 기능이다.

③ 의사소통의 종류

    ㉠ 언어적인 것 : 대화, 전화통화, 토론 등

    ㉡ 문서적인 것 : 메모, 편지, 기획안 등

    ㉢ 비언어적인 것 : 몸짓, 표정 등

④ 의사소통을 저해하는 요인 : 정보의 과다, 메시지의 복잡성 및 메시지 간의 경쟁, 상이한 직위와 과업지향형, 신뢰의 부족, 의사소통을 위한 구조상의 권한, 잘못된 매체의 선택, 폐쇄적인 의사소통 분위기 등

(2) 의사소통능력

① 개념 : 직장생활에서 문서나 상대방이 하는 말의 의미를 파악하는 능력, 자신의 의사를 정확하게 표현하는 능력, 간단한 외국어 자료를 읽거나 외국인의 의사표시를 이해하는 능력을 포함한다.

② 의사소통능력 개발을 위한 방법

    ㉠ 사후검토와 피드백을 활용한다.

    ㉡ 명확한 의미를 가진 이해하기 쉬운 단어를 선택하여 이해도를 높인다.

    ㉢ 적극적으로 경청한다.

    ㉣ 메시지를 감정적으로 곡해하지 않는다.

2 의사소통능력을 구성하는 하위능력

(1) 문서이해능력

① 문서와 문서이해능력

㉠ 문서 : 제안서, 보고서, 기획서, 이메일, 팩스 등 문자로 구성된 것으로 상대방에게 의사를 전달하여 설득하는 것을 목적으로 한다.

㉡ 문서이해능력 : 직업현장에서 자신의 업무와 관련된 문서를 읽고, 내용을 이해하고 요점을 파악할 수 있는 능력을 말한다.

예제 1

다음은 신용카드 약관의 주요내용이다. 규정 약관을 제대로 이해하지 못한 사람은?

> [부가서비스]
> 카드사는 법령에서 정한 경우를 제외하고 상품을 새로 출시한 후 1년 이내에 부가서비스를 줄이거나 없앨 수가 없다. 또한 부가서비스를 줄이거나 없앨 경우에는 그 세부내용을 변경일 6개월 이전에 회원에게 알려주어야 한다.
> [중도 해지 시 연회비 반환]
> 연회비 부과기간이 끝나기 이전에 카드를 중도해지하는 경우 남은 기간에 해당하는 연회비를 계산하여 10 영업일 이내에 돌려줘야 한다. 다만, 카드 발급 및 부가서비스 제공에 이미 지출된 비용은 제외된다.
> [카드 이용한도]
> 카드 이용한도는 카드 발급을 신청할 때에 회원이 신청한 금액과 카드사의 심사기준을 종합적으로 반영하여 회원이 신청한 금액 범위 이내에서 책정되며 회원의 신용도가 변동되었을 때에는 카드사는 회원의 이용한도를 조정할 수 있다.
> [부정사용 책임]
> 카드 위조 및 변조로 인하여 발생된 부정사용 금액에 대해서는 카드사가 책임을 진다. 다만, 회원이 비밀번호를 다른 사람에게 알려주거나 카드를 다른 사람에게 빌려주는 등의 중대한 과실로 인해 부정사용이 발생하는 경우에는 회원이 그 책임의 전부 또는 일부를 부담할 수 있다.

① 혜수 : 카드사는 법령에서 정한 경우를 제외하고는 1년 이내에 부가서비스를 줄일 수 없어
② 진성 : 카드 위조 및 변조로 인하여 발생된 부정사용 금액은 일괄 카드사가 책임을 지게 돼
③ 영훈 : 회원의 신용도가 변경되었을 때 카드사가 이용한도를 조정할 수 있어
④ 영호 : 연회비 부과기간이 끝나기 이전에 카드를 중도해지하는 경우에는 남은 기간에 해당하는 연회비를 카드사는 돌려줘야 해

출제의도

주어진 약관의 내용을 읽고 그에 대한 상세 내용의 정보를 이해하는 능력을 측정하는 문항이다.

해 설

② 부정사용에 대해 고객의 과실이 있으면 회원이 그 책임의 전부 또는 일부를 부담할 수 있다.

답 ②

② 문서의 종류

   ⊙ 공문서 : 정부기관에서 공무를 집행하기 위해 작성하는 문서로, 단체 또는 일반회사에서 정부기관을 상대로 사업을 진행할 때 작성하는 문서도 포함된다. 엄격한 규격과 양식이 특징이다.

   ⓒ 기획서 : 아이디어를 바탕으로 기획한 프로젝트에 대해 상대방에게 전달하여 시행하도록 설득하는 문서이다.

   ⓔ 기안서 : 업무에 대한 협조를 구하거나 의견을 전달할 때 작성하는 사내 공문서이다.

   ⓡ 보고서 : 특정한 업무에 관한 현황이나 진행 상황, 연구·검토 결과 등을 보고하고자 할 때 작성하는 문서이다.

   ⓜ 설명서 : 상품의 특성이나 작동 방법 등을 소비자에게 설명하기 위해 작성하는 문서이다.

   ⓗ 보도자료 : 정부기관이나 기업체 등이 언론을 상대로 자신들의 정보를 기사화 되도록 하기 위해 보내는 자료이다.

   ⓢ 자기소개서 : 개인이 자신의 성장과정이나, 입사 동기, 포부 등에 대해 구체적으로 기술하여 자신을 소개하는 문서이다.

   ⓞ 비즈니스 레터(E-mail) : 사업상의 이유로 고객에게 보내는 편지다.

   ⓩ 비즈니스 메모 : 업무상 확인해야 할 일을 메모형식으로 작성하여 전달하는 글이다.

③ 문서이해의 절차 : 문서의 목적 이해 → 문서 작성 배경·주제 파악 → 정보 확인 및 현안문제 파악 → 문서 작성자의 의도 파악 및 자신에게 요구되는 행동 분석 → 목적 달성을 위해 취해야 할 행동 고려 → 문서 작성자의 의도를 도표나 그림 등으로 요약·정리

(2) 문서작성능력

① 작성되는 문서에는 대상과 목적, 시기, 기대효과 등이 포함되어야 한다.

② 문서작성의 구성요소

   ⊙ 짜임새 있는 골격, 이해하기 쉬운 구조

   ⓒ 객관적이고 논리적인 내용

   ⓔ 명료하고 설득력 있는 문장

   ⓡ 세련되고 인상적인 레이아웃

예제 2

예제 2

다음은 들은 내용을 구조적으로 정리하는 방법이다. 순서에 맞게 배열하면?

㉠ 관련 있는 내용끼리 묶는다.
㉡ 묶은 내용에 적절한 이름을 붙인다.
㉢ 전체 내용을 이해하기 쉽게 구조화한다.
㉣ 중복된 내용이나 덜 중요한 내용을 삭제한다.

---

① ㉠㉡㉢㉣
② ㉠㉡㉣㉢
③ ㉡㉠㉢㉣
④ ㉡㉠㉣㉢

출제의도

음성정보는 문자정보와는 달리 쉽게 잊혀지기 때문에 음성정보를 구조화 시키는 방법을 묻는 문항이다.

해 설

내용을 구조적으로 정리하는 방법은 '㉠ 관련 있는 내용끼리 묶는다. → ㉡ 묶은 내용에 적절한 이름을 붙인다. → ㉣ 중복된 내용이나 덜 중요한 내용을 삭제한다. → ㉢ 전체 내용을 이해하기 쉽게 구조화 한다.'가 적절하다.

답 ②

③ 문서의 종류에 따른 작성방법

㉠ 공문서

- 육하원칙이 드러나도록 써야 한다.
- 날짜는 반드시 연도와 월, 일을 함께 언급하며, 날짜 다음에 괄호를 사용할 때는 마침표를 찍지 않는다.
- 대외문서이며, 장기간 보관되기 때문에 정확하게 기술해야 한다.
- 내용이 복잡할 경우 '-다음-', '-아래-'와 같은 항목을 만들어 구분한다.
- 한 장에 담아내는 것을 원칙으로 하며, 마지막엔 반드시 '끝'자로 마무리 한다.

㉡ 설명서

- 정확하고 간결하게 작성한다.
- 이해하기 어려운 전문용어의 사용은 삼가고, 복잡한 내용은 도표화 한다.
- 명령문보다는 평서문을 사용하고, 동어 반복보다는 다양한 표현을 구사하는 것이 바람직하다.

㉢ 기획서

- 상대를 설득하여 기획서가 채택되는 것이 목적이므로 상대가 요구하는 것이 무엇인지 고려하여 작성하며, 기획의 핵심을 잘 전달하였는지 확인한다.
- 분량이 많을 경우 전체 내용을 한눈에 파악할 수 있도록 목차구성을 신중히 한다.
- 효과적인 내용 전달을 위한 표나 그래프를 적절히 활용하고 산뜻한 느낌을 줄 수 있도록 한다.
- 인용한 자료의 출처 및 내용이 정확해야 하며 제출 전 충분히 검토한다.

ⓔ 보고서

• 도출하고자 하는 핵심내용을 구체적이고 간결하게 작성한다.

• 내용이 복잡할 경우 도표나 그림을 활용하고, 참고자료는 정확하게 제시한다.

• 제출하기 전에 최종점검을 하며 질의를 받을 것에 대비한다.

예제 3

다음 중 공문서 작성에 대한 설명으로 가장 적절하지 못한 것은?

① 공문서나 유가증권 등에 금액을 표시할 때에는 한글로 기재하고 그 옆에 괄호를 넣어 숫자로 표기한다.

② 날짜는 숫자로 표기하되 년, 월, 일의 글자는 생략하고 그 자리에 온점(.)을 찍어 표시한다.

③ 첨부물이 있는 경우에는 붙임 표시문 끝에 1자 띄우고 "끝."이라고 표시한다.

④ 공문서의 본문이 끝났을 경우에는 1자를 띄우고 "끝."이라고 표시한다.

출제의도

업무를 할 때 필요한 공문서 작성법을 잘 알고 있는지를 측정하는 문항이다.

해 설

공문서 금액 표시

아라비아 숫자로 쓰고, 숫자 다음에 괄호를 하여 한글로 기재한다.

예) 123,456원의 표시 : 금 123,456(금일십이만삼천사백오십육원)

답 ①

---

④ 문서작성의 원칙

㉠ 문장은 짧고 간결하게 작성한다.(간결체 사용)

㉡ 상대방이 이해하기 쉽게 쓴다.

㉢ 불필요한 한자의 사용을 자제한다.

㉣ 문장은 긍정문의 형식을 사용한다.

㉤ 간단한 표제를 붙인다.

㉥ 문서의 핵심내용을 먼저 쓰도록 한다.(두괄식 구성)

⑤ 문서작성 시 주의사항

㉠ 육하원칙에 의해 작성한다.

㉡ 문서 작성시기가 중요하다.

㉢ 한 사안은 한 장의 용지에 작성한다.

㉣ 반드시 필요한 자료만 첨부한다.

㉤ 금액, 수량, 일자 등은 기재에 정확성을 기한다.

㉥ 경어나 단어사용 등 표현에 신경 쓴다.

㉦ 문서작성 후 반드시 최종적으로 검토한다.

⑥ 효과적인 문서작성 요령

    ㉠ 내용이해 : 전달하고자 하는 내용과 핵심을 정확하게 이해해야 한다.

    ㉡ 목표설정 : 전달하고자 하는 목표를 분명하게 설정한다.

    ㉢ 구성 : 내용 전달 및 설득에 효과적인 구성과 형식을 고려한다.

    ㉣ 자료수집 : 목표를 뒷받침할 자료를 수집한다.

    ㉤ 핵심전달 : 단락별 핵심을 하위목차로 요약한다.

    ㉥ 대상파악 : 대상에 대한 이해와 분석을 통해 철저히 파악한다.

    ㉦ 보충설명 : 예상되는 질문을 정리하여 구체적인 답변을 준비한다.

    ㉧ 문서표현의 시각화 : 그래프, 그림, 사진 등을 적절히 사용하여 이해를 돕는다.

(3) 경청능력

① 경청의 중요성 : 경청은 다른 사람의 말을 주의 깊게 들으며 공감하는 능력으로 경청을 통해 상대방을 한 개인으로 존중하고 성실한 마음으로 대하게 되며, 상대방의 입장에 공감하고 이해하게 된다.

② 경청을 방해하는 습관 : 짐작하기, 대답할 말 준비하기, 걸러내기, 판단하기, 다른 생각하기, 조언하기, 언쟁하기, 옳아야만 하기, 슬쩍 넘어가기, 비위 맞추기 등

③ 효과적인 경청방법

    ㉠ 준비하기 : 강연이나 프레젠테이션 이전에 나누어주는 자료를 읽어 미리 주제를 파악하고 등장하는 용어를 익혀둔다.

    ㉡ 주의 집중 : 말하는 사람의 모든 것에 집중해서 적극적으로 듣는다.

    ㉢ 예측하기 : 다음에 무엇을 말할 것인가를 추측하려고 노력한다.

    ㉣ 나와 관련짓기 : 상대방이 전달하고자 하는 메시지를 나의 경험과 관련지어 생각해 본다.

    ㉤ 질문하기 : 질문은 듣는 행위를 적극적으로 하게 만들고 집중력을 높인다.

    ㉥ 요약하기 : 주기적으로 상대방이 전달하려는 내용을 요약한다.

    ㉦ 반응하기 : 피드백을 통해 의사소통을 점검한다.

다음은 면접스터디 중 일어난 대화이다. 민아의 고민을 해소하기 위한 조언으로 가장 적절한 것은?

> 지섭 : 민아씨, 어디 아파요? 표정이 안 좋아 보여요.
>
> 민아 : 제가 원서 넣은 공단이 내일 면접이어서요. 그동안 스터디를 통해서 면접 연습을 많이 했는데도 벌써부터 긴장이 되네요.
>
> 지섭 : 민아씨는 자기 의견도 명확히 피력할 줄 알고 조리 있게 설명을 잘 하시니 걱정 안하셔도 될 것 같아요. 아, 손에 꽉 쥐고 계신 건 뭔가요?
>
> 민아 : 아, 제가 예상 답변을 정리해서 모아둔거에요. 내용은 거의 외웠는데 이렇게 쥐고 있지 않으면 불안해서..
>
> 지섭 : 그 정도로 준비를 철저히 하셨으면 걱정할 이유 없을 것 같아요.
>
> 민아 : 그래도 압박면접이거나 예상치 못한 질문이 들어오면 어떻게 하죠?
>
> 지섭 : _____

① 시선을 적절히 처리하면서 부드러운 어투로 말하는 연습을 해보는 건 어때요?
② 공식적인 자리인 만큼 옷차림을 신경 쓰는 게 좋을 것 같아요.
③ 당황하지 말고 질문자의 의도를 잘 파악해서 침착하게 대답하면 되지 않을까요?
④ 예상 질문에 대한 답변을 좀 더 정확하게 외워보는 건 어떨까요?

출제의도

상대방이 하는 말을 듣고 질문 의도에 따라 올바르게 답하는 능력을 측정하는 문항이다.

해　설

민아는 압박질문이나 예상치 못한 질문에 대해 걱정을 하고 있으므로 침착하게 대응하라고 조언을 해주는 것이 좋다.

답 ③

(4) 의사표현능력

① 의사표현의 개념과 종류

 ㉠ 개념 : 화자가 자신의 생각과 감정을 청자에게 음성언어나 신체언어로 표현하는 행위이다.

 ㉡ 종류

  • 공식적 말하기 : 사전에 준비된 내용을 대중을 대상으로 말하는 것으로 연설, 토의, 토론 등이 있다.

  • 의례적 말하기 : 사회·문화적 행사에서와 같이 절차에 따라 하는 말하기로 식사, 주례, 회의 등이 있다.

  • 친교적 말하기 : 친근한 사람들 사이에서 자연스럽게 주고받는 대화 등을 말한다.

② 의사표현의 방해요인

 ㉠ 연단공포증 : 연단에 섰을 때 가슴이 두근거리거나 땀이 나고 얼굴이 달아오르는 등의 현상으로 충분한 분석과 준비, 더 많은 말하기 기회 등을 통해 극복할 수 있다.

 ㉡ 말 : 말의 장단, 고저, 발음, 속도, 쉼 등을 포함한다.

 ㉢ 음성 : 목소리와 관련된 것으로 음색, 고저, 명료도, 완급 등을 의미한다.

ⓔ 몸짓 : 비언어적 요소로 화자의 외모, 표정, 동작 등이다.

ⓜ 유머 : 말하기 상황에 따른 적절한 유머를 구사할 수 있어야 한다.

③ 상황과 대상에 따른 의사표현법

　ⓐ 잘못을 지적할 때 : 모호한 표현을 삼가고 확실하게 지적하며, 당장 꾸짖고 있는 내용에만 한정한다.

　ⓑ 칭찬할 때 : 자칫 아부로 여겨질 수 있으므로 센스 있는 칭찬이 필요하다.

　ⓒ 부탁할 때 : 먼저 상대방의 사정을 듣고 응하기 쉽게 구체적으로 부탁하며 거절을 당해도 싫은 내색을 하지 않는다.

　ⓓ 요구를 거절할 때 : 먼저 사과하고 응해줄 수 없는 이유를 설명한다.

　ⓔ 명령할 때 : 강압적인 말투보다는 '○○을 이렇게 해주는 것이 어떻겠습니까?'와 같은 식으로 부드럽게 표현하는 것이 효과적이다.

　ⓕ 설득할 때 : 일방적으로 강요하기보다는 먼저 양보해서 이익을 공유하겠다는 의지를 보여주는 것이 좋다.

　ⓖ 충고할 때 : 충고는 가장 최후의 방법이다. 반드시 충고가 필요한 상황이라면 예화를 들어 비유적으로 깨우쳐주는 것이 바람직하다.

　ⓗ 질책할 때 : 샌드위치 화법(칭찬의 말 + 질책의 말 + 격려의 말)을 사용하여 청자의 반발을 최소화한다.

예제 5

당신은 팀장님께 업무 지시내용을 수행하고 결과물을 보고 드렸다. 하지만 팀장님께서는 "최대리 업무를 이렇게 처리하면 어떡하나? 누락된 부분이 있지 않은가."라고 말하였다. 이에 대해 당신이 행할 수 있는 가장 부적절한 대처 자세는?

① "죄송합니다. 제가 잘 모르는 부분이라 이수혁 과장님께 부탁을 했는데 과장님께서 실수를 하신 것 같습니다."

② "주의를 기울이지 못해 죄송합니다. 어느 부분을 수정보완하면 될까요?"

③ "지시하신 내용을 제가 충분히 이해하지 못하였습니다. 내용을 다시 한 번 여쭤보아도 되겠습니까?"

④ "부족한 내용을 보완하는 자료를 취합하기 위해서 하루정도가 더 소요될 것 같습니다. 언제까지 재작성하여 드리면 될까요?"

출제의도

상사가 잘못을 지적하는 상황에서 어떻게 대처해야 하는지를 묻는 문항이다.

해 설

상사가 부탁한 지시사항을 다른 사람에게 부탁하는 것은 옳지 못하며 설사 그렇다고 해도 그 일의 과오에 대해 책임을 전가하는 것은 지양해야 할 자세이다.

답 ①

④ 원활한 의사표현을 위한 지침

    ㉠ 올바른 화법을 위해 독서를 하라.

    ㉡ 좋은 청중이 되라.

    ㉢ 칭찬을 아끼지 마라.

    ㉣ 공감하고, 긍정적으로 보이게 하라.

    ㉤ 겸손은 최고의 미덕임을 잊지 마라.

    ㉥ 과감하게 공개하라.

    ㉦ 뒷말을 숨기지 마라.

    ㉧ 첫마디 말을 준비하라.

    ㉨ 이성과 감성의 조화를 꾀하라.

    ㉩ 대화의 룰을 지켜라.

    ㉪ 문장을 완전하게 말하라.

⑤ 설득력 있는 의사표현을 위한 지침

    ㉠ 'Yes'를 유도하여 미리 설득 분위기를 조성하라.

    ㉡ 대비 효과로 분발심을 불러 일으켜라.

    ㉢ 침묵을 지키는 사람의 참여도를 높여라.

    ㉣ 여운을 남기는 말로 상대방의 감정을 누그러뜨려라.

    ㉤ 하던 말을 갑자기 멈춤으로써 상대방의 주의를 끌어라.

    ㉥ 호칭을 바꿔서 심리적 간격을 좁혀라.

    ㉦ 끄집어 말하여 자존심을 건드려라.

    ㉧ 정보전달 공식을 이용하여 설득하라.

    ㉨ 상대방의 불평이 가져올 결과를 강조하라.

    ㉩ 권위 있는 사람의 말이나 작품을 인용하라.

    ㉪ 약점을 보여 주어 심리적 거리를 좁혀라.

    ㉫ 이상과 현실의 구체적 차이를 확인시켜라.

    ㉬ 자신의 잘못도 솔직하게 인정하라.

    ㉭ 집단의 요구를 거절하려면 개개인의 의견을 물어라.

    ⓐ 동조 심리를 이용하여 설득하라.

    ⓑ 지금까지의 노고를 치하한 뒤 새로운 요구를 하라.

    ⓒ 담당자가 대변자 역할을 하도록 하여 윗사람을 설득하게 하라.

    ⓓ 겉치레 양보로 기선을 제압하라.

    ⓔ 변명의 여지를 만들어 주고 설득하라.

    ⓕ 혼자 말하는 척하면서 상대의 잘못을 지적하라.

(5) 기초외국어능력

① 기초외국어능력의 개념과 필요성

  ㉠ 개념 : 외국어로 된 간단한 자료를 이해하거나, 외국인과의 전화응대와 간단한 대화 등 외국인의 의사표현을 이해하고, 자신의 의사를 기초외국어로 표현할 수 있는 능력이다.

  ㉡ 필요성 : 국제화·세계화 시대에 다른 나라와의 무역을 위해 우리의 언어가 아닌 국제적인 통용어를 사용하거나 그들의 언어로 의사소통을 해야 하는 경우가 생길 수 있다.

② 외국인과의 의사소통에서 피해야 할 행동

  ㉠ 상대를 볼 때 흘겨보거나, 노려보거나, 아예 보지 않는 행동

  ㉡ 팔이나 다리를 꼬는 행동

  ㉢ 표정이 없는 것

  ㉣ 다리를 흔들거나 펜을 돌리는 행동

  ㉤ 맞장구를 치지 않거나 고개를 끄덕이지 않는 행동

  ㉥ 생각 없이 메모하는 행동

  ㉦ 자료만 들여다보는 행동

  ㉧ 바르지 못한 자세로 앉는 행동

  ㉨ 한숨, 하품, 신음소리를 내는 행동

  ㉩ 다른 일을 하며 듣는 행동

  ㉫ 상대방에게 이름이나 호칭을 어떻게 부를지 묻지 않고 마음대로 부르는 행동

③ 기초외국어능력 향상을 위한 공부법

  ㉠ 외국어공부의 목적부터 정하라.

  ㉡ 매일 30분씩 눈과 손과 입에 밸 정도로 반복하라.

  ㉢ 실수를 두려워하지 말고 기회가 있을 때마다 외국어로 말하라.

  ㉣ 외국어 잡지나 원서와 친해져라.

  ㉤ 소홀해지지 않도록 라이벌을 정하고 공부하라.

  ㉥ 업무와 관련된 주요 용어의 외국어는 꼭 알아두자.

  ㉦ 출퇴근 시간에 외국어 방송을 보거나, 듣는 것만으로도 귀가 트인다.

  ㉧ 어린이가 단어를 배우듯 외국어 단어를 암기할 때 그림카드를 사용해 보라.

  ㉨ 가능하면 외국인 친구를 사귀고 대화를 자주 나눠 보라.

1 다음은 신입사원 A가 사보에 싣기 위해 기획한 기사의 의도와 초고 내용이다. 당신이 A의 상사라고 할 때, 지적할 수 있는 수정사항으로 적절한 것은?

[기획 의도]

　최근 많이 사용되고 있는 시사용어인 워라밸의 의미와 워라밸이 추구하는 삶의 양식에 대해 설명하고, 사원들이 워라밸을 이해할 수 있도록 하는 데에 있다.

[초고]

제목 : ㉠워라밸

부제 : 일과 삶의 성과를 지향하는 인생을 추구하며

　우리나라는 ㉡세계적으로 1인당 연평균 노동 시간이 긴 편에 속한다. ㉢'주 52시간 근로법'이 만들어질 정도로 장시간 일하는 것에 대해 사회적으로 고민하면서 최근 워라밸이란 용어가 자주 등장하고 있다. 이 말은 워크 앤 라이프 밸런스(Work and Life Balance)를 줄인 것으로, 일과 삶의 균형을 뜻한다. ㉣워라밸은 주로 젊은층에서 여가와 개인적인 생활을 중시하는 것을 의미한다. 직장과 조직을 우선시하던 기존 세대와 달리 청년 세대에서 많은 돈을 버는 것에 집착하지 않고 넉넉하지 않은 여건에서도 자신이 지향하는 삶을 추구하는 경향을 말한다. 워라밸은 과도하게 일에 몰두하는 대신 휴식과 여행, 자기계발을 통해 삶의 만족도를 높이는 것을 중시한다.

① ㉠ : 사보라는 매체의 특성을 고려하여 제목과 부제의 순서를 바꾸어 제시하는 것이 좋겠어.
② ㉡ : 정보의 신뢰성을 높이기 위해 국가별 노동 시간 순위가 나타나는 자료를 인용하는 것이 좋겠어.
③ ㉢ : 기획 의도가 잘 드러나도록 법 제정 절차에 대한 내용을 추가하는 것이 좋겠어.
④ ㉣ : 글의 주제와 관련성이 부족한 내용이므로 삭제하는 것이 좋겠어.

Tip 문서를 작성하는 데 있어 근거 자료의 제시는 정보의 신뢰성을 높여 준다.

2 다음 글의 주제로 가장 적절한 것은?

> 뉴스는 언론이 현실을 '틀 짓기[framing]'하여 전달한 것이다. 여기서 틀 짓기란 일정한 선택과 배제의 원리에 따라 현실을 구성하는 것을 말한다. 그런데 수용자는 이러한 뉴스를 그대로 받아들이지는 않는다. 수용자는 수동적인 존재가 아닌 능동적인 행위자가 되어 언론이 전하는 뉴스의 의미를 재구성한다. 이렇게 재구성된 의미들을 바탕으로 여론이 만들어지고, 이것은 다시 뉴스 구성의 '틀[frame]'에 영향을 준다. 이를 뉴스 틀 짓기에 대한 수용자의 '다시 틀 짓기[reframing]'라고 한다. '다시 틀 짓기'가 가능한 이유는 수용자가 주체적인 의미 해석자로, 사회 속에서 사회와 상호 작용하는 존재이기 때문이다.
>
> 그렇다면 수용자의 주체적인 의미 해석은 어떻게 가능할까? 그것은 수용자가 외부 정보를 해석하는 인지 구조를 갖고 있기 때문이다. 인지 구조는 경험과 지식, 편향성 등으로 구성되는데, 뉴스 틀과 수용자의 인지 구조는 일치하기도 하고 갈등하기도 한다. 이 과정에서 수용자는 자신의 경험, 지식, 편향성 등에 따라 뉴스가 전달하는 의미를 재구성하게 된다. 수용자의 이러한 재구성, 즉 해석은 특정 화제에 대해 어떤 태도를 취할 것인가, 그 화제와 관련된 다른 화제나 행위자들을 어떻게 평가할 것인가 등을 결정하는 근거가 된다.
>
> 이렇게 특정 화제에 대한 수용자의 다양한 해석들은 수용자들이 사회 속에서 상호 작용하는 과정에서 여론의 형태로 나타난다. 여론은 사회적 차원에서 벌어지는 특정 화제에 대한 사회적 공방들과 개인적 차원에서의 대화, 논쟁들로 만들어지는 의견들을 모두 포괄한다. 이렇게 형성된 여론은 다시 뉴스 틀에 영향을 주며, 이에 따라 새로운 틀과 여론이 만들어진다. 새로운 틀이 만들어짐으로써 특정 화제에 대한 사회적 논의들은 후퇴하거나 발전할 수 있으며, 보다 다양해질 수 있다.
>
> 사회학자 갬슨은 뉴스와 뉴스 수용자의 관계를 주체와 객체의 고정된 관계가 아닌, 상호 작용을 바탕으로 하는 역동적인 관계로 보았다. 이러한 역동성은 수용자인 우리가 능동적인 행위자로 '다시 틀 짓기'를 할 때 가능하다. 그러므로 우리는 뉴스로 전해지는 내용들을 언제나 비판적으로 바라보고 능동적으로 해석해야 하며, 수용자의 해석에 따라 형성되는 여론에 대해서도 항상 관심을 가져야 한다.

① 언론의 '틀 짓기'는 현실을 왜곡하여 전달하기 때문에 비판받아야 한다.

② 뉴스 수용자는 여론을 형성하여 뉴스 구성의 '틀'에 영향을 주어야 한다.

③ 수용자들은 사회 속에서 상호 작용을 통해 자신의 인지 구조를 변화시켜야 한다.

④ 뉴스를 비판적으로 해석하고 여론에 관심을 갖는 수용자로서의 자세가 필요하다.

 이 글이 주제는 마지막 문단에 '그러므로 ~' 뒤로 이어지는 부분이라고 할 수 있다.

Answer ↱ 1.② 2.④

3 다음은 아래 기사문을 읽고 나눈 직원들의 대화이다. 대화의 흐름상 빈칸에 들어갈 말로 가장 적절한 것은 어느 것인가?

영양과 칼로리 면에서 적절한 식량 공급보다 인간의 건강과 복지에 더 중요한 것은 없다. 지난 50년 동안 세계 인구의 상당 부분이 영양실조를 겪었지만 식량 확보에 실패한 것은 생산보다는 분배의 문제였다. 실제로 지난 50년 동안 우리는 주요 작물의 잉여를 경험했다. 이로 인해 많은 사람들이 식량 부족에 대해 걱정하지 않게 되었다. 2013년에 생산된 수백만 톤의 가장 중요한 주요 식량은 옥수수(1,018 Mt), 논 쌀(746 Mt), 밀(713 Mt), 대두(276 Mt)였다. 이 네 가지 작물은 전 세계적으로 소비되는 칼로리의 약 2/3를 차지한다. 더욱이, 이들 작물 각각에 대한 토지 단위 면적당 평균 수확량은 1960년 이후 두 배 이상 증가했다. 그렇다면 지금 왜 식량 안보에 대해 걱정해야 할까? 한 가지 이유는 주요 작물의 이러한 전 세계적인 잉여물로 인해 식물 과학 연구 및 작물 개선에 대한 관심이 점진적으로 줄어들었기 때문이다. 이는 세계적인 수준으로 나타났다. 그러나 이러한 무관심은 현재의 세계 인구 및 식량 소비 경향에 직면하여 근시안적이다. 전 세계 인구는 오늘날 70억 명에서 2050년 95억 명까지 증가할 것으로 예상된다. 인구가 증가하는 곳은 주로 도시가 될 것이고, 식단이 구황 작물에서 가공 식품으로 점차 바뀌게 될 것이다. 그러면 많은 육류 및 유제품이 필요하고 그보다 더 많은 사료가 필요하다. 예를 들어 1kg의 소를 생산하기 위해서는 10kg의 사료가 필요하다. 도시 인구의 증가는 동물성 식품에 대한 수요 증가를 가져오고 예상되는 인구 증가에만 기초하여 추정된 것보다 훨씬 빠른 작물 생산량의 증가를 요구할 것이다. 이 추세는 계속될 것으로 예상되며, 세계는 2013년 대비 2050년까지 85% 더 많은 기본 식료품이 필요할 것으로 예측된다.

A : 식량 문제가 정말 큰일이군. 이러다가 대대적인 식량난에 직면하게 될 지도 모르겠다.
B : 현재의 기술로 농작물 수확량을 증가시키면 큰 문제는 없지 않을까?
A : 문제는 (   )
B : 그래서 생산보다 분배가 더 문제라는 거구나.

① 과학기술이 수요량을 따라가지 못할 거라는 점이야.
② 인구의 증가가 너무 빠른 속도로 진행되고 있다는 사실이야.
③ 지구의 일부 지역에서는 농작물 수확량 향상 속도가 정체될 거라는 사실이지.
④ 지구의 모든 지역에서 식량 소비 속도가 동일하지는 않다는 점이지.

 지문의 도입부에서는 식량 확보 실패의 원인이 생산보다 분배임을 언급하고 있다. 생산보다 분배가 문제인 것은 지구의 모든 지역에서의 농작물 수확량 향상 속도가 동일하지 않기 때문이다. 따라서 분배의 불균형 문제에 대한 원인이 되는 것은 ③의 내용 밖에 없다.

4 다음 글을 참고할 때, '깨진 유리창의 법칙'이 시사하는 바로 가장 적절한 설명은 무엇인가?

> 1969년 미국 스탠포드 대학의 심리학자인 필립 짐바르도 교수는 아주 흥미로운 심리실험을 진행했다. 범죄가 자주 발생하는 골목을 골라 새 승용차 한 대를 보닛을 열어놓은 상태로 방치시켰다. 일주일이 지난 뒤 확인해보니 그 차는 아무런 이상이 없었다. 원상태대로 보존된 것이다. 이번에는 똑같은 새 승용차를 보닛을 열어놓고, 한쪽 유리창을 깬 상태로 방치시켜 두었다. 놀라운 일이 벌어졌다. 불과 10분이 지나자 배터리가 없어지고 차 안에 쓰레기가 버려져 있었다. 시간이 지나면서 낙서, 도난, 파괴가 연이어 일어났다. 1주일이 지나자 그 차는 거의 고철상태가 되어 폐차장으로 실려 갈 정도가 되었던 것이다. 훗날 이 실험결과는 '깨진 유리창의 법칙'이라는 이름으로 불리게 된다.
>
> 1980년대의 뉴욕 시는 연간 60만 건 이상의 중범죄가 발생하는 범죄도시로 악명이 높았다. 당시 여행객들 사이에서 '뉴욕의 지하철은 절대 타지 마라'는 소문이 돌 정도였다. 미국 라토가스 대학의 겔링 교수는 '깨진 유리창의 법칙'에 근거하여, 뉴욕 시의 지하철 흉악 범죄를 줄이기 위한 대책으로 낙서를 철저하게 지울 것을 제안했다. 낙서가 방치되어 있는 상태는 창문이 깨져있는 자동차와 같은 상태라고 생각했기 때문이다.

① 범죄는 대중교통 이용 공간에서 발생확률이 가장 높다.

② 문제는 확인되기 전에 사전 단속이 중요하다.

③ 작은 일을 철저히 관리하면 큰 사고를 막을 수 있다.

④ 낙서는 가장 핵심적인 범죄의 원인이 된다.

 '깨진 유리창의 법칙'은 깨진 유리창처럼 사소한 것들을 수리하지 않고 방치해두면, 나중에는 큰 범죄로 이어진다는 범죄 심리학 이론으로, 작은 일을 소홀히 관리하면 나중에는 큰일로 이어질 수 있음을 의미한다.

Answer⌐→ 3.③ 4.③

5 다음은 '원자재 가격 상승에 따른 문제점과 대책'에 관한 글을 쓰기 위해 작성한 개요이다. 논지 전개상 적절하지 않은 것은?

Ⅰ. 서론 : 원자재 가격 상승의 현황
   국제 시장에서 원자재 가격이 연일 최고가를 경신하는 상황을 언급함. …… ⓐ
Ⅱ. 본론
  1. 원자재 가격 상승에 따른 문제점
     가. 경제적 측면 : 상품의 가격 상승으로 수출 둔화, 수출 상품의 경쟁력 상실, 외국 바이어 방문의 감소 … ⓑ
     나. 사회적 측면 : 내수 부진으로 소비 생활 위축, 경기 침체로 실업자 증가, 소득 감소로 가계 소비의 위축 …… ⓒ
  2. 원자재 가격 상승에 대한 대책
     가. 경제적 측면 : 수출 경쟁력 확보를 위한 노력, 품질이 뛰어난 신상품 개발, 새로운 시장 개척으로 판로 확보
     나. 사회적 측면 : 소비 활성화 정책 시행, 수입 원자재에 대한 과세 강화 …… ⓓ
Ⅲ. 결론 : 경쟁력 확보와 소비 활성화 방안 모색
   수출 경쟁력을 확보하고 소비 활성화를 위한 정책을 시행함.

① ⓐ
② ⓑ
③ ⓒ
④ ⓓ

Tip ④ 수입 원자재에 대한 과세를 강화할 경우 원자재 가격이 더욱 상승하여 상품의 가격이 상승하게 되고 수출이 점점 둔화되는 악순환을 가져올 수 있다.

6 다음 글을 읽고, 문단을 논리적 순서대로 알맞게 배열한 것은?

> (가) 양입위출은 대동법 실시론자뿐만 아니라 공안(貢案) 개정론자도 공유하는 원칙이었으나, 공납제의 폐단을 두고 문제의 해법을 찾는 방식은 차이가 있었다. 공안 개정론자는 호마다 현물을 거두는 종래의 공물 부과 기준과 수취 수단을 유지하되 공물 수요자인 관료들의 절용을 강조함으로써 '위출'의 측면에 관심을 기울였다. 반면 대동법 실시론자들은 공물가를 한 번 거둔 후 다시 거두지 않도록 제도화할 것을 주장하여 '양입'의 측면을 강조하였다.
>
> (나) 대동법의 핵심 내용으로, 공물을 부과하는 기준이 호(戶)에서 토지[田結]로 바뀐 것과, 수취 수단이 현물에서 미(米) · 포(布)로 바뀐 것을 드는 경우가 많다. 하지만 양자는 이미 대동법 시행 전부터 각 지방에서 광범위하게 시행되고 있었기 때문에 이를 대동법의 본질적 요소라고 볼 수는 없다. 대동법의 진정한 의미는 공물 부과 기준과 수취 수단이 법으로 규정됨으로써, 공납 운영의 원칙인 양입위출(수입을 헤아려 지출을 행하는 재정 운영 방식)의 객관적 기준이 마련되었다는 점에 있다.
>
> (다) 현물을 호에 부과하는 방식으로는 공납제 운영을 객관화하기 어려웠음에도 불구하고, 공안 개정론자는 공물 수요자의 자발적 절용을 강조하는 것 외에 그것을 강제할 수 있는 별도의 방법을 제시하지 못하였다. 이에 반해 대동법 실시론자는 공물 수요자 측의 절용이 필요하다고 보면서도 이들의 '사적 욕망'에서 빚어진 폐습을 극복하기 위해서는 이를 규제할 '공적 제도'가 필요하다고 믿었다.
>
> (라) 요컨대 양입위출에 대한 이런 강조점의 차이는 문제에 대한 해법을 개인적 도덕 수준을 제고하는 것으로 마련하는가, 아니면 제도적 보완이 필요하다고 보고 그 방안을 강구하는가의 차이였다. 공물 수취에 따른 폐해들을 두고 공안 개정론자는 공물 수요자 측의 사적 폐단, 즉 무분별한 개인적 욕망에서 비롯된 것으로 보았다. 반면 대동법 실시론자는 중앙정부 차원에서 공물세를 관리할 수 있는 합리적 근거와 기준이 미비하였기 때문이라고 보았다.

① (가) – (다) – (라) – (나)

② (나) – (가) – (라) – (다)

③ (나) – (다) – (가) – (라)

④ (다) – (나) – (가) – (라)

 (나) 대동법의 본질적 요소 : 양입위출 → (가) 양입위출에 대한 공안 개정론자와 대동법 실시론자의 해석 → (라) 공안 개정론자와 대동법 실시론자의 문제인식 → (다) 공안 개정론자와 대동법 실시론자의 기존 제도에 대한 의견 차이

Answer ⟶ 5.④ 6.②

7 다음 문서의 목적으로 올바른 것은?

> －학제 간 융합연구 지원 사업 연구 책임자들, 25일 한 자리에－
>
> MH연구재단이 연구 지원하는 학제 간 융합연구 지원 사업 연구 책임자들이 25일 MH연구재단 본사에 모였다. 책임자들은 학제 간 융합연구 전문가 네트워크와 커뮤니티 구축을 통해 융합연구가 좀더 활성화할 수 있는 분위기를 조성하고, 창조적 연구 성과 창출을 위한 융합연구 방법과 노하우를 함께 공유하겠다고 다짐했다.
>
> 학제 간 융합연구 지원 사업은 인문사회과학의 상상력과 통찰력, 예술적 창조성, 과학적 합리성 등을 융합하여 복잡한 사회문제에 대한 합리적인 해결 방안을 마련하고자 2010년부터 지원되어 오고 있다.
>
> 이번 모임에는 씨앗형의 과제를 수행하는 5개 연구팀과 중장기 과제를 수행하는 새싹형 17개 연구팀의 연구진이 참여하였다. 융합연구팀과 연구 협력하고 성과 공유를 지원하는 융합연구총괄센터가 중점 추진 방향과 일정을 설명하고, 융합연구 활성화를 위한 운영 방안에 대해 활발한 토론을 벌였다.
>
> ○○○ 센터장은 체계적 융합연구 지원·달성 및 학제 간 융합연구의 성과 공유·네트워크 활성화에 혼신의 힘을 다하겠다고 밝혔다.
>
> － 2020. 10. 25

① 상품의 특성이나 작동 방법 등을 소비자에게 설명한다.

② 정부기관이나 기업체 등이 언론을 상대로 자신들의 정보를 기사화 되도록 한다.

③ 개인이 자신의 성장과정이나, 입사 동기, 포부 등에 대해 구체적으로 기술한다.

④ 업무에 대한 협조를 구하거나 의견을 전달한다.

 제시된 문서는 보도자료에 해당한다.
    ② 보도자료는 기사화하기 전에 기자에게 전달되는 자료로, PR 담당자가 기자에게 기사거리를 제공하기 위해 알기 쉽게 정리 요약한 형태의 작성한 글이나 영상을 말한다.
    ① 설명서 ③ 자기소개서 ④ 기안서

8 다음 (㉠)에 공통적으로 들어가야 할 문서로 알맞은 것은?

> (㉠)은(는) 본인을 소개하기 위한 목적으로 본인의 성장환경이나 장점들을 나열하여 타인에게 상세한 정보를 제공하고자 작성하는 문서를 말한다. (㉠)은(는) 특정 단체에 가입하는 경우, 직장에 취직하는 경우, 신입생을 선발하는 경우 등에 작성하여 제출한다. 회사나 학교와 같은 단체기관에서는 지원자가 다수일 경우 개개인의 정보나 특성을 모두 파악할 수 없으므로 (㉠)을(를) 통해 기본적인 성품이나 인성을 평가하여 적합한 인재를 선출한다.
>
> (㉠)은(는) 자신의 강점을 부각시켜 주목될 수 있는 내용으로 작성하며 독특한 표현을 통해 자신을 최대한 드러낼 수 있도록 한다. (㉠)은(는) 제출하는 기관에 따라 적절한 정보와 함께 가볍지 않은 내용으로 작성하며 거짓 없이 진정성 있도록 한다.
>
> 특히 회사의 인사과나 학교 입학담당의 경우 수많은 (㉠)을(를) 꼼꼼히 읽어볼 시간적 여유나 부족하므로 한 눈에 들어올 수 있는 문장이나 흥미로울 수 있는 내용으로 작성하는 것이 좋다. 또한, 일반적인 성장환경이나 장점에 대한 문장을 늘어놓기보다 각 항목에 따른 적절하고 재미있는 소제목을 함께 기재하는 것도 좋은 방법이다.

① 보고서　　　　　　　　　　② 설명서
③ 자기소개서　　　　　　　　④ 비즈니스 메모

(Tip) 제시된 내용은 자기소개서에 관한 설명이다.

9 다음 글을 읽고 알 수 있는 내용은?

> 고대 그리스의 원자론자 데모크리토스는 자연의 모든 변화를 원자들의 운동으로 설명했다. 모든 자연현상의 근거는, 원자들, 빈 공간 속에서의 원자들의 움직임, 그리고 그에 따른 원자들의 배열과 조합의 변화라는 것이다.
>
> 한편 데카르트에 따르면 연장, 즉 퍼져있음이 공간의 본성을 구성한다. 그런데 연상은 물질만이 가지는 속성이기 때문에 물질 없는 연장은 불가능하다. 다시 말해 아무 물질도 없는 빈 공간이란 원리적으로 불가능하다. 데카르트에게 운동은 물속에서 헤엄치는 물고기의 움직임과 같다. 꽉 찬 물질 속에서 물질이 자리바꿈을 하는 것이다.
>
> 뉴턴에게 3차원 공간은 해체할 수 없는 튼튼한 집 같은 것이었다. 이 집은 사물들이 들어올 자리를 마련해 주기 위해 비어 있다. 사물이 존재한다는 것은 어딘가에 존재한다는 것인데 그 '어딘가'가 바로 뉴턴의 절대공간이다. 비어 있으면서 튼튼한 구조물인 절대공간은 그 자체로 하나의 실체는 아니지만 '실체 비슷한 것'으로서, 객관적인 것, 영원히 변하지 않는 것이었다.
>
> 라이프니츠는 빈 공간을 부정한다는 점에서 데카르트와 의견을 같이했다. 그러나 데카르트가 뉴턴과 마찬가지로 공간을 정신과 독립된 객관적 실재로 보았던 반면, 라이프니츠는 공간을 정신과 독립된 실재라고 보지 않았다. 그가 보기에는 '동일한 장소'라는 관념으로부터 '하나의 장소'라는 관념을 거쳐 모든 장소들의 집합체로서의 '공간'이라는 관념이 나오는데, '동일한 장소'라는 관념은 정신의 창안물이다. 결국 '공간'은 하나의 거대한 관념적 상황을 표현하고 있을 뿐이다.

① 만일 빈 공간의 존재에 관한 데카르트의 견해가 옳다면, 뉴턴의 견해도 옳다.
② 만일 공간의 본성에 관한 라이프니츠의 견해가 옳다면, 데카르트의 견해는 옳지 않다.
③ 만일 공간의 본성에 관한 데카르트의 견해가 옳다면, 데모크리토스의 견해도 옳다.
④ 만일 공간의 본성에 관한 뉴턴의 견해가 옳다면, 라이프니츠의 견해도 옳다.

 마지막 문단에서 '데카르트가 뉴턴과 마찬가지로 공간을 정신과 독립된 객관적 실재로 보았던 반면, 라이프니츠는 공간을 정신과 독립된 실재라고 보지 않았다.'라고 하였으므로 ②가 적절하다.

10 다음은 산업현장 안전규칙이다. 선임 J씨가 신입으로 들어온 K씨에게 전달할 사항으로 옳지 않은 것은?

산업현장 안전규칙

- 작업 전 안전점검, 작업 중 정리정돈은 사용하게 될 기계·기구 등에 대한 이상 유무 등 유해·위험요인을 사전에 확인하여 예방대책을 강구하는 것으로 현장 안전관리의 출발점이다.
- 작업장 안전통로 확보는 작업장 내 통행 시 위험기계·기구들로부터 근로자를 보호하며 원활한 작업진행에도 기여한다.
- 개인보호구(헬멧 등) 지급착용은 근로자의 생명이나 신체를 보호하고 재해의 정도를 경감시키는 등 재해예방을 위한 최후 수단이다.
- 전기활선 작업 중 절연용 방호기구 사용으로 불가피한 활선작업에서 오는 단락·지락에 의한 아크화상 및 충전부 접촉에 의한 전격재해와 감전사고가 감소한다.
- 기계·설비 정비 시 잠금장치 및 표지판 부착으로 정비 작업 중에 다른 작업자가 정비 중인 기계·설비를 기동함으로써 발생하는 재해를 예방한다.
- 유해·위험 화학물질 경고표지 부착으로 위험성을 사전에 인식시킴으로써 사용 취급시의 재해를 예방한다.
- 프레스, 전단기, 압력용기, 둥근톱에 방호장치 설치는 신체부위가 기계·기구의 위험부분에 들어가는 것을 방지하고 오작동에 의한 위험을 사전 차단해 준다.
- 고소작업 시 안전 난간, 개구부 덮개 설치로 추락재해를 예방할 수 있다.
- 추락방지용 안전방망 설치는 추락·낙하에 의한 재해를 감소할 수 있다(성능검정에 합격한 안전방망 사용).
- 용접 시 인화성·폭발성 물질을 격리하여 용접작업 시 발생하는 불꽃, 용접불똥 등에 의한 대형화재 또는 폭발위험성을 사전에 예방한다.

---

① 작업장 안전통로에 통로의 진입을 막는 물건이 있으면 안 됩니다.

② 전기활선 작업 중에는 단락·지락이 절대 생겨서는 안 됩니다.

③ 어떤 상황에서도 작업장에서는 개인보호구를 착용하십시오.

④ 프레스, 전단기 등의 기계는 꼭 방호장치가 설치되어 있는지 확인하고 사용하십시오.

 ② 전기활선 작업 중에 단락·지락은 불가피하게 발생할 수 있다. 따라서 절연용 방호기구를 사용하여야 한다.

11 다음 글은 합리적 의사결정을 위해 필요한 절차적 조건 중의 하나에 관한 설명이다. 다음 보기 중 이 조건을 위배한 것끼리 묶은 것은?

합리적 의사결정을 위해서는 정해진 절차를 충실히 따르는 것이 필요하다. 고도로 복잡하고 불확실하나 문제상황 속에서 결정의 절차가 합리적이기 위해서는 다음과 같은 조건이 충족되어야 한다

〈조건〉

정책결정 절차에서 논의되었던 모든 내용이 결정절차에 참여하지 않은 다른 사람들에게 투명하게 공개되어야 한다. 그렇지 않으면 이성적 토론이 무력해지고 객관적 증거나 논리 대신 강압이나 회유 등의 방법으로 결론이 도출되기 쉽기 때문이다.

〈보기〉
㉠ 심의에 참여한 분들의 프라이버시 보호를 위해 오늘 회의의 결론만 간략히 알려드리겠습니다.
㉡ 시간이 촉박하니 회의 참석자 중에서 부장급 이상만 발언하도록 합시다.
㉢ 오늘 논의하는 안건은 매우 민감한 사안이니만큼 비참석자에게는 그 내용을 알리지 않을 것입니다. 그러니 회의자료 및 메모한 내용도 두고 가시기 바랍니다.
㉣ 우리가 외부에 자문을 구한 박사님은 이 분야의 최고 전문가이기 때문에 참석자 간의 별도 토론 없이 박사님의 의견을 그대로 채택하도록 합시다.
㉤ 오늘 안건은 매우 첨예한 이해관계가 걸려 있으니 상대방에 대한 반론은 자제해주시고 자신의 주장만 말씀해주시기 바랍니다.

① ㉠, ㉡
② ㉠, ㉢
③ ㉢, ㉣
④ ㉢, ㉤

 합리적 의사결정의 조건으로 회의에서 논의된 내용이 투명하게 공개되어야 한다는 조건을 명시하고 있으나, ㉠과 ㉢에서는 비공개주의를 원칙으로 하고 있기 때문에 조건에 위배된다.

12 다음은 출산율 저하와 인구정책에 관한 글을 쓰기 위해 정리한 글감과 생각이다. 〈보기〉와 같은 방식으로 내용을 전개하려고 할 때 바르게 연결된 것은?

> ㉠ 가임 여성 1인당 출산율이 1.3명으로 떨어졌다.
> ㉡ 여성의 사회 활동 참여율이 크게 증가하고 있다.
> ㉢ 현재 시행되고 있는 출산장려 정책은 큰 효과가 없다.
> ㉣ 새롭고 실제 가정에 도움이 되는 출산장려 정책이 추진되어야 한다.
> ㉤ 가치관의 변화로 자녀의 필요성을 느끼지 않는다.
> ㉥ 인구 감소로 인해 노동력 부족 현상이 심화된다.
> ㉦ 노동 인구의 수가 국가 산업 경쟁력을 좌우한다.
> ㉧ 인구 문제에 대한 정부 차원의 대책을 수립한다.

> 〈보기〉
> 문제 상황 → 상황의 원인 → 주장 → 주장의 근거 → 종합 의견

	문제 상황	상황의 원인	예상 문제점	주장	주장의 근거	종합 의견
①	㉠, ㉡	㉤	㉢	㉣	㉥, ㉦	㉧
②	㉠	㉡, ㉤	㉥, ㉦	㉣	㉢	㉧
③	㉡, ㉤	㉥	㉠	㉢, ㉣	㉧	㉦
④	㉢	㉠, ㉡, ㉤	㉦	㉧	㉥	㉣

- 문제 상황 : 출산율 저하(㉠)
- 출산율 저하의 원인 : 여성의 사회 활동 참여율(㉡), 가치관의 변화(㉤)
- 출산율 저하의 문제점 : 노동 인구의 수가 국가 산업 경쟁력을 좌우(㉦)하는데 인구 감소로 인해 노동력 부족 현상이 심화된다(㉥).
- 주장 : 새롭고 실제 가정에 도움이 되는 출산장려 정책이 추진되어야 한다(㉣).
- 주장의 근거 : 현재 시행되고 있는 출산장려 정책은 큰 효과가 없다(㉢).
- 종합 의견 : 인구 문제에 대한 정부 차원의 대책을 수립한다(㉧).

Answer▸ 11.② 12.②

13 다음은 SNS 회사에 함께 인턴으로 채용된 두 친구의 대화이다. 두 사람이 제출했을 토론 주제로 적합한 것은?

여 : 대리님께서 말씀하신 토론 주제는 정했어? 난 인터넷에서 '저무는 육필의 시대'라는 기사를 찾았는데 토론 주제로 괜찮을 것 같아서 그걸 정리해 가려고 하는데.

남 : 난 아직 마땅한 게 없어서 찾는 중이야. 그런데 육필이 뭐야?

여 : SNS 회사에 입사했다는 애가 그것도 모르는 거야? 컴퓨터로 글을 쓰는 게 디지털 글쓰기라면 손으로 글을 쓰는 걸 육필이라고 하잖아.

남 : 아! 그런 거야? 그럼 우리는 디지털 글쓰기 세대겠네?

여 : 그런 셈이지. 요즘 다들 컴퓨터로 글을 쓰니까. 그나저나 너는 디지털 글쓰기의 장점이 뭐라고 생각해?

남 : 음, 우선 떠오르는 대로 빨리 쓸 수 있다는 점 아닐까? 또 쉽게 고칠 수도 있고. 그래서 누구나 쉽게 글을 쓸 수 있다는 점이 디지털 글쓰기의 최대 장점이라고 생각하는데.

여 : 맞아. 기존의 글쓰기가 소수의 전유물이었다면, 디지털 글쓰기 덕분에 누구나 쉽게 글을 쓰고 의사소통을 할 수 있게 되었다는 게 내가 본 기사의 핵심이었어. 한마디로 글쓰기의 민주화가 이루어진 거지.

남 : 글쓰기의 민주화……. 멋있어 보이기는 하는데, 디지털 글쓰기가 꼭 장점만 있는 것 같지는 않아. 누구나 쉽게 글을 쓸 수 있게 됐다는 건, 그만큼 글이 가벼워졌다는 거 아냐? 우리 주변에서도 그런 글들은 엄청나잖아.

여 : 하긴, 디지털 글쓰기 때문에 과거보다 진지하게 글을 쓰는 사람이 적어진 건 사실이야. 남의 글을 베끼거나 근거 없는 내용을 담은 글들도 많아지고.

남 : 우리 이 주제로 토론을 해 보는 게 어때?

---

① 세대 간 정보화 격차   ② 디지털 글쓰기와 정보화

③ 디지털 글쓰기의 장단점   ④ 디지털 글쓰기와 의사소통의 관계

 ③ 대화 속의 남과 여는 디지털 글쓰기의 장점과 단점에 대해 이야기하고 있다. 따라서 두 사람이 제출했을 토론 주제로는 '디지털 글쓰기의 장단점'이 적합하다.

14 다음 글의 밑줄 친 부분을 고쳐 쓰기 위한 방안으로 옳지 않은 것은?

> 그동안 발행이 ㉠중단되어졌던 회사 내 월간지 '○○소식'에 대해 말씀드리려 합니다. '○○소식'은 소수의 편집부원이 발행하다 보니, 발행하기도 어렵고 다양한 이야기를 담지도 못했습니다. ㉡그래서 저는 종이 신문을 웹 신문으로 전환하는 것이 좋다고 생각합니다. ㉢저는 최선을 다해서 월간지를 만들었습니다. 그러면 구성원 모두가 협업으로 월간지를 만들 수 있고, 그때그때 새로운 정보를 ㉣독점하게 될 것입니다. 이렇게 만들어진 '○○소식'을 통해 우리는 앞으로 '언제나, 누구나' 올린 의견을 실시간으로 만나게 될 것입니다.

① ㉠은 어법에 맞지 않으므로 '중단되었던'으로 고쳐야 한다.
② ㉡은 연결이 자연스럽지 않으므로 '그러나'로 고쳐야 한다.
③ ㉢은 주제에 어긋난 내용이므로 삭제해야 한다.
④ ㉣은 문맥에 맞지 않는 단어이므로 '공유'로 고쳐야 한다.

 ② '그래서'가 더 자연스럽기 때문에 고치지 않는 것이 낫다.

15 IT분야에 근무하고 있는 K는 상사로부터 보고서를 검토해달라는 요청을 받고 보고서를 검토 중이다. 보고서의 교정 방향으로 적절하지 않은 것은?

국가경제 성장의 핵심 역할을 하는 IT산업은 정보통신서비스, 정보통신기기, 소프트웨어 부문으로 구분된다. 2010년 IT산업의 생산규모는 전년대비 15% 이상 증가한 385.4조원을 기록하였다. 한편, 소프트웨어 산업은 경기위축에 선행하고 경기회복에 후행하는 산업적 특성 때문에 전년대비 2% 이하의 성장에 머물렀다.

2010년 정보통신서비스 생산규모는 IPTV 등 신규 정보통신서비스 확대로 전년대비 4.6% 증가한 63.4조원을 기록하였다. 2010년 융합서비스는 전년대비 생산규모 ㉠증가률이 정보통신서비스 중 가장 높았고, 정보통신서비스에서 차지하는 생산규모 비중도 가장 컸다. ㉡또한 R&D 투자액이 매년 증가하여 GDP 대비 R&D 투자액 비중이 증가하였다.

IT산업 전체의 생산을 견인하고 있는 정보통신기기 생산규모는 통신기기를 제외한 다른 품목의 생산 호조에 따라 2010년 전년대비 25.6% 증가하였다. ㉢한편, 2006~2010년 동안 정보통신기기 생산규모에서 통신기기, 정보기기, 음향기기, 전자부품, 응용기기가 차지하는 비중의 순위는 매년 변화가 없었다. 2010년 전자부품 생산규모는 174.4조원으로 정보통신기기 전체 생산규모의 59.0%를 차지한다. 전자부품 중 반도체와 디스플레이 패널의 생산규모는 전년대비 각각 48.6%, 47.4% 증가하여 전자부품 생산을 ㉣유도하였다. 2005년~2010년 동안 정보통신기기 부문에서 전자부품과 응용기기 각각의 생산규모는 매년 증가하였다.

① ㉠은 맞춤법에 맞지 않는 표현으로 '증가율'로 수정해야 합니다.
② ㉡은 문맥에 맞지 않는 문장으로 삭제하는 것이 좋습니다.
③ ㉢은 앞 뒤 문장이 인과구조이므로 '따라서'로 수정해야 합니다.
④ ㉣ '유도'라는 어휘 대신 문맥상 적합한 '주도'라는 단어로 대체해야 합니다.

(Tip) ③ 인과구조가 아니며, '한편'으로 쓰는 것이 더 적절하다.

16 다음 대화를 읽고 빈칸에 들어갈 말로 가장 적절한 것은?

> A : "방금 뉴스에서 뭐라고 나온 거야? "
> B : "_____ ㉠ _____ "
> A : "그게 정말이야?"
> B : "그래, 지금 그거 때문에 사람들이 난리도 아니야."
> A : "저런~ 하필 주말에 이런 일이 생기다니… 정말 안타깝구나."
> B : "맞아. 참 안타까운 일이지… 조금만 주의를 했으면 일어나지도 않았을 텐데…."

① 오늘 아침 고속도로에서 15중 추돌사고가 일어나 일가족 4명이 목숨을 잃었어?

② 오늘 아침 고속도로에서 15중 추돌사고가 일어나 일가족 4명이 목숨을 잃었구나.

③ 오늘 아침 고속도로에서 15중 추돌사고가 일어나 일가족 4명이 목숨을 잃었대.

④ 오늘 아침 고속도로에서 15중 추돌사고가 일어나 일가족 4명이 목숨을 잃었다니…

 ③ 뉴스에서 보도한 정보(고속도로 교통사고 소식)를 전달하고 있기 때문에 직접 경험한 사실이 아닌 다른 사람이 말한 내용을 간접적으로 전달할 때 사용하는 어말어미 '-대'를 사용하는 것이 옳다.

17 다음 중 밑줄 친 외래어의 표기가 올바르게 쓰인 것은 어느 것인가?

① 그는 어제 오후 비행기를 타고 <u>라스베가스</u>로 출국하였다.

② 그런 <u>넌센스</u>를 내가 믿을 것 같냐?

③ 도안이 완료되는 즉시 <u>팸플릿</u> 제작에 착수해야 한다.

④ 백화점보다는 <u>아울렛</u> 매장에서 사는 것이 훨씬 싸다고 생각한다.

 '팸플릿'은 올바른 외래어 표기법에 따른 것으로, '팜플렛'으로 잘못 쓰지 않도록 주의하여야 한다. 국립 국어원 외래어 표기법에 따른 올바른 외래어의 표기는 다음과 같다.
① 라스베가스 → 라스베이거스
② 넌센스 → 난센스
④ 아울렛 → 아웃렛

Answer 15.③   16.③   17.③

18 다음 면접 상황을 읽고 동수가 잘못한 원인을 바르게 찾은 것은?

カ페창업에 실패한 29살의 영식과 동수는 생존을 위해 한 기업에 함께 면접시험을 보러 가게 되었다. 영식이 먼저 면접시험을 치르게 되었다.

면접관 : 자네는 좋아하는 스포츠가 있는가?

영식 : 예, 있습니다. 저는 축구를 아주 좋아합니다.

면접관 : 그럼 좋아하는 축구선수가 누구입니까?

영식 : 예전에는 홍명보 선수를 좋아했으나 최근에는 손흥민 선수를 좋아합니다.

면접관 : 그럼 좋아하는 위인은 누구인가?

영식 : 제가 좋아하는 위인으로는 우리나라를 왜군의 세력으로부터 지켜주신 이순신 장군입니다.

면접관 : 자네는 메르스가 위험한 질병이라고 생각하는가?

영식 : 저는 메르스가 그렇게 위험한 질병이라고 생각하지는 않습니다. 제 개인적인 생각으로는 건강상 문제가 없으면 감기처럼 지나가는 질환이고, 면역력이 약하다면 합병증을 유발하여 그 합병증 때문에 위험하다고 생각합니다.

무사히 면접시험을 마친 영식은 매우 불안해하는 동수에게 자신이 답한 내용을 모두 알려주었다. 동수는 그 답변을 달달 외우기 시작하였다. 이제 동수의 면접시험 차례가 돌아왔다.

면접관 : 자네는 좋아하는 음식이 무엇인가?

동수 : 네, 저는 축구를 좋아합니다.

면접관 : 그럼 자네는 이름이 무엇인가?

동수 : 예전에는 홍명보였으나 지금은 손흥민입니다.

면접관 : 허. 자네 아버지 성함은 무엇인가?

동수 : 예, 이순신입니다.

면접관 : 자네는 지금 자네의 상태가 어떻다고 생각하는가?

동수 : 예, 저는 건강상 문제가 없다면 괜찮은 것이고, 면역력이 약해졌다면 합병증을 유발하여 그 합병증 때문에 위험할 것 같습니다.

① 묻는 질문에 대해 명확하게 답변을 하였다.

② 면접관의 의도를 빠르게 파악하였다.

③ 면접관의 질문을 제대로 경청하지 못했다.

④ 면접관의 신분을 파악하지 못했다.

(Tip) 면접관의 질문을 제대로 경청하지 못하여 질문의 요지를 파악하지 못하고 엉뚱한 답변을 한 것이 잘못이다.

사용 전 주의사항 : 환기
- 가스를 사용하기 전에는 연소기 주변을 비롯한 실내에서 특히 냄새를 맡아 가스가 새지 않았는가를 확인하고 창문을 열어 환기시키는 안전수칙을 생활화 합니다.
- 연소기 부근에는 가연성 물질을 두지 말아야 합니다.
- 콕, 호스 등 연결부에서 가스가 누출되는 경우가 많기 때문에 호스 밴드로 확실하게 조이고, 호스가 낡거나 손상되었을 때에는 즉시 새것으로 교체합니다.
- 연소 기구는 자주 청소하여 불꽃구멍 등에 음식찌꺼기 등이 끼어있지 않도록 유의합니다.

사용 중 주의사항 : 불꽃확인
- 사용 중 가스의 불꽃 색깔이 황색이나 적색인 경우는 불완전 연소되는 것으로, 연소 효율이 좋지 않을 뿐 아니라 일산화탄소가 발생되므로 공기조절장치를 움직여서 파란불꽃 상태가 되도록 조절해야 합니다.
- 바람이 불거나 국물이 넘쳐 불이 꺼지면 가스가 그대로 누출되므로 사용 중에는 불이 꺼지지 않았는지 자주 살펴봅니다. 구조는 버너, 삼발이, 국물받이로 간단히 분해할 수 있게 되어 있으며, 주로 가정용으로 사용되고 있다.
- 불이 꺼질 경우 소화 안전장치가 없는 연소기는 가스가 계속 누출되고 있으므로 가스를 잠근 다음 샌 가스가 완전히 실외로 배출된 것을 확인한 후에 재점화 해야 합니다. 폭발범위 안의 농도로 공기와 혼합된 가스는 아주 작은 불꽃에 의해서도 인화 폭발되므로 배출시킬 때에는 환풍기나 선풍기 같은 전기제품을 절대로 사용하지 말고 방석이나 빗자루를 이용함으로써 전기스파크에 의한 폭발을 막아야 합니다.
- 사용 중에 가스가 떨어져 불이 꺼졌을 경우에도 반드시 연소기의 콕과 중간밸브를 잠그도록 해야 합니다.

사용 후 주의사항 : 밸브잠금
- 가스를 사용하고 난 후에는 연소기에 부착된 콕은 물론 중간밸브도 확실하게 잠그는 습관을 갖도록 해야 합니다.
- 장기간 외출시에는 중간밸브와 함께 용기밸브(LPG)도 잠그고, 도시가스를 사용하는 곳에서는 가스계량기 옆에 설치되어 있는 메인밸브까지 잠가 두어야 밀폐된 빈집에서 가스가 새어나와 냉장고 작동시 생기는 전기불꽃에 의해 폭발하는 등의 불의의 사고를 예방할 수 있습니다.
- 가스를 다 사용하고 난 빈 용기라도 용기 안에 약간의 가스가 남아 있는 경우가 많으므로 빈용기라고 해서 용기밸브를 열어놓은 채 방치하면 남아있는 가스가 새어나올 수 있으므로 용기밸브를 반드시 잠근 후에 화기가 없는 곳에 보관하여야 합니다.

19 가스안전사용요령을 읽은 甲의 행동으로 옳지 않은 것은?

① 甲은 호스가 낡아서 즉시 새것으로 교체를 하였다.

② 甲은 가스의 불꽃이 적색인 것을 보고 정상적인 것으로 생각해 그냥 내버려 두었다.

③ 甲은 장기간 집을 비우게 되어 중간밸브와 함께 용기밸브(LPG)도 잠그고 메인밸브까지 잠가 두고 집을 나갔다.

④ 甲은 연소 기구를 자주 청소하여 음식물 등이 끼지 않도록 하였다.

> (Tip) ② 사용 중 가스의 불꽃 색깔이 황색이나 적색인 경우는 불완전 연소되는 것으로, 연소 효율이 좋지 않을 뿐 아니라 일산화탄소가 발생되므로 공기조절장치를 움직여서 파란불꽃 상태가 되도록 조절해야 한다.

20 가스 사용 중에 가스가 떨어져 불이 꺼졌을 경우에는 어떻게 해야 하는가?

① 창문을 열어 환기시킨다.

② 연소기구를 청소한다.

③ 용기밸브를 열어 놓는다.

④ 연소기의 콕과 중간밸브를 잠그도록 해야 한다.

> (Tip) ④ 사용 중에 가스가 떨어져 불이 꺼졌을 경우에도 반드시 연소기의 콕과 중간밸브를 잠그도록 해야 한다.

┃21~22┃ 다음은 어느 쇼핑몰 업체의 자주 묻는 질문을 모아놓은 것이다. 다음을 보고 물음에 답하시오.

Q1. 주문한 상품은 언제 배송되나요?

Q2. 본인인증에 자꾸 오류가 나는데 어떻게 해야 하나요?

Q3. 비회원으로는 주문을 할 수가 없나요?

Q4. 교환하려는 상품은 어디로 보내면 되나요?

Q5. 배송 날짜와 시간을 지정할 수 있나요?

Q6. 반품 기준을 알고 싶어요.

Q7. 탈퇴하면 개인정보는 모두 삭제되나요?

Q8. 메일을 수신거부 했는데 광고 메일이 오고 있어요.

Q9. 휴대폰 결제시 인증번호가 발송되지 않습니다.

Q10. 취소했는데 언제 환불되나요?

Q11. 택배사에서 상품을 분실했다고 하는데 어떻게 해야 하나요?

Q12. 휴대폰 소액결제시 현금영수증을 발급 받을 수 있나요?

Q13. 교환을 신청하면 언제쯤 새 상품을 받아볼 수 있나요?

Q14. 배송비는 얼마인가요?

---

21 쇼핑몰 사원 L씨는 고객들이 보기 쉽게 질문들을 분류하여 정리하려고 한다. ㉠~㉢에 들어갈 질문으로 연결된 것 중에 적절하지 않은 것은?

자주 묻는 질문			
배송 문의	회원 서비스	주문 및 결제	환불/반품/교환
㉠	㉡	㉢	㉣

① ㉠ : Q1, Q5, Q11

② ㉡ : Q2, Q7, Q8

③ ㉢ : Q3, Q9, Q12

④ ㉣ : Q4, Q6, Q10, Q13, Q14

 Q14는 ㉠에 들어갈 내용이다.

Answer↰ 19.② 20.④ 21.④

22 쇼핑몰 사원 L씨는 상사의 조언에 따라 메뉴를 변경하려고 한다. [메뉴]-[키워드]-질문의 연결로 옳지 않은 것은?

> 〈상사의 조언〉
> 고객들이 보다 손쉽게 정보를 찾을 수 있도록 질문을 키워드 중심으로 정리해 놓으세요.

① [배송 문의]-[배송 비용]-Q14
② [주문 및 결제]-[휴대폰 결제]-Q9
③ [환불/반품/교환]-[환불시기]-Q10
④ [환불/반품/교환]-[교환시기]-Q4

(Tip) Q4는 [환불/반품/교환]-[교환장소]에 들어갈 내용이다.

23 다음은 거래처의 바이어가 건넨 명함이다. 이를 보고 알 수 없는 것은?

> International Motor
>
> Dr. Yi Ching CHONG
> Vice President
>
> 8 Temasek Boulevard, #32-03 Suntec Tower 5
> Singapore 038988, Singapore
> T. 65 6232 8788, F. 65 6232 8789

① 호칭은 Dr. CHONG이라고 표현해야 한다.
② 싱가포르에서 온 것을 알 수 있다.
③ 호칭 사용시 Vice President, Mr. Yi라고 불러도 무방하다.
④ 싱가포르에서 왔으므로 그에 맞는 식사를 대접한다.

(Tip) ③ 호칭 사용시 Vice President, Mr. CHONG이라고 불러야 한다.

24 다음 일정표에 대해 잘못 이해한 것을 고르면?

Albert Denton : Tuesday, September 24

8:30 a.m.	Meeting with S.S. Kim in Metropolitan Hotel lobby Taxi to Extec Factory
9:30–11:30 a.m.	Factory Tour
12:00–12:45 p.m.	Lunch in factory cafeteria with quality control supervisors
1:00–2:00 p.m.	Meeting with factory manager
2:00 p.m.	Car to warehouse
2:30–4:00 p.m.	Warehouse tour
4:00 p.m.	Refreshments
5:00 p.m.	Taxi to hotel (approx. 45 min)
7:30 p.m.	Meeting with C.W. Park in lobby
8:00 p.m.	Dinner with senior managers

① They are having lunch at the factory.

② The warehouse tour takes 90 minutes.

③ The factory tour is in the afternoon.

④ Mr. Denton has some spare time before in the afternoon.

 Albert Denton : 9월 24일, 화요일

8:30 a.m.	Metropolitan 호텔 로비 택시에서 Extec 공장까지 Kim S.S.와 미팅
9:30–11:30 a.m.	공장 투어
12:00–12:45 p.m.	품질 관리 감독관과 공장 식당에서 점심식사
1:00–2:00 p.m.	공장 관리자와 미팅
2:00 p.m.	차로 창고에 가기
2:30–4:00 p.m.	창고 투어
4:00 p.m.	다과
5:00 p.m.	택시로 호텔 (약 45분)
7:30 p.m.	C.W. Park과 로비에서 미팅
8:00 p.m.	고위 간부와 저녁식사

③ 공장 투어는 9시 30분에서 11시 30분까지이므로 오후가 아니다.

Answer ↦ 22.④ 23.③ 24.③

25 다음은 A 그룹 정기총회의 식순이다. 정기총회 준비와 관련하여 대표이사 甲과 비서 乙의 업무 처리 과정에서 가장 옳지 않은 것은?

2016년도 ㈜A 그룹 정기총회

주관 : 대표이사 甲

▌식순 ▌

1. 성원보고
2. 개회선언
3. 개회사
4. 위원회 보고
5. 미결안건 처리
6. 안건심의
[제1호 의안] 2015년도 회계 결산 보고 및 승인의 건
[제2호 의안] 2016년도 사업 계획 및 예산 승인의 건
[제3호 의안] 이사 선임 및 변경에 대한 추인 건
7. 폐회

① 비서 乙은 성원보고와 관련하여 정관의 내용을 확인하고 甲에게 정기총회 요건이 충족되었다고 보고하였다.

② 비서 乙은 2015년도 정기총회의 개회사를 참고하여 2016년도 정기총회 개회사 초안을 작성하여 甲에게 보고하고 검토를 요청하였다.

③ 대표이사 甲은 지난 주주총회에서 미결된 안건이 없었는지 다시 확인해보라고 지시하였고, 비서 乙은 이에 대한 정관을 찾아서 확인 내용을 보고하였다.

④ 주주총회를 위한 회의 준비를 점검하는 과정에서 비서 乙은 빠진 자료가 없는지 매번 확인하였다.

(Tip) ④ 회의 준비를 점검하는 과정에서 매번 빠진 자료가 없는지 확인하는 것은 시간이 많이 소요되므로, 필요한 자료 목록을 작성하여 빠진 자료가 없는지 체크하고 중간점검과 최종점검을 통해 확인한다.

26 태후산업 유시진 팀장은 외부 일정을 마치고 오후 3시경에 돌아왔다. 유 팀장은 서 대리에게 메시지가 있었는지 물었고, 외근 중에 다음과 같은 상황이 있었다. 서 대리가 유 팀장에게 부재 중 메시지를 보고하는 방법으로 가장 적절한 것은?

> 유 팀장이 점심약속으로 외출한 후 11시 30분경 H 자동차 홍 팀장이 사장님을 뵈러 왔다가 잠시 들렀다 갔다. 1시 15분에는 재무팀장이 의논할 내용이 있다며 오늘 중으로 급히 면담을 요청하는 전화가 왔다. 2시경에는 유 팀장의 집에서 전화 달라는 메시지를 남겼고, 2시 30분에는 사장님께서 찾으시며 들어오면 사장실로 와달라는 메시지를 남기셨다.

① 재무팀장의 면담 요청이 급하므로 가장 우선적으로 면담하도록 보고한다.
② 이 경우에는 시간 순으로 보고 드리는 것이 상사에게 더욱 효과적으로 전달될 수 있다.
③ 보고를 할 때에는 부재 중 메모와 함께 서 대리가 업무를 처리한 사항을 함께 보고하면 좋다.
④ 부재 중 메시지가 많을 경우는 구두 보고로 신속하게 일을 처리한다.

 ①② 급한 용무 순으로 보고하되, 우선순위는 상사가 정할 수 있도록 전달한다.
④ 부재 중 메시지가 많을 경우에는 메모와 함께 보고하여 정확하게 전달할 수 있도록 처리한다.

Answer ↦ 25.④ 26.③

27 다음 A 출판사 B 대리의 업무보고서이다. 이 업무보고서를 통해 알 수 있는 내용이 아닌 것은?

업무 내용	비고
09:10~10:00 [실내 인테리어] 관련 신간 도서 저자 미팅	※ 외주 업무 진행 보고
10:00~12:30 시장 조사(시내 주요 서점 방문)	1. [보세사] 원고 도착
12:30~13:30 점심식사	2. [월간 무비스타] 영화평론 의뢰
13:30~17:00 시장 조사 결과 분석 및 보고서 작성	
17:00~18:00 영업부 회의 참석	※ 중단 업무
※ 연장근무 1. 문화의 날 사내 행사 기획 회의	1. [한국어교육능력] 기출문제 분석 2. [관광통역안내사] 최종 교정

① B 대리는 A 출판사 영업부 소속이다.

② [월간 무비스타]에 실리는 영화평론은 A 출판사 직원이 쓴 글이 아니다.

③ B 대리는 시내 주요 서점을 방문하고 보고서를 작성하였다.

④ A 출판사에서는 문화의 날에 사내 행사를 진행할 예정이다.

> (Tip) ① B 대리가 영업부 회의에 참석한 것은 사실이나, 해당 업무보고서만으로 A 출판사 영업부 소속이라고 단정할 수는 없다.

28 다음의 행사에서 사회를 맡게 된 L 씨의 화법으로 가장 적절한 것은?

> A 물산에서는 매년 5월 셋째 주 목요일에 임직원의 화합과 단결을 위한 춘계 체육대회를 개최한다. 본 대회에 앞서 대표 甲의 축사와 직원 표창이 있고, 이어서 축구, 줄다리기, 마라톤 등 각 종목별 예선 및 결승전을 실시한다.

① 사장님의 축사가 있으시겠습니다.

② 일부 경기방식의 변경에 대해 여러분께 양해를 구하겠습니다.

③ 모든 임직원 여러분이 적극적으로 경기에 임하면 감사하겠습니다.

④ 오후 장기자랑에 참가하실 분은 신청서가 접수되실 수 있도록 진행본부에 협조 부탁드립니다.

> ① 있으시겠습니다 → 있겠습니다
> ③ 임하면 → 임해주시면
> ④ 접수되실 수 → 접수될 수

29 문화체육관광부 홍보팀에 근무하는 김문화씨는 '탈춤'에 관한 영상물을 제작하는 프로젝트를 맡게 되었다. 제작계획서 중 다음의 제작 회의 결과가 제대로 반영되지 않은 것은?

- 제목 : 탈춤 체험의 기록임이 나타나도록 표현
- 주 대상층 : 탈춤에 무관심한 젊은 세대
- 내용 : 실제 경험을 통해 탈춤을 알아가고 가까워지는 과정을 보여 주는 동시에 탈춤에 대한 정보를 함께 제공
- 구성 : 간단한 이야기 형식으로 구성
- 전달방식 : 정보들을 다양한 방식으로 전달

〈제작계획서〉

제목		'기획 특집 – 탈춤 속으로 떠나는 10일간의 여행'	①
제작 의도		젊은 세대에게 우리 고유의 문화유산인 탈춤에 대한 관심을 불러일으킨 다.	②
전체 구성	중심 얼개	• 대학생이 우리 문화 체험을 위해 탈춤이 전승되는 마을을 찾아가는 상황을 설정한다. • 탈춤을 배우기 시작하여 마지막 날에 공연으로 마무리한다는 줄거리로 구성한다.	③
	보조 얼개	탈춤에 대한 정보를 별도로 구성하여 중간 중간에 삽입한다.	
전달 방식	해설	내레이션을 통해 탈춤에 대한 학술적 이견들을 깊이 있게 제시하여 탈춤에 조예가 깊은 시청자들의 흥미를 끌도록 한다.	④
	영상 편집	• 탈에 대한 정보를 시각 자료로 제시한다. • 탈춤의 종류, 지역별 탈춤의 특성 등에 대한 그래픽 자료를 보여 준다. • 탈춤 연습 과정과 공연 장면을 현장감 있게 보여 준다.	

 ④ 해당 영상물의 제작 의도는 탈춤에 무관심한 젊은 세대를 대상으로 하여 우리 고유의 문화유산인 탈춤에 대한 관심을 불러일으키기 위한 것이다. 따라서 탈춤에 대한 학술적 이견들을 깊이 있게 제시하는 것은 제작 의도와 맞지 않는다.

Answer⤷ 27.① 28.② 29.④

30 다음 제시된 개요의 결론으로 알맞은 것을 고르면?

제목 : 생태 관광
Ⅰ. 서론 : 생태 관광의 의의와 현황

Ⅱ. 본론
  ㉠ 문제점 분석
    • 생태자원 훼손
    • 지역 주민들의 참여도 부족
    • 수익 위주의 운영
    • 안내 해설 미흡
  ㉡ 개선 방안 제시
    • 인지도 및 관심 증대
    • 지역 주민들의 참여 유도
    • 관련 법규의 재정비
    • 생태관광가이드 육성

Ⅲ. 결론 : (   )

① 자연생태계 훼손 최소화
② 생태 관광의 지속적인 발전
③ 생물자원의 가치 증대
④ 바람직한 생태 관광을 위한 노력 촉구

(Tip) ④ 본론에서 생태 관광에 대한 문제점을 지적하고 그에 대한 개선 방안을 제시하였으므로 결론에서는 주장을 정리하는 '바람직한 생태 관광을 위한 노력 촉구'가 적절하다.

Answer 30.④

02 자원관리능력

1 자원과 자원관리

(1) 자원

① 자원의 종류 : 시간, 돈, 물적자원, 인적자원

② 자원의 낭비요인 : 비계획적 행동, 편리성 추구, 자원에 대한 인식 부재, 노하우 부족

(2) 자원관리 기본 과정

① 필요한 자원의 종류와 양 확인

② 이용 가능한 자원 수집하기

③ 자원 활용 계획 세우기

④ 계획대로 수행하기

예제 1

당신은 A출판사 교육훈련 담당자이다. 조직의 효율성을 높이기 위해 전사적인 시간관리에 대한 교육을 실시하기로 하였지만 바쁜 일정상 직원들을 집합교육에 동원할 수 있는 시간은 제한적이다. 다음 중 귀하가 최우선의 교육 대상으로 삼아야 하는 것은 어느 부분인가?

구분	긴급한 일	긴급하지 않은 일
중요한 일	제1사분면	제2사분면
중요하지 않은 일	제3사분면	제4사분면

출제의도

주어진 일들을 중요도와 긴급도에 따른 시간관리 매트릭스에서 우선순위를 구분할 수 있는가를 측정하는 문항이다.

① 중요하고 긴급한 일로 위기사항이나 급박한 문제, 기간이 정해진 프로젝트 등이 해당되는 제1사분면

② 긴급하지는 않지만 중요한 일로 인간관계구축이나 새로운 기회의 발굴, 중장기 계획 등이 포함되는 제2사분면

③ 긴급하지만 중요하지 않은 일로 잠깐의 급한 질문, 일부 보고서, 눈 앞의 급박한 사항이 해당되는 제3사분면

④ 중요하지 않고 긴급하지 않은 일로 하찮은 일이나 시간낭비거리, 즐거운 활동 등이 포함되는 제4사분면

2 자원관리능력을 구성하는 하위능력

(1) 시간관리능력

① 시간의 특성

　㉠ 시간은 매일 주어지는 기적이다.

　㉡ 시간은 똑같은 속도로 흐른다.

　㉢ 시간의 흐름은 멈추게 할 수 없다.

　㉣ 시간은 꾸거나 저축할 수 없다.

　㉤ 시간은 사용하기에 따라 가치가 달라진다.

② 시간관리의 효과

　㉠ 생산성 향상

　㉡ 가격 인상

　㉢ 위험 감소

　㉣ 시장 점유율 증가

③ 시간계획

⑦ 개념 : 시간 자원을 최대한 활용하기 위하여 가장 많이 반복되는 일에 가장 많은 시간을 분배하고, 최단시간에 최선의 목표를 달성하는 것을 의미한다.

ⓒ 60 : 40의 Rule

계획된 행동 (60%)	계획 외의 행동 (20%)	자발적 행동 (20%)
총 시간		

예제 2

유아용품 홍보팀의 사원 은이씨는 일산 킨텍스에서 열리는 유아용품박람회에 참여하고자 한다. 당일 회의 후 출발해야 하며 회의 종료 시간은 오후 3시이다.

장소	일시
일산 킨텍스 제2전시장	2016. 1. 20(금) PM 15:00~19:00 * 입장가능시간은 종료 2시간 전 까지

오시는 길
지하철 : 4호선 대화역(도보 30분 거리)
버스 : 8109번, 8407번(도보 5분 거리)

• 회사에서 버스정류장 및 지하철역까지 소요시간

출발지	도착지		소요시간
회사	×× 정류장	도보	15분
		택시	5분
	지하철역	도보	30분
		택시	10분

• 일산 킨텍스 가는 길

교통편	출발지	도착지	소요시간
지하철	강남역	대화역	1시간 25분
버스	×× 정류장	일산 킨텍스 정류장	1시간 45분

위의 제시 상황을 보고 은이씨가 선택할 교통편으로 가장 적절한 것은?

① 도보 – 지하철
② 도보 – 버스
③ 택시 – 지하철
④ 택시 – 버스

답 ④

(2) 예산관리능력

① 예산과 예산관리

    ⊙ 예산 : 필요한 비용을 미리 헤아려 계산하는 것이나 그 비용을 말한다.

    ⓒ 예산관리 : 활동이나 사업에 소요되는 비용을 산정하고, 예산을 편성하는 것뿐만 아니라 예산을 통제하는 것 모두를 포함한다.

② 예산의 구성요소

비용	직접비용	재료비, 원료와 장비, 시설비, 여행(출장) 및 잡비, 인건비 등
	간접비용	보험료, 건물관리비, 광고비, 통신비, 사무비품비, 각종 공과금 등

③ 예산수립 과정 : 필요한 과업 및 활동 구명 → 우선순위 결정 → 예산 배정

예제 3

당신은 가을 체육대회에서 총무를 맡으라는 지시를 받았다. 다음과 같은 계획에 따라 예산을 진행하였으나 확보된 예산이 생각보다 적게 되어 불가피하게 비용항목을 줄여야 한다. 다음 중 귀하가 비용 항목을 없애기에 가장 적절한 것은 무엇인가?

> 〈○○산업공단 춘계 1차 워크숍〉
>
> 1. 해당부서 : 인사관리팀, 영업팀, 재무팀
> 2. 일　　정 : 2016년 4월 21일∼23일(2박 3일)
> 3. 장　　소 : 강원도 속초 ○○연수원
> 4. 행사내용 : 바다열차탑승, 체육대회, 친교의 밤 행사, 기타

① 숙박비   ② 식비

③ 교통비   ④ 기념품비

출제의도

업무에 소요되는 예산 중 꼭 필요한 것과 예산을 감축해야할 때 삭제 또는 감축이 가능한 것을 구분해내는 능력을 묻는 문항이다.

해 설

한정된 예산을 가지고 과업을 수행할 때에는 중요도를 기준으로 예산을 사용한다. 위와 같이 불가피하게 비용 항목을 줄여야 한다면 기본적인 항목인 숙박비, 식비, 교통비는 유지되어야 하기에 항목을 없애기 가장 적절한 정답은 ④번이 된다.

답 ④

(3) 물적관리능력

① 물적자원의 종류

    ㉠ 자연자원 : 자연상태 그대로의 자원 ex) 석탄, 석유 등

    ㉡ 인공자원 : 인위적으로 가공한 자원 ex) 시설, 장비 등

② 물적자원관리 : 물적자원을 효과적으로 관리할 경우 경쟁력 향상이 향상되어 과제 및 사업의 성공으로 이어지며, 관리가 부족할 경우 경제적 손실로 인해 과제 및 사업의 실패 가능성이 커진다.

③ 물적자원 활용의 방해요인

    ㉠ 보관 장소의 파악 문제

    ㉡ 훼손

    ㉢ 분실

④ 물적자원관리 과정

과정	내용
사용 물품과 보관 물품의 구분	• 반복 작업 방지 • 물품활용의 편리성
동일 및 유사 물품으로의 분류	• 동일성의 원칙 • 유사성의 원칙
물품 특성에 맞는 보관 장소 선정	• 물품의 형상 • 물품의 소재

S호텔의 외식사업부 소속인 K씨는 예약일정 관리를 담당하고 있다. 아래의 예약일정과 정보를 보고 K씨의 판단으로 옳지 않은 것은?

〈S호텔 일식 뷔페 1월 ROOM 예약 일정〉

* 예약 : ROOM 이름(시작시간)

SUN	MON	TUE	WED	THU	FRI	SAT
					1	2
					백합(16)	장미(11) 백합(15)
3	4	5	6	7	8	9
라일락(15)		백향목(10) 백합(15)	장미(10) 백향목(17)	백합(11) 라일락(18)	백향목(15)	장미(10) 라일락(15)

ROOM 구분	수용가능인원	최소투입인력	연회장 이용시간
백합	20	3	2시간
장미	30	5	3시간
라일락	25	4	2시간
백향목	40	8	3시간

– 오후 9시에 모든 업무를 종료함
– 한 타임 끝난 후 1시간씩 세팅 및 정리
– 동 시간 대 서빙 투입인력은 총 10명을 넘을 수 없음

안녕하세요, 1월 첫째 주 또는 둘째 주에 신년회 행사를 위해 ROOM을 예약하려고 하는데요, 저희 동호회의 총 인원은 27명이고 오후 8시쯤 마무리하려고 합니다. 신정과 주말, 월요일은 피하고 싶습니다. 예약이 가능할까요?

① 인원을 고려했을 때 장미ROOM과 백향목ROOM이 적합하겠군
② 만약 2명이 안 온다면 예약 가능한 ROOM이 늘어나겠구나
③ 조건을 고려했을 때 예약 가능한 ROOM은 5일 장미ROOM뿐이겠구나
④ 오후 5시부터 8시까지 가능한 ROOM을 찾아야해

출제의도

주어진 정보와 일정표를 토대로 이용 가능한 물적자원을 확보하여 이를 정확하게 안내할 수 있는 능력을 측정하는 문항이다. 고객이 제공한 정보를 정확하게 파악하고 그 조건 안에서 가능한 자원을 제공할 수 있어야 한다.

해 설

③ 조건을 고려했을 때 5일 장미ROOM과 7일 장미ROOM이 예약 가능하다.
① 참석 인원이 27명이므로 30명 수용 가능한 장미ROOM과 40명 수용 가능한 백향목ROOM 두 곳이 적합하다.
② 만약 2명이 안 온다면 총 참석인원 25명이므로 라일락ROOM, 장미ROOM, 백향목ROOM이 예약 가능하다.
④ 오후 8시에 마무리하려고 계획하고 있으므로 적절하다.

답 ③

(4) 인적자원관리능력

① 인맥 : 가족, 친구, 직장동료 등 자신과 직접적인 관계에 있는 사람들인 핵심인맥과 핵심인맥들로부터 알게 된 파생인맥이 존재한다.

② 인적자원의 특성 : 능동성, 개발가능성, 전략적 자원

③ 인력배치의 원칙

   ㉠ 적재적소주의 : 팀의 효율성을 높이기 위해 팀원의 능력이나 성격 등과 가장 적합한 위치에 배치하여 팀원 개개인의 능력을 최대로 발휘해 줄 것을 기대하는 것

   ㉡ 능력주의 : 개인에게 능력을 발휘할 수 있는 기회와 장소를 부여하고 그 성과를 바르게 평가하며 평가된 능력과 실적에 대해 그에 상응하는 보상을 주는 원칙

   ㉢ 균형주의 : 모든 팀원에 대한 적재적소를 고려

④ 인력배치의 유형

   ㉠ 양적 배치 : 부문의 작업량과 조업도, 여유 또는 부족 인원을 감안하여 소요인원을 결정하여 배치하는 것

   ㉡ 질적 배치 : 적재적소의 배치

   ㉢ 적성 배치 : 팀원의 적성 및 흥미에 따라 배치하는 것

최근 조직개편 및 연봉협상 과정에서 직원들의 불만이 높아지고 있다. 온갖 루머가 난무한 가운데 인사팀원인 당신에게 사내 게시판의 직원 불만사항에 대한 진위여부를 파악하고 대안을 세우라는 팀장의 지시를 받았다. 다음 중 당신이 조치를 취해야 하는 직원은 누구인가?

① 사원 A는 팀장으로부터 업무 성과가 탁월하다는 평가를 받았는데도 조직개편으로 인한 부서 통합으로 인해 승진을 못한 것이 불만이다.

② 사원 B는 회사가 예년에 비해 높은 영업 이익을 얻었는데도 불구하고 연봉 인상에 인색한 것이 불만이다.

③ 사원 C는 회사가 급여 정책을 변경해서 고정급 비율을 낮추고 기본급과 인센티브를 지급하는 제도로 바꾼 것이 불만이다.

④ 사원 D는 입사 동기인 동료가 자신보다 업무 실적이 좋지 않고 불성실한 근무태도를 가지고 있는데, 팀장과의 친분으로 인해 자신보다 높은 평가를 받은 것이 불만이다.

주어진 직원들의 정보를 통해 시급하게 진위여부를 가리고 조치하여 인력배치를 해야 하는 사항을 확인하는 문제이다.

해 설

사원 A, B, C는 각각 조직 정책에 대한 불만이기에 논의를 통해 조직적으로 대처하는 것이 옳지만, 사원 D는 팀장의 독단적인 전횡에 대한 불만이기 때문에 조사하여 시급히 조치할 필요가 있다. 따라서 가장 적절한 답은 ④번이 된다.

답 ④

출제예상문제

1 다음은 인사팀 직원 간의 대화이다. 직원 A~E 중 인력배치의 원칙과 유형에 대해 잘못 이해하고 있는 직원은?

> A : 이번에 새로 들어온 신입사원 甲이 배치 받은 부서에 잘 적응하지 못하고 있나봐.
>
> B : 그래? 인력배치를 할 때 甲의 능력이나 성격에 가장 적합하다고 생각하는 부서에다 배치하는 게 원칙 아니었어?
>
> A : 그렇지, 적재적소에 배치하는 것이 중요하잖아. 그런데 甲은 배치 받은 부서에 흥미가 없는 것 같아.
>
> C : 물론 甲의 적성이나 흥미에 따라 적성 배치를 할 수 있다면 좋겠지. 그렇지만 회사 입장에서는 업무량이 많은 부서에 더 많은 인원을 배치하려는 양적 배치도 고려할 수밖에 없어.
>
> D : 모든 신입직원에 대한 균형적인 배치는 잘 지켜진 거지? 甲만 적재적소에 대한 고려에서 빠졌을 수도 있잖아. 그렇다면 그건 인력배치의 원칙에 어긋나.
>
> E : 맞아, 그리고 능력을 발휘할 수 있는 기회를 부여하고 성과를 바르게 평가하여 능력과 실적에 따라 그에 상응하는 보상을 주는 보상주의도 중요해.

① B

② C

③ D

④ E

 E가 말하고 있는 것은 능력주의에 해당한다. 인력배치의 원칙으로는 적재적소주의, 능력주의, 균형주의가 있다.

Answer 1.④

2 A사는 우수한 인적자원관리 차원에서 직원들의 자기개발을 위한 경제적 지원 정책으로 다음과 같은 세 가지 대안을 고려하는 중이다. 대안의 내용을 바탕으로 판단할 때, 다음 중 옳지 않은 것은? (단, 직원들은 보기에 언급된 자기개발 항목 외에 다른 자기개발은 하고 있지 않은 것으로 가정하고, 외국어는 언어의 종류에 따라 서로 다른 항목으로 취급한다)

- 1안 : 직원 1인당 자기개발 지원금을 매월 지급하되, 자기개발 항목이 2가지 이상인 경우에 한한다. 처음 두 항목에 대해서는 각각 3만 원, 세 번째는 4만 원, 네 번째부터는 5만 원씩의 수당을 해당 직원에게 지급한다.
- 2안 : 직원 1인당 자기개발 지원금을 매월 지급하되, 자기개발 항목이 2가지 이상인 경우에 한한다. 다만 자기개발 항목이 2가지 미만이라고 하더라도 외국어 관련일 경우 수당을 지급한다. 처음 두 항목에 대해서는 각각 2만 원, 세 번째는 3만 원, 네 번째부터는 5만 원씩 수당을 해당 직원에게 지급한다.
- 3안 : 외국어 관련 자기개발을 하는 직원에게만 자기개발 지원금을 매월 지급한다. 외국어 종류에 따른 지원금은 각각 영어 10만 원, 중국어 5만 원, 일본어 3만 원으로 하고, 기타 외국어의 경우 1만 원으로 한다. 단, 2가지 이상의 외국어 관련 자기개발을 하는 경우, 지원금이 더 큰 외국어 하나에 대해서만 지원금을 지급한다.

① 업무에 필요한 체력을 키우기 위해 헬스장에 등록한 甲은 세 가지 대안 중 어느 것이 채택되더라도 자기개발 지원금을 받을 수 없다.

② 영어와 중국어에 이어 일본어까지 총 3곳의 학원에 다니고 있는 乙이 3안 채택 시 받을 수 있는 자기개발 지원금은 2안 채택 시 받을 수 있는 자기개발 지원금보다 많다.

③ 중국 거래처와의 원활한 의사소통을 위해 중국어 학원을 다니고 있는 丙이 일본 거래처 수의 증가에 따라 일본어 학원을 추가로 등록하였다고 할 때, 1안 채택 시 丙이 받을 수 있는 자기개발 지원금은 6만 원이다.

④ 외국인 바이어 접대에 필요한 강습을 받고 있는 戊가 자기개발 지원금을 받기 위해 추가로 외국어 관련 자기개발을 등록한다고 할 때, 3안 채택 시 받을 수 있는 자기개발 지원금이 1안 채택 시 받을 수 있는 자기개발 지원금보다 커지기 위해서는 영어나 중국어를 선택해야 한다.

 ④ 戊가 영어를 선택할 경우와 중국어를 선택할 경우에 따라 받을 수 있는 자기개발 지원금을 정리하면 다음과 같다.
- 영어 선택 : (1안) 6만 원 < (3안) 10만 원
- 중국어 선택 : (1안) 6만 원 > (3안) 5만 원
따라서 戊가 3안 채택 시 받을 수 있는 자기개발 지원금이 1안 채택 시 받을 수 있는 자기개발 지원금보다 커지기 위해서는 반드시 영어를 선택해야 한다.

3 A사에서는 2020년의 집행 금액이 가장 많은 팀부터 2021년의 예산을 많이 분배할 계획이다. 5개 팀의 2020년 예산 관련 내역이 다음과 같을 때, 다음 중 2021년에도 유통팀이 가장 많은 예산을 분배받기 위해서 12월 말까지 집행해야 하는 금액으로 옳은 것은? (단, 집행 금액은 신청 금액을 초과할 수 없다)

[2020년의 예산 신청 내역]

(단위 : 백만 원)

영업1팀	영업2팀	영업3팀	유통팀	물류팀
28	27	29	31	30

〈2020년 6월 말까지의 예산 집행률〉

(단위 : %)

영업1팀	영업2팀	영업3팀	유통팀	물류팀
35%	60%	20%	50%	45%

※ 예산 집행률 = 집행 금액 ÷ 신청 금액 × 100

① 14,430,000원   ② 14,450,000원
③ 14,470,000원   ④ 14,510,000원

 집행 금액이 신청 금액을 초과할 수 없는 상황에서 집행 금액이 가장 많기 위해서는 신청 금액을 100% 집행해야 한다. 유통팀 다음으로 신청 금액이 많은 물류팀이 100% 집행할 경우, 유통팀은 30백만 원보다 더 많은 금액을 집행해야 하는데, 6월 말 현재 유통팀이 집행한 금액은 31 × 0.5 = 15.5백만 원이므로 12월 말까지 적어도 14.5백만 원을 초과하는 금액을 집행해야 한다.

Answer ↱ 2.④ 3.④

4 다음 사례에 대한 분석으로 옳은 것은?

> 사람이 하던 일을 로봇으로 대체했을 때 얻을 수 있는 편익은 시간당 6천 원이고 작업을 지속하는 시간에 따라 '과부하'라는 비용이 든다. 로봇이 하루에 작업을 지속하는 시간과 그에 따른 편익 및 비용의 정도를 각각 금액으로 환산하면 다음과 같다.
>
> (단위 : 원)
>
> | 시간 | 3 | 4 | 5 | 6 | 7 |
> |------|------|------|------|------|------|
> | 총 편익 | 18,000 | 24,000 | 30,000 | 36,000 | 42,000 |
> | 총 비용 | 8,000 | 12,000 | 14,000 | 15,000 | 22,000 |
>
> ※ 순편익 = 총 편익 − 총 비용

① 로봇은 하루에 6시간 작업을 지속하는 것이 가장 합리적이다.

② 로봇이 1시간 더 작업을 할 때마다 추가로 발생하는 비용은 일정하다.

③ 로봇으로 대체함으로써 하루에 최대로 얻을 수 있는 순편익이 22,000원이다.

④ 로봇이 1시간 더 작업할 때마다 추가로 발생하는 편익은 계속 증가한다.

② 1시간 더 일할 때마다 추가로 발생하는 비용은 일정하지 않다.

③ 로봇으로 대체함으로써 하루에 최대로 얻을 수 있는 순편익은 21,000원이다.

④ 1시간 더 작업할 때마다 추가로 발생하는 편익은 6,000원으로 항상 일정하다.

5 '갑'시에 위치한 N사 권 대리는 다음과 같은 일정으로 출장을 계획하고 있다. 출장비 지급 내역에 따라 권 대리가 받을 수 있는 출장비의 총액은 얼마인가?

〈지역별 출장비 지급 내역〉

출장 지역	일비	식비
'갑'시	15,000원	15,000원
'갑'시 외 지역	23,000원	17,000원

* 거래처 차량으로 이동할 경우, 일비 5,000원 차감
* 오후 일정 시작일 경우, 식비 7,000원 차감

〈출장 일정〉

출장 일자	지역	출장 시간	이동계획
화요일	'갑'시	09:00~18:00	거래처 배차
수요일	'갑'시 외 지역	10:30~16:00	대중교통
금요일	'갑'시	14:00~19:00	거래처 배차

① 75,000원

② 78,000원

③ 83,000원

④ 85,000원

 화요일 일정에는 거래처 차량이 지원되므로 5,000원이 차감되며, 금요일 일정에는 거래처 차량 지원과 오후 일정으로 인해 5,000 + 7,000 = 12,000원이 차감된다.
따라서 출장비 총액은 25,000 + 40,000 + 18,000 = 83,000원이 된다.

Answer ↦ 4.① 5.③

6 다음은 N사의 부서별 추가 인원 요청사항과 새로 배정된 신입사원 5명의 인적사항이다. 적재적소의 원리에 의거하여 신입사원들을 배치할 경우 가장 적절한 것은?

〈신입사원 인적사항〉

성명	성별	전공	자격 및 기타
이나정	여	컴퓨터공학과	논리적·수학적 사고력 우수함
장하윤	여	회계학과	인사 프로그램 사용 가능
권도진	남	소프트웨어학과	SW융합 인재 온라인 경진대회 수상경력
김성준	남	경영학과	광고심리학 공부, 강한 호기심, 창의력 대회 입상
오수연	여	경영학과	노무사 관련 지식 보유

〈부서별 인원 요청 사항〉

부서명	필요인원	필요자질
인사총무부	2명	대인관계 원만한 자, 조직에 대한 이해가 높은 자
IT기획부	2명	프로그램 및 시스템 관련 능통자
홍보실	1명	외향적인 성격, 창의적 사고

	인사총무부	IT기획부	홍보실
①	장하윤, 권도진	오수연, 김성준	이나정
②	김성준, 오수연	이나정, 권도진	장하윤
③	장하윤, 오수연	이나정, 권도진	김성준
④	권도진, 김성준	이나정, 장하윤	오수연

 '회계학과 전공/인사 프로그램 사용 가능', '경영학과 전공/노무사 관련 지식이 있는' 사람이 인사총무부에 배치되고, IT기획부에는 컴퓨터 계열 전공을 사람이 배치되는 것이 적절하다. 광고심리학 지식 및 창의력 대회 입상 경력이 있는 사람이 홍보실에서 필요로 하는 인재상과 부합한다.

7 다음은 영업사원인 N씨가 오늘 미팅해야 할 거래처 직원들과 방문해야 할 업체에 관한 정보이다. 다음의 정보를 모두 반영하여 일정을 정한다고 할 때 순서가 올바르게 배열된 것은? (단, 장소 간 이동 시간은 없는 것으로 가정한다)

〈거래처 직원들의 요구 사항〉

1) A 거래처 과장 : 회사 내부 일정으로 인해 미팅은 10시~12시 또는 16~18시까지 2시간 정도 가능합니다.
2) B 거래처 대리 : 12시부터 점심식사를 하거나 18시부터 저녁식사를 하시죠. 시간은 2시간이면 될 것 같습니다.
3) C 거래처 사원 : 외근이 잡혀서 오전 9시부터 10시까지 1시간만 가능합니다.
4) D 거래처 부장 : 외부 일정으로 18시부터 저녁식사만 가능합니다.

〈방문해야 할 업체와 가능한 시간〉

1) E 서점 : 14~18시, 2시간 소요
2) F 은행 : 12~16시, 1시간 소요
3) G 미술관 : 하루 3회(10시, 13시, 15시), 1시간 소요

① C 거래처 사원 – A 거래처 과장 – B 거래처 대리 – E 서점 – G 미술관 – F 은행 – D 거래처 부장
② C 거래처 사원 – A 거래처 과장 – F 은행 – B 거래처 대리 – G 미술관 – E 서점 – D 거래처 부장
③ C 거래처 사원 – G 미술관 – F 은행 – B 거래처 대리 – E 서점 – A 거래처 과장 – D 거래처 부장
④ C 거래처 사원 – A 거래처 과장 – B 거래처 대리 – F 은행 – G 미술관 – E 서점 – D 거래처 부장

 C(9시~10시) – A(10시~12시) – B(12시~14시) – F(14시~15시) – G(15시~16시) – E(16~18시) – D(18시~)
① E 서점을 들른 후 16시가 되는데, 이 경우 G 미술관에 방문할 수 없다.
② F은행까지 들른 후면 13시가 되는데, B 거래처 대리 약속은 18시에 가능하다.
③ G 미술관 방문을 마치고 나면 11시가 되는데 F 은행은 12시에 가야 한다. F 은행 방문 후 13시가 되는데, 이럴 경우 B 거래처 대리와의 약속은 18시로 잡아야 한다.

8 다음에 나타난 우진이에게 부족한 자원관리능력은 무엇인가?

> 우진이는 겨울 방학 때 토익 점수를 800점을 목표로 공부하기로 했기 때문에 상당히 구체적으로 두 달 시간표를 짜서 실행하기로 마음먹었다. 그러나 막상 방학이 시작되자 그동안 만나지 못했던 사람들과 자주 만나기를 시작으로 불규칙적으로 생활하게 되었다. 결국 시험을 1주 남긴 채 급하게 공부하기 시작했고, 목표했던 점수를 노달하지 못한 체 새 학기를 맞이하게 되었다.

① 시간관리능력
② 예산관리능력
③ 물적관리능력
④ 인적자원관리능력

 ② 활동이나 사업에 소요되는 비용을 산정하고, 예산을 편성하는 것뿐만 아니라 예산을 통제하는 능력
③ 물적자원을 효과적으로 관리하여 경쟁력을 향상시키는 능력
④ 가족, 친구, 직장동료 등 자신과 직접적인 관계에 있는 사람들인 핵심인맥과 핵심인맥들로부터 알게 된 파생인맥을 관리하는 능력

9 다음에서 설명하고 있는 인력배치의 특징으로 옳은 것은?

> 근로자 개개인의 육체적 기능(체격, 운동기능), 생리적 기능(기교성＝재주꾼, 특정 직무에 대한 흥미) 및 성격에 적합한 직장작업에 배치하는 것을 말한다.

① 본인의 적성을 무시한 배려를 하면, 작업능률의 저하는 물론 안전관리에서도 문제가 일어나기 어려워진다.

② 작업자를 배치할 때는 그 작업의 특성을 배려하고, 그 사람의 특성을 활용하도록 작업을 할당한다.

③ 작업배치를 할 때는 작업의 특성과 작업자의 특성만 고려해서 배치해야 한다.

④ 팀원의 적성 및 흥미와는 상관없이 환경조건에 맞게 배치해야 한다.

 글에 나타난 인력배치는 적성배치이다.
> ① 본인의 적성을 무시한 배려를 하면, 작업능률의 저하는 물론 안전관리에서도 문제가 일어나기 쉬워진다.
> ③ 작업배치를 할 때는 작업의 특성과 작업자의 특성·심신상태·희망 등의 양자를 고려해서 배치해야 한다.
> ④ 팀원의 적성 및 흥미를 고려하여 배치해야한다.

10 다음 중 ㉠에 해당하는 비용으로 짝지어진 것은?

> 비용을 두 가지로 구분하면 생산에 직접 필요한 원자재비·노임 등을 직접비용, 동력비·감가상각비 등 직접 생산에 관여하지 않는 종업원의 급여 등을 ㉠간접비용으로 나눌 수 있다.

① 원료, 장비

② 재료비, 인건비

③ 광고비, 공과금

④ 시설비, 통신비

 비용
> ㉠ **직접비용** : 재료비, 원료와 장비, 시설비, 여행(출장) 및 잡비, 인건비 등
> ㉡ **간접비용** : 보험료, 건물관리비, 광고비, 통신비, 사무비품비, 각종 공과금 등

Answer↳ 8.① 9.② 10.③

11 다음 중 시간에 관한 의견으로 옳은 것끼리 짝지어진 것은?

> ⊙ 동수 : 시간은 누구에게나 공평하게 주어지지.
> ⊙ 은하 : 시간은 마음만 먹으면 잠시 멈추게 할 수 있어.
> ⊙ 정민 : 시간은 어떻게 사용하느냐에 따라 그 가치가 달라져.
> ⊙ 재훈 : 시간은 누구에게나 똑같은 속도로 흘러.

① ㉠㉡　　　　　　　　　　　② ㉢㉣

③ ㉠㉡㉢　　　　　　　　　　④ ㉠㉢㉣

 시간의 특성
　㉠ 시간은 매일 주어지는 기적이다.
　㉡ 시간은 똑같은 속도로 흐른다.
　㉢ 시간의 흐름은 멈추게 할 수 없다.
　㉣ 시간은 꾸거나 저축할 수 없다.
　㉤ 시간은 사용하기에 따라 가치가 달라진다.

12 업무 상 지출하는 비용은 회계 상 크게 직접비와 간접비로 구분할 수 있으며, 이러한 지출 비용을 개인의 가계에 대입하여 구분할 수도 있다. M씨의 개인 지출 내역이 다음과 같을 경우, M씨의 전체 지출 중 간접비가 차지하는 비중은 얼마인가?

(단위 : 만 원)

보험료	공과금	외식비	전세 보증금	자동차 보험료	의류 구매	병원 치료비
20	55	60	10,000	11	40	15

① 약 13.5%

② 약 8.8%

③ 약 0.99%

④ 약 4.3%

 업무 상 지출의 개념이 개인 가계에 적용될 경우, 의식주에 직접적으로 필요한 비용은 직접비용, 세금, 보험료 등의 비용은 간접비용에 해당된다. 따라서 간접비용은 보험료, 공과금, 자동차 보험료, 병원비로 볼 수 있다. 총 지출 비용이 10,201만 원이며, 이 중 간접비용이 20+55+11+15=101만 원이므로 101÷10,201×100=약 0.99%가 됨을 알 수 있다.

13 인사부에서 근무하는 H씨는 다음 〈상황〉과 〈조건〉에 근거하여 부서 배정을 하려고 한다. 〈상황〉과 〈조건〉을 모두 만족하는 부서 배정은 어느 것인가?

〈상황〉

　총무부, 영업부, 홍보부에는 각각 3명, 2명, 4명의 인원을 배정하여야 한다. 이번에 선발한 인원으로는 5급이 A, B, C가 있으며, 6급이 D, E, F가 있고 7급이 G, H, I가 있다.

〈조건〉

조건1 : 총무부에는 5급이 2명 배정되어야 한다.

조건2 : B와 C는 서로 다른 부서에 배정되어야 한다.

조건3 : 홍보부에는 7급이 2명 배정되어야 한다.

조건4 : A와 I는 같은 부서에 배정되어야 한다.

	총무부	영업부	홍보부
①	A, C, I	D, E	B, F, G, H
②	A, B, E	D, G	C, F, H, I
③	A, B, I	C, D, G	E, F, H
④	B, C, H	D, E	A, F, G, I

 ② A와 I가 같은 부서에 배정되어야 한다는 조건4를 만족하지 못한다.
③ 홍보부에 4명이 배정되어야 한다는 〈상황〉에 부합하지 못한다.
④ B와 C가 서로 다른 부서에 배정되어야 한다는 조건2를 만족하지 못한다.

Answer⌐→ 11.④ 12.③ 13.①

14 다음은 어느 회사의 성과상여금 지급기준이다. 다음 기준에 따를 때 성과상여금을 가장 많이 받는 사원과 가장 적게 받는 사원의 금액 차이는 얼마인가?

〈성과상여금 지급기준〉

지급원칙

• 성과상여금은 적용대상사원에 대하여 성과(근무성적, 업무난이도, 조직 기여도의 평점 합) 순위에 따라 지급한다.

성과상여금 지급기준액

5급 이상	6급~7급	8급~9급	계약직
500만 원	400만 원	200만 원	200만 원

지급등급 및 지급률

• 5급 이상

지급등급	S등급	A등급	B등급	C등급
성과 순위	1위	2위	3위	4위 이하
지급률	180%	150%	120%	80%

• 6급 이하 및 계약직

지급등급	S등급	A등급	B등급
성과 순위	1위~2위	3~4위	5위 이하
지급률	150%	130%	100%

지급액 산정방법

개인별 성과상여금 지급액은 지급기준액에 해당등급의 지급율을 곱하여 산정한다.

〈소속사원 성과 평점〉

사원	평점			직급
	근무성적	업무난이도	조직기여도	
수현	8	5	7	계약직
이현	10	6	9	계약직
서현	8	8	6	4급
진현	5	5	8	5급
준현	9	9	10	6급
지현	9	10	8	7급

① 260만 원 ② 340만 원
③ 400만 원 ④ 450만 원

 사원별로 성과상여금을 계산해보면 다음과 같다.

사원	평점 합	순위	산정금액
수현	20	5	200만 원×100%=200만 원
이현	25	3	200만 원×130%=260만 원
서현	22	4	500만 원×80%=400만 원
진현	18	6	500만 원×80%=400만 원
준현	28	1	400만 원×150%=600만 원
지현	27	2	400만 원×150%=600만 원

가장 많이 받은 금액은 600만 원이고 가장 적게 받은 금액은 200만 원이므로 이 둘의 차는 400만 원이다.

Answer⌐→ 14.③

15 G회사에서 근무하는 S씨는 직원들의 출장비를 관리하고 있다. 이 회사의 규정이 다음과 같을 때 S씨가 甲 부장에게 지급해야 하는 총일비와 총 숙박비는 각각 얼마인가? (국가 간 이동은 모두 항공편으로 한다고 가정한다)

여행일수의 계산

여행일수는 여행에 실제로 소요되는 일수에 의한다. 국외여행의 경우에는 국내 출발일은 목적 지를, 국내 도착일은 출발지를 여행하는 것으로 본다.

여비의 구분계산
• 여비 각 항목은 구분하여 계산한다.
• 같은 날에 여비액을 달리하여야 할 경우에는 많은 액을 기준으로 지급한다.

일비·숙박비의 지급
• 국외여행자의 경우는 〈국외여비정액표〉에 따라 지급한다.
• 일비는 여행일수에 따라 지급한다.
• 숙박비는 숙박하는 밤의 수에 따라 지급한다. 다만 항공편 이동 중에는 따로 숙박비를 지급 하지 아니한다.

〈국외여비정액표〉

(단위 : 달러)

구분	여행국가	일비	숙박비
부장	A국	80	233
	B국	70	164

〈甲의 여행일정〉

1일째   (06:00) 출국
2일째   (07:00) A국 도착
          (18:00) 만찬
3일째   (09:00) 회의
          (15:00) A국 출국
          (17:00) B국 도착
4일째   (09:00) 회의
          (18:00) 만찬
5일째   (22:00) B국 출국
6일째   (20:00) 귀국

	총일비(달러)	총숙박비(달러)
①	450	561
②	450	610
③	460	610
④	460	561

 ㉠ 1일째와 2일째는 일비가 각각 80달러이고, 3일째는 여비액이 다를 경우 많은 액을 기준으로 삼는다 했으므로 80달러, 4~6일째는 각각 70달러이다. 따라서 총일비는 450달러이다.

㉡ 1일째에서 2일째로 넘어가는 밤에는 항공편에서 숙박했고, 2일째에서 3일째 넘어가는 밤에는 숙박비 가 233달러이다. 3일째에서 4일째로 넘어가는 밤과 4일째에서 5일째로 넘어가는 밤에는 각각 숙박 비가 164달러이다. 5일째에서 6일째로 넘어가는 밤에는 항공편에서 숙박했다. 따라서 총숙박비는 561달러이다.

Answer ⤷ 15.①

┃16~17┃ 공장 주변지역의 농경수 오염에 책임이 있는 기업이 총 70억 원의 예산을 가지고 피해 현황 심사와 보상을 진행한다고 한다. 다음 글을 읽고 물음에 답하시오.

총 500건의 피해가 발생했고, 기업측에서는 실제 피해 현황을 심사하여 보상하기로 하였다. 심사에 소요되는 비용은 보상 예산에서 사용한다. 심사를 통해 좀 더 정확한 피해 규모를 파악할 수 있지만, 그에 따라 소요되는 비용 또한 증가하게 된다.

	1일째	2일째	3일째	4일째
일별 심사 비용(억 원)	0.5	0.7	0.9	1.1
일별 보상대상 제외건수	50	45	40	35

- 보상금 총액＝예산－심사 비용
- 표는 누적수치가 아닌, 하루에 소요되는 비용을 말함
- 일별 심사 비용은 매일 0.2억씩 증가하고 제외건수는 매일 5건씩 감소함
- 제외건수가 0이 되는 날, 심사를 중지하고 보상금을 지급함

16 기업측이 심사를 중지하는 날까지 소요되는 일별 심사 비용은 총 얼마인가?

① 15억 원　　　　　　　　　② 15.5억 원

③ 16억 원　　　　　　　　　④ 16.5억 원

 제외건수가 매일 5건씩 감소한다고 했으므로 11일째 되는 날 제외건수가 0이 되고 일별 심사 비용은 총 16.5억 원이 된다.

17 심사를 중지하고 총 500건에 대해서 보상을 한다고 할 때, 보상대상자가 받는 건당 평균 보상금은 대략 얼마인가?

① 약 1천만 원　　　　　　　② 약 2천만 원

③ 약 3천만 원　　　　　　　④ 약 4천만 원

 (70억－16.5억)/500건＝1,070만 원

18 甲회사 인사부에 근무하고 있는 H부장은 각 과의 요구를 모두 충족시켜 신규직원을 배치하여야 한다. 각 과의 요구가 다음과 같을 때 홍보과에 배정되는 사람은 누구인가?

〈신규직원 배치에 대한 각 과의 요구〉
• 관리과 : 5급이 1명 배정되어야 한다.
• 홍보과 : 5급이 1명 배정되거나 6급이 2명 배정되어야 한다.
• 재무과 : B가 배정되거나 A와 E가 배정되어야 한다.
• 총무과 : C와 D가 배정되어야 한다.

〈신규직원〉
• 5급 2명(A, B)
• 6급 4명(C, D, E, F)

① A   ② B
③ C와 D   ④ E와 F

 주어진 조건을 보면 관리과와 재무과에는 반드시 각각 5급이 1명씩 배정되고, 총무과에는 6급 2명이 배정된다. 인원수를 따져보면 홍보과에는 5급을 배정할 수 없기 때문에 6급이 2명 배정된다. 6급 4명 중에 C와 D는 총무과에 배정되므로 홍보과에 배정되는 사람은 E와 F이다. 각 과별로 배정되는 사람을 정리하면 다음과 같다.

관리과	A
홍보과	E, F
재무과	B
총무과	C, D

Answer→ 16.④ 17.① 18.④

19 S기관은 업무처리시 오류 발생을 줄이기 위해 2016년부터 오류 점수를 계산하여 인사고과에 반영한다고 한다. 이를 위해 매월 직원별로 오류 건수를 조사하여 오류 점수를 다음과 같이 계산한다고 할 때, 가장 높은 오류 점수를 받은 사람은 누구인가?

〈오류 점수 계산 방식〉
- 일반 오류는 1건당 10점, 중대 오류는 1건당 20점씩 오류 점수를 부과하여 이를 합산한다.
- 전월 우수사원으로 선정된 경우, 합산한 오류 점수에서 80점을 차감하여 월별 최종 오류 점수를 계산한다.

〈S기관 벌점 산정 기초자료〉

직원	오류 건수(건)		전월 우수사원 선정 여부
	일반 오류	중대 오류	
A	5	20	미선정
B	10	20	미선정
C	15	15	선정
D	20	10	미선정

① A
② B
③ C
④ D

 Tip
　① A : 450점
　② B : 500점
　③ C : 370점
　④ D : 400점

20 Z회사는 6대(A~F)의 자동차 생산을 주문받았다. 오늘을 포함하여 30일 이내에 자동차를 생산할 계획이며 Z회사의 하루 최대투입가능 근로자 수는 100명이다. 다음 〈공정표〉에 근거할 때 Z회사가 벌어들일 수 있는 최대 수익은 얼마인가? (단, 작업은 오늘부터 개시되며 각 근로자는 자신이 투입된 자동차의 생산이 끝나야만 다른 자동차의 생산에 투입될 수 있고 1일 필요 근로자 수 이상의 근로자가 투입되더라도 자동차당 생산 소요기간은 변하지 않는다)

〈공정표〉

자동차	소요기간	1일 필요 근로자 수	수익
A	5일	20명	15억 원
B	10일	30명	20억 원
C	10일	50명	40억 원
D	15일	40명	35억 원
E	15일	60명	45억 원
F	20일	70명	85억 원

① 150억 원
② 155억 원
③ 160억 원
④ 165억 원

 최대 수익을 올리는 있는 진행공정은 다음과 같다.

F(20일, 70명)			C(10일, 50명)
B(10일, 30명)	A(5일, 20명)		

F(85억)+B(20억)+A(15억)+C(40억)=160억 원

Answer┌→ 19.② 20.③

21 다음은 N은행의 외화송금 수수료에 대한 규정이다. 수수료 규정을 참고할 때, 외국에 있는 친척과 〈보기〉와 같이 3회에 걸쳐 거래를 한 A씨가 지불한 총 수수료 금액은 얼마인가?

		국내 간 외화송금	실시간 국내송금
외화자금국내이체 수수료 (당·타발)		U$5,000 이하 : 5,000원 U$10,000 이하 : 7,000원 U$10,000 초과 : 10,000원	U$10,000 이하 : 5,000원 U$10,000 초과 : 10,000원
		인터넷 뱅킹 : 5,000원 실시간 이체 : 타발 수수료는 없음	
해외로 외화송금	송금 수수료	U$500 이하 : 5,000원 U$2,000 이하 : 10,000원 U$5,000 이하 : 15,000원 U$20,000 이하 : 20,000원 U$20,000 초과 : 25,000원 * 인터넷 뱅킹 이용 시 건당 3,000~5,000원	
		해외 및 중계은행 수수료를 신청인이 부담하는 경우 국외 현지 및 중계은행의 통화별 수수료를 추가로 징구	
	전신료	8,000원 인터넷 뱅킹 및 자동이체 5,000원	
	조건변경 전신료	8,000원	
해외/타행에서 받은 송금		건당 10,000원	

〈보기〉
1. 외국으로 U$3,500 송금 / 인터넷 뱅킹 최저 수수료 적용
2. 외국으로 U$600 송금 / 은행 창구
3. 외국에서 U$2,500 입금

① 32,000원 ② 34,000원
③ 36,000원 ④ 38,000원

1. 인터넷 뱅킹을 통한 해외 외화 송금이므로 금액에 상관없이 건당 최저수수료 3,000원과 전신료 5,000원 발생 → 합 8,000원
2. 은행 창구를 통한 해외 외화 송금이므로 송금 수수료 10,000원과 전신료 8,000원 발생 → 합 18,000원
3. 금액에 상관없이 건당 수수료가 발생하므로 → 10,000원
따라서 총 지불한 수수료는 8,000+18,000+10,000=36,000원이다.

22 다음 사례에 나오는 효진의 시간관리 유형은 무엇인가?

> 효진은 하루 24시간 중 8시간의 회사 업무 이외에도 8시간을 효율적으로 활용하고 8시간동안 충분히 숙면도 취한다. 그녀는 어느 누구보다도 하루하루를 정신없이 바쁘게 살아가는 사람 중 한 명이다.

① 시간 창조형
② 시간 소비형
③ 시간 절약형
④ 시간 파괴형

 시간관리의 유형
ⓐ 시간 창조형(24시간형 인간) : 긍정적이며 에너지가 넘치고 빈틈없는 시간계획을 통해 비전과 목표 및 행동을 실천하는 사람
ⓑ 시간 절약형(16시간형 인간) : 8시간 회사 업무 이외에도 8시간을 효율적으로 활용하고 8시간을 자는 사람. 정신없이 바쁘게 살아가는 사람
ⓒ 시간 소비형(8시간형 인간) : 8시간 일하고 16시간을 제대로 활용하지 못하며 빈둥대면서 살아가는 사람, 시간은 많은데도 불구하고 마음은 쫓겨 항상 바쁜 척하고 허둥대는 사람
ⓓ 시간 파괴형(0시간형 인간) : 주어진 시간을 제대로 활용하기는커녕 시간관념이 없이 자신의 시간은 물론 남의 시간마저 죽이는 사람

23 다음은 철수가 운영하는 회사에서 작성한 3월 지출내역이다. 여기에서 알 수 있는 판매비와 일반관리비의 총 합계 금액으로 옳은 것은?

3월 지출내역

광고선전비	320,000원	직원들의 급여	3,600,000원
통신비	280,000원	접대비	1,100,000원
조세공과금	300,000원	대출이자	2,000,000원

① 5,600,000원
② 4,500,000원
③ 6,500,000원
④ 7,600,000원

 판매비와 일반관리비에는 광고선전비, 직원들의 급여, 통신비, 접대비, 조세공과금이 모두 포함되기 때문에 총 합계 금액은
320,000＋3,600,000＋280,000＋1,100,000＋300,000=5,600,000(원)이다.

24 다음 사례를 읽고 분석한 내용으로 옳지 않은 것은?

> 경수는 영화를 보기 위해 5,000원을 지불하고 영화표를 예매하였다. 하지만 영화를 보기로 한 날 갑작스럽게 친구가 등산을 가자고 제안하였다. 경수는 잠시 고민하였지만 결국 영화를 보기로 결정하고 친구와의 등산은 다음으로 미뤘다. 여기서 영화 관람과 등산에 소요되는 시간은 동일하고 경수에게 영화 관람의 편익은 10,000원이고 등산의 편익은 3,000원이다. 또한 영화표의 환불이나 양도는 불가하다.

① 영화 관람과 등산 중 경수에게 더 큰 실익을 주는 것은 영화관람이다.
② 영화 관람으로 인한 기회비용은 3,000원이다.
③ 경수가 영화를 관람하기로 한 것은 합리적 선택이다.
④ 영화 관람을 위해 지불한 5,000원은 회수할 수 없는 한계비용이다.

 ④ 영화 관람을 위해 지불한 5,000원은 회수할 수 없는 매몰비용이다.
　※ 매몰비용과 한계비용
　　㉠ 매몰비용 : 이미 매몰되어 다시 되돌릴 수 없는 비용으로 의사결정을 하고 실행한 후에 발생하는 비용 중 회수할 수 없는 비용을 말한다.
　　㉡ 한계비용 : 생산물 한 단위를 추가로 생산할 때 필요한 총 비용의 증가분을 말한다.

25 다음은 ☆☆ 기업의 직원별 과제 수행 결과에 대한 평가표이다. 가장 나쁜 평가를 받은 사람은 누구인가?

〈직원별 과제 수행 결과 평가표〉

성명	과제 수행 결과	점수
정은	정해진 기한 내에서 작업 완료	
석준	주어진 예산 한도 내에서 작업 완료	
환욱	계획보다 적은 인원을 투입하여 작업 완료	
영재	예상보다 더 많은 양의 부품을 사용하여 작업 완료	

① 정은　　　　　　　　　　　② 석준
③ 환욱　　　　　　　　　　　④ 영재

정해진 기한 내에 인적, 물적, 금전적 자원 한도 내에서 작업이 완료되는 경우 과제 수행 결과에 대한 평가가 좋게 이루어진다. 따라서 정은, 석준, 환욱은 좋은 평가를 받게 되고 영재는 예상보다 많은 양의 물적 자원을 사용하였으므로 가장 나쁜 평가를 받게 된다.

26 물적자원 활용의 방해요인 중 다음 사례에 해당되는 것끼리 바르게 묶인 것은?

> 건설회사에 다니는 박과장은 하나의 물건을 오랫동안 사용하지 못하고 수시로 바꾸는 것으로 동료들에게 유명하다. 며칠 전에도 사무실에서 작업공구를 사용하고 아무 곳에 놓았다가 잊어버려 새로 구입하였고 오늘은 며칠 전에 구입했던 핸드폰을 만지다 떨어뜨려 A/S센터에 수리를 맡기기도 했다. 박과장은 이렇게 물건을 사용하고 제자리에 두기만 하면 오랫동안 잃어버리지 않고 사용할 수 있는데도 평소 아무 생각 없이 물건을 방치하여 새로 구입한 적이 허다하고 조금만 조심해서 사용하면 굳이 비싼 돈을 들여 다시 수리를 맡기지 않아도 될 것을 함부로 다루다가 망가뜨려 수리를 맡긴 적이 한두 번이 아니다. 박과장은 이러한 일로 매달 월급의 3분의 1을 소비하며 매일 자기 자신의 행동에 대해 후회하고 있다.

① 구입하지 않은 경우, 훼손 및 파손된 경우
② 보관 장소를 파악하지 못한 경우, 훼손 및 파손된 경우
③ 구입하지 않은 경우, 분실한 경우
④ 보관 장소를 파악하지 못한 경우, 분실한 경우

 물적자원 활용의 방해요인으로는 물품의 보관 장소를 파악하지 못한 경우, 물품이 훼손 및 파손된 경우, 물품을 분실한 경우로 나눌 수 있다. 해당 사례는 물품의 보관 장소를 파악하지 못한 경우와 물품이 훼손 및 파손된 경우에 속한다.

Answer ➔ 24.④ 25.④ 26.②

27 인사팀에 신입사원 민기씨는 회사에서 NCS채용 도입을 위한 정보를 얻기 위해 NCS기반 능력중심채용 설명회를 다녀오려고 한다. 민기씨는 오늘 오후 1시까지 김대리님께 보고서를 작성해서 드리고 30분 동안 피드백을 받기로 했다. 오전 중에 정리를 마치려면 시간이 빠듯할 것 같다. 다음에 제시된 설명회 자료와 교통편을 보고 민기씨가 생각한 것으로 틀린 것은?

　　최근 이슈가 되고 있는 공공기관의 NCS 기반 능력중심 채용에 관한 기업들의 궁금증 해소를 위하여 붙임과 같이 설명회를 개최하오니 많은 관심 부탁드립니다.

감사합니다.

-붙임-

설명회 장소	일시	비고
서울고용노동청(5층) 컨벤션홀	2015. 11. 13(금) 15:00~17:00	설명회의 원활한 진행을 위해 설명회 시작 15분 뒤부터는 입장을 제한합니다.

오시는 길

지하철 : 2호선 을지로입구역 4번 출구(도보 10분 거리)

버스 : 149, 152번 ○○센터(도보 5분 거리)

• 회사에서 버스정류장 및 지하철역까지 소요시간

출발지	도착지	소요시간	
회사	×× 정류장	도보	30분
		택시	10분
	지하철역	도보	20분
		택시	5분

• 서울고용노동청 가는 길

교통편	출발지	도착지	소요시간
지하철	잠실역	을지로입구역	1시간(환승포함)
버스	×× 정류장	○○센터 정류장	50분(정체 시 1시간 10분)

① 택시를 타지 않아도 버스를 타고 가면 늦지 않게 설명회에 갈 수 있다.
② 어떤 방법으로 이동하더라도 설명회에 입장은 가능하다.
③ 택시를 타지 않아도 지하철을 타고 가면 늦지 않게 설명회에 갈 수 있다.
④ 정체가 되지 않는다면 버스를 타고 가는 것이 지하철보다 빠르게 갈 수 있다.

 ① 도보로 버스정류장까지 이동해서 버스를 타고 가게 되면 도보(30분), 버스(50분), 도보(5분)으로 1시간 25분이 걸리지만 버스가 정체될 수 있으므로 1시간 45분으로 계산하는 것이 바람직하다. 민기씨는 1시 30분에 출발할 수 있으므로 3시 15분에 도착하게 되고 입장은 할 수 있으나 늦는다.
※ 소요시간 계산
  ㉠ 도보-버스 : 도보(30분), 버스(50분), 도보(5분)이므로 총 1시간 25분(정체 시 1시간 45분) 걸린다.
  ㉡ 도보-지하철 : 도보(20분), 지하철(1시간), 도보(10분)이므로 총 1시간 30분 걸린다.
  ㉢ 택시-버스 : 택시(10분), 버스(50분), 도보(5분)이므로 총 1시간 5분(정체 시 1시간 25분) 걸린다.
  ㉣ 택시-지하철 : 택시(5분), 지하철(1시간), 도보(10분)이므로 총 1시간 15분 걸린다.

28 다음 사례에 나타난 자원 낭비 요인으로 옳지 않은 것은?

> 진수는 평소 시간에 대해서 중요하게 생각한 적이 없다. '시간이란 누구에게나 무한하게 있는 것으로 사람들은 왜 그렇게 시간을 중요하게 생각하는지 모르겠다.' 이것이 진수의 생각이다. 따라서 그는 어떤 일이나 약속을 하더라도 그때그때 기분에 따라서 행동을 하지 결코 계획을 세워 행동한 적이 없고 그 결과 중요한 약속을 지키지 못하거나 일을 그르친 적이 한두 번이 아니었다. 그리고 약간의 노하우만 있으면 쉽고 빨리 할 수 있는 일들도 진수는 다른 사람들에 비해 어렵고 오랜 시간을 들여 행하는 편이다. 이러한 이유로 사람들은 점점 진수를 신뢰하지 못하게 되었고 진수의 인간관계는 멀어지게 되었다.

① 비계획적 행동　　　　　　　　② 편리성 추구
③ 자원에 대한 인식 부재　　　　　④ 노하우 부족

 ① 「그는 어떤 일이나 약속을 하더라도 그때그때 기분에 따라서 행동을 하지 결코 계획을 세워 행동한 적이 없다.」→비계획적 행동
③ 「진수는 평소 시간에 대해서 중요하게 생각한 적이 없다. '시간이란 누구에게나 무한하게 있는 것으로 사람들은 왜 그렇게 시간을 중요하게 생각하는지 모르겠다.'」→자원에 대한 인식 부재
④ 「약간의 노하우만 있으면 쉽고 빨리 할 수 있는 일들도 진수는 다른 사람들에 비해 어렵고 오랜 시간을 들여 행하는 편이다.」→노하우 부족

Answer → 27.① 28.②

29 A씨와 B씨는 내일 있을 시장동향 설명회에 발표할 준비를 함께 하게 되었다. 우선 오전 동안 자료를 수집하고 오후 1시에 함께 회의하여 PPT작업과 도표로 작성해야 할 자료 등을 정리하고 각자 다음과 같은 업무를 나눠서 하려고 한다. 회의를 제외한 모든 업무는 혼자서 할 수 있는 일이고, 발표원고 작성은 PPT가 모두 작성되어야 시작할 수 있다. 각 영역당 소요시간이 다음과 같을 때 옳지 않은 것은? (단, 두 사람은 가장 빨리 작업을 끝낼 수 있는 방법을 선택한다)

업무	소요시간
회의	1시간
PPT 작성	2시간
PPT 검토	2시간
발표원고 작성	3시간
도표 작성	3시간

① 7시까지 발표 준비를 마칠 수 있다.

② 두 사람은 같은 시간에 준비를 마칠 수 있다.

③ A가 도표작성 능력이 떨어지고 두 사람의 PPT 활용 능력이 비슷하다면 발표원고는 A가 작성하게 된다.

④ 도표를 작성한 사람이 발표원고를 작성한다.

 ④ PPT작성이 도표작성보다 더 먼저 끝나므로 PPT를 작성한 사람이 발표원고를 작성하는 것이 일을 더 빨리 끝낼 수 있다.

30 다음은 여행사를 통해 구입한 전자항공권 내용의 일부이다. 항공권의 내용에 대한 설명 중 가장 옳지 않은 것은?

Passenger Name	Jang/Hyo-Mi		Booking Reference		810-1850
Ticket Number		1803841764936-937			
서울(ICN)-파리(CDG)	D901 (예약번호:EN2BD4)		14:00/18:00		17FEB16
파리(CDG)-Kishasa(FIH)	A898 (예약번호:3DGM20)		10:50/18:40		18FEB16
Kishasa(FIH)- 아디스아바바(ADD)	E831 (예약번호:3DGM20)		13:45/20:05		21FEB16
아디스아바바(ADD)- 두바이(DXB)	E724 (예약번호:ES66X3)		19:35/00:35		24FEB16
두바이(DXB)-서울(ICN)	D5952 (예약번호:EN2BD4)		03:00/16:00		25FEB16

① 전체 여정의 예약번호는 810-1850이다.

② 각 항공 일정의 개별 변경이 필요한 경우에는 개별 예약번호를 통해 변경해야 한다.

③ 두바이에서 출발하여 서울에 도착하는 날짜는 2월 26일이 될 것이다.

④ 서울에서 파리에 가는 항공편과 두바이에서 서울로 돌아오는 항공편은 같은 항공회사이다.

(Tip) ③ 두바이에서 출발하여 서울에 도착하는 날짜는 2월 25일이 될 것이다.

03 수리능력

1 직장생활과 수리능력

(1) 기초직업능력으로서의 수리능력

① 개념 : 직장생활에서 요구되는 사칙연산과 기초적인 통계를 이해하고 도표의 의미를 파악하거나 도표를 이용해서 결과를 효과적으로 제시하는 능력을 말한다.

② 수리능력은 크게 기초연산능력, 기초통계능력, 도표분석능력, 도표작성능력으로 구성된다.

    ㉠ 기초연산능력 : 직장생활에서 필요한 기초적인 사칙연산과 계산방법을 이해하고 활용할 수 있는 능력

    ㉡ 기초통계능력 : 평균, 합계, 빈도 등 직장생활에서 자주 사용되는 기초적인 통계기법을 활용하여 자료의 특성과 경향성을 파악하는 능력

    ㉢ 도표분석능력 : 그래프, 그림 등 도표의 의미를 파악하고 필요한 정보를 해석하는 능력

    ㉣ 도표작성능력 : 도표를 이용하여 결과를 효과적으로 제시하는 능력

(2) 업무수행에서 수리능력이 활용되는 경우

① 업무상 계산을 수행하고 결과를 정리하는 경우

② 업무비용을 측정하는 경우

③ 고객과 소비자의 정보를 조사하고 결과를 종합하는 경우

④ 조직의 예산안을 작성하는 경우

⑤ 업무수행 경비를 제시해야 하는 경우

⑥ 다른 상품과 가격비교를 하는 경우

⑦ 연간 상품 판매실적을 제시하는 경우

⑧ 업무비용을 다른 조직과 비교해야 하는 경우

⑨ 상품판매를 위한 지역조사를 실시해야 하는 경우

⑩ 업무수행과정에서 도표로 주어진 자료를 해석하는 경우

⑪ 도표로 제시된 업무비용을 측정하는 경우

예제 1

다음 자료를 보고 주어진 상황에 대한 물음에 답하시오.

〈근로소득에 대한 간이 세액표〉

월 급여액(천 원) [비과세 및 학자금 제외]		공제대상 가족 수				
이상	미만	1	2	3	4	5
2,500	2,520	38,960	29,280	16,940	13,570	10,190
2,520	2,540	40,670	29,960	17,360	13,990	10,610
2,540	2,560	42,380	30,640	17,790	14,410	11,040
2,560	2,580	44,090	31,330	18,210	14,840	11,460
2,580	2,600	45,800	32,680	18,640	15,260	11,890
2,600	2,620	47,520	34,390	19,240	15,680	12,310
2,620	2,640	49,230	36,100	19,900	16,110	12,730
2,640	2,660	50,940	37,810	20,560	16,530	13,160
2,660	2,680	52,650	39,530	21,220	16,960	13,580
2,680	2,700	54,360	41,240	21,880	17,380	14,010
2,700	2,720	56,070	42,950	22,540	17,800	14,430
2,720	2,740	57,780	44,660	23,200	18,230	14,850
2,740	2,760	59,500	46,370	23,860	18,650	15,280

※ 갑근세는 제시되어 있는 간이 세액표에 따름
※ 주민세＝갑근세의 10%
※ 국민연금＝급여액의 4.50%
※ 고용보험＝국민연금의 10%
※ 건강보험＝급여액의 2.90%
※ 교육지원금＝분기별 100,000원(매 분기별 첫 달에 지급)

박○○ 사원의 5월 급여내역이 다음과 같고 전월과 동일하게 근무하였으나, 특별수당은 없고 차량지원금으로 100,000원을 받게 된다면, 6월에 받게 되는 급여는 얼마인가? (단, 원 단위 절삭)

(주) 서원플랜테크 5월 급여내역			
성명	박○○	지급일	5월 12일
기본급여	2,240,000	갑근세	39,530
직무수당	400,000	주민세	3,950
명절 상여금		고용보험	11,970
특별수당	20,000	국민연금	119,700
차량지원금		건강보험	77,140
교육지원		기타	
급여계	2,660,000	공제합계	252,290
		지급총액	2,407,710

① 2,443,910
② 2,453,910
③ 2,463,910
④ 2,473,910

출제의도

업무상 계산을 수행하거나 결과를 정리하고 업무비용을 측정하는 능력을 평가하기 위한 문제로서, 주어진 자료에서 문제를 해결하는 데에 필요한 부분을 빠르고 정확하게 찾아내는 것이 중요하다.

해 설

기본 급여	2,240,000	갑근세	46,370
직무 수당	400,000	주민세	4,630
명절 상여금		고용 보험	12,330
특별 수당		국민 연금	123,300
차량 지원금	100,000	건강 보험	79,460
교육 지원		기타	
급여계	2,740,000	공제 합계	266,090
		지급 총액	2,473,910

답 ④

(3) 수리능력의 중요성

① 수학적 사고를 통한 문제해결

② 직업세계의 변화에의 적응

③ 실용적 가치의 구현

(4) 단위환산표

구분	단위환산
길이	1cm = 10mm, 1m = 100cm, 1km = 1,000m
넓이	1cm² = 100mm², 1m² = 10,000cm², 1km² = 1,000,000m²
부피	1cm³ = 1,000mm³, 1m³ = 1,000,000cm³, 1km³ = 1,000,000,000m³
들이	1mℓ = 1cm³, 1dℓ = 100cm³, 1L = 1,000cm³ = 10dℓ
무게	1kg = 1,000g, 1t = 1,000kg = 1,000,000g
시간	1분 = 60초, 1시간 = 60분 = 3,600초
할푼리	1푼 = 0.1할, 1리 = 0.01할, 1모 = 0.001할

예제 2

둘레의 길이가 4.4km인 정사각형 모양의 공원이 있다. 이 공원의 넓이는 몇 a 인가?

① 12,100a

② 1,210a

③ 121a

④ 12.1a

출제의도

길이, 넓이, 부피, 들이, 무게, 시간, 속도 등 단위에 대한 기본적인 환산 능력을 평가하는 문제로서, 소수점 계산이 필요하며, 자릿수를 읽고 구분할 줄 알아야 한다.

해 설

공원의 한 변의 길이는
$4.4 \div 4 = 1.1(\text{km})$이고
$1\text{km}^2 = 10000\text{a}$이므로
공원의 넓이는
$1.1\text{km} \times 1.1\text{km} = 1.21\text{km}^2 = 12100\text{a}$

답 ①

② 수리능력을 구성하는 하위능력

(1) 기초연산능력

① 사칙연산 : 수에 관한 덧셈, 뺄셈, 곱셈, 나눗셈의 네 종류의 계산법으로 업무를 원활하게 수행하기 위해서는 기본적인 사칙연산뿐만 아니라 다단계의 복잡한 사칙연산까지도 수행할 수 있어야 한다.

② 검산 : 연산의 결과를 확인하는 과정으로 대표적인 검산방법으로 역연산과 구거법이 있다.

　㉠ 역연산 : 덧셈은 뺄셈으로, 뺄셈은 덧셈으로, 곱셈은 나눗셈으로, 나눗셈은 곱셈으로 확인하는 방법이다.

　㉡ 구거법 : 원래의 수와 각 자리 수의 합이 9로 나눈 나머지가 같다는 원리를 이용한 것으로 9를 버리고 남은 수로 계산하는 것이다.

예제 3

다음 식을 바르게 계산한 것은?

$$1 + \frac{2}{3} + \frac{1}{2} - \frac{3}{4}$$

① $\frac{13}{12}$　　　　　② $\frac{15}{12}$

③ $\frac{17}{12}$　　　　　④ $\frac{19}{12}$

출제의도

직장생활에서 필요한 기초적인 사칙연산과 계산방법을 이해하고 활용할 수 있는 능력을 평가하는 문제로서, 분수의 계산과 통분에 대한 기본적인 이해가 필요하다.

해 설

$$\frac{12}{12} + \frac{8}{12} + \frac{6}{12} - \frac{9}{12} = \frac{17}{12}$$

답 ③

---

(2) 기초통계능력

① 업무수행과 통계

　㉠ 통계의 의미 : 통계란 집단현상에 대한 구체적인 양적 기술을 반영하는 숫자이다.

　㉡ 업무수행에 통계를 활용함으로써 얻을 수 있는 이점

　　• 많은 수량적 자료를 처리가능하고 쉽게 이해할 수 있는 형태로 축소

　　• 표본을 통해 연구대상 집단의 특성을 유추

　　• 의사결정의 보조수단

　　• 관찰 가능한 자료를 통해 논리적으로 결론을 추줄·검증

ⓒ 기본적인 통계치

- 빈도와 빈도분포 : 빈도란 어떤 사건이 일어나거나 증상이 나타나는 정도를 의미하며, 빈도분포 란 빈도를 표나 그래프로 종합적으로 표시하는 것이다.
- 평균 : 모든 사례의 수치를 합한 후 총 사례 수로 나눈 값이다.
- 백분율 : 전체의 수량을 100으로 하여 생각하는 수량이 그중 몇이 되는가를 퍼센트로 나타낸 것이다.

② 통계기법

㉠ 범위와 평균

- 범위 : 분포의 흩어진 정도를 가장 간단히 알아보는 방법으로 최곳값에서 최젓값을 뺀 값을 의미한다.
- 평균 : 집단의 특성을 요약하기 위해 가장 자주 활용하는 값으로 모든 사례의 수치를 합한 후 총 사례 수로 나눈 값이다.
- 관찰값이 1, 3, 5, 7, 9일 경우 범위는 $9 - 1 = 8$이 되고, 평균은 $\dfrac{1+3+5+7+9}{5} = 5$가 된다.

㉡ 분산과 표준편차

- 분산 : 관찰값의 흩어진 정도로, 각 관찰값과 평균값의 차의 제곱의 평균이다.
- 표준편차 : 평균으로부터 얼마나 떨어져 있는가를 나타내는 개념으로 분산값의 제곱근 값이다.
- 관찰값이 1, 2, 3이고 평균이 2인 집단의 분산은 $\dfrac{(1-2)^2 + (2-2)^2 + (3-2)^2}{3} = \dfrac{2}{3}$이고 표준편차는 분산값의 제곱근 값인 $\sqrt{\dfrac{2}{3}}$이다.

③ 통계자료의 해석

㉠ 다섯숫자요약

- 최솟값 : 원자료 중 값의 크기가 가장 작은 값
- 최댓값 : 원자료 중 값의 크기가 가장 큰 값
- 중앙값 : 최솟값부터 최댓값까지 크기에 의하여 배열했을 때 중앙에 위치하는 사례의 값
- 하위 25%값·상위 25%값 : 원자료를 크기 순으로 배열하여 4등분한 값

㉡ 평균값과 중앙값 : 평균값과 중앙값은 그 개념이 다르기 때문에 명확하게 제시해야 한다.

인터넷 쇼핑몰에서 회원가입을 하고 디지털캠코더를 구매하려고 한다. 다음은 구입하고자 하는 모델에 대하여 인터넷 쇼핑몰 세 곳의 가격과 조건을 제시한 표이다. 표에 있는 모든 혜택을 적용하였을 때 디지털캠코더의 배송비를 포함한 실제 구매가격을 바르게 비교한 것은?

구분	A 쇼핑몰	B 쇼핑몰	C 쇼핑몰
정상가격	129,000원	131,000원	130,000원
회원혜택	7,000원 할인	3,500원 할인	7% 할인
할인쿠폰	5% 쿠폰	3% 쿠폰	5,000원
중복할인여부	불가	가능	불가
배송비	2,000원	무료	2,500원

① A < B < C
② B < C < A
③ C < A < B
④ C < B < A

직장생활에서 자주 사용되는 기초적인 통계기법을 활용하여 자료의 특성과 경향성을 파악하는 능력이 요구되는 문제이다.

㉠ A 쇼핑몰
- 회원혜택을 선택한 경우 : 129,000 $-7,000+2,000=124,000$(원)
- 5% 할인쿠폰을 선택한 경우 : $129,000 \times 0.95+2,000=124,550$

㉡ B 쇼핑몰 : $131,000 \times 0.97-3,500=123,570$

㉢ C 쇼핑몰
- 회원혜택을 선택한 경우 : $130,000 \times 0.93+2,500=123,400$
- 5,000원 할인쿠폰을 선택한 경우 : $130,000-5,000+2,500$ $=127,500$

∴ C < B < A

답 ④

(3) 도표분석능력

① 도표의 종류

　㉠ 목적별 : 관리(계획 및 통제), 해설(분석), 보고

　㉡ 용도별 : 경과 그래프, 내역 그래프, 비교 그래프, 분포 그래프, 상관 그래프, 계산 그래프

　㉢ 형상별 : 선 그래프, 막대 그래프, 원 그래프, 점 그래프, 층별 그래프, 레이더 차트

② 도표의 활용

㉠ 선 그래프

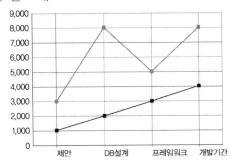

- 주로 시간의 경과에 따라 수량에 의한 변화 상황(시계열 변화)을 절선의 기울기로 나타내는 그래프이다.
- 경과, 비교, 분포를 비롯하여 상관관계 등을 나타낼 때 쓰인다.

㉡ 막대 그래프

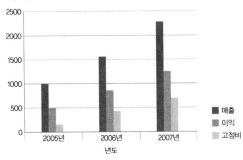

- 비교하고자 하는 수량을 막대 길이로 표시하고 그 길이를 통해 수량 간의 대소관계를 나타내는 그래프이다.
- 내역, 비교, 경과, 도수 등을 표시하는 용도로 쓰인다.

㉢ 원 그래프

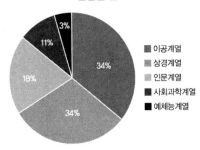

- 내역이나 내용의 구성비를 원을 분할하여 나타낸 그래프이다.
- 전체에 대해 부분이 차지하는 비율을 표시하는 용도로 쓰인다.

ⓔ 점 그래프

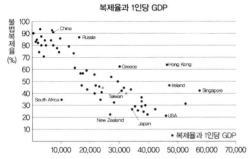

- 종축과 횡축에 2요소를 두고 보고자 하는 것이 어떤 위치에 있는가를 나타내는 그래프이다.
- 지역분포를 비롯하여 도시, 기방, 기업, 상품 등의 평가나 위치·성격을 표시하는데 쓰인다.

ⓜ 층별 그래프

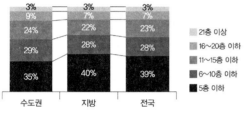

- 선 그래프의 변형으로 연속내역 봉 그래프라고 할 수 있다. 선과 선 사이의 크기로 데이터 변화를 나타낸다.
- 합계와 부분의 크기를 백분율로 나타내고 시간적 변화를 보고자 할 때나 합계와 각 부분의 크기를 실수로 나타내고 시간적 변화를 보고자 할 때 쓰인다.

ⓗ 레이더 차트(거미줄 그래프)

- 원 그래프의 일종으로 비교하는 수량을 직경, 또는 반경으로 나누어 원의 중심에서의 거리에 따라 각 수량의 관계를 나타내는 그래프이다.
- 비교하거나 경과를 나타내는 용도로 쓰인다.

③ 도표 해석상의 유의사항

　　㉠ 요구되는 지식의 수준을 넓힌다.

　　㉡ 도표에 제시된 자료의 의미를 정확히 숙지한다.

　　㉢ 도표로부터 알 수 있는 것과 없는 것을 구별한다.

　　㉣ 총량의 증가와 비율의 증가를 구분한다.

　　㉤ 백분위수와 사분위수를 정확히 이해하고 있어야 한다.

다음 표는 2009 ~ 2010년 지역별 직장인들의 자기개발에 관해 조사한 내용을 정리한 것이다. 이에 대한 분석으로 옳은 것은?

(단위 : %)

연도\구분\지역	2009				2010			
	자기개발하고 있음	자기개발 비용 부담 주체			자기개발하고 있음	자기개발 비용 부담 주체		
		직장 100%	본인 100%	직장50% + 본인50%		직장 100%	본인 100%	직장50% + 본인50%
충청도	36.8	8.5	88.5	3.1	45.9	9.0	65.5	24.5
제주도	57.4	8.3	89.1	2.9	68.5	7.9	68.3	23.8
경기도	58.2	12	86.3	2.6	71.0	7.5	74.0	18.5
서울시	60.6	13.4	84.2	2.4	72.7	11.0	73.7	15.3
경상도	40.5	10.7	86.1	3.2	51.0	13.6	74.9	11.6

① 2009년과 2010년 모두 자기개발 비용을 본인이 100% 부담하는 사람의 수는 응답자의 절반 이상이다.

② 자기개발을 하고 있다고 응답한 사람의 수는 2009년과 2010년 모두 서울시가 가장 많다.

③ 자기개발 비용을 직장과 본인이 각각 절반씩 부담하는 사람의 비율은 2009년과 2010년 모두 서울시가 가장 높다.

④ 2009년과 2010년 모두 자기개발을 하고 있다고 응답한 비율이 가장 높은 지역에서 자기개발비용을 직장이 100% 부담한다고 응답한 사람의 비율이 가장 높다.

그래프, 그림, 도표 등 주어진 자료를 이해하고 의미를 파악하여 필요한 정보를 해석하는 능력을 평가하는 문제이다.

② 지역별 인원수가 제시되어 있지 않으므로, 각 지역별 응답자 수는 알 수 없다.

③ 2009년에는 경상도에서, 2010년에는 충청도에서 가장 높은 비율을 보인다.

④ 2009년과 2010년 모두 '자기 개발을 하고 있다'고 응답한 비율이 가장 높은 지역은 서울시이며, 2010년의 경우 자기개발 비용을 직장이 100% 부담한다고 응답한 사람의 비율이 가장 높은 지역은 경상도이다.

답 ①

(4) 도표작성능력

① 도표작성 절차

　　㉠ 어떠한 도표로 작성할 것인지를 결정

　　㉡ 가로축과 세로축에 나타낼 것을 결정

　　㉢ 한 눈금의 크기를 결정

　　㉣ 자료의 내용을 가로축과 세로축이 만나는 곳에 표현

　　㉤ 표현한 점들을 선분으로 연결

　　㉥ 도표의 제목을 표기

② 도표작성 시 유의사항

　　㉠ 선 그래프 작성 시 유의점

　　　• 세로축에 수량, 가로축에 명칭구분을 제시한다.

　　　• 선의 높이에 따라 수치를 파악하는 경우가 많으므로 세로축의 눈금을 가로축보다 크게 하는 것이 효과적이다.

　　　• 선이 두 종류 이상일 경우 반드시 그 명칭을 기입한다.

　　㉡ 막대 그래프 작성 시 유의점

　　　• 막대 수가 많을 경우에는 눈금선을 기입하는 것이 알아보기 쉽다.

　　　• 막대의 폭은 모두 같게 하여야 한다.

　　㉢ 원 그래프 작성 시 유의점

　　　• 정각 12시의 선을 기점으로 오른쪽으로 그리는 것이 보통이다.

　　　• 분할선은 구성비율이 큰 순서로 그린다.

　　㉣ 층별 그래프 작성 시 유의점

　　　• 눈금은 선 그래프나 막대 그래프보다 적게 하고 눈금선은 넣지 않는다.

　　　• 층별로 색이나 모양이 완전히 다른 것이어야 한다.

　　　• 같은 항목은 옆에 있는 층과 선으로 연결하여 보기 쉽도록 한다.

출제예상문제

1 다음은 ○○시의 시장선거에서 응답자의 종교별 후보지지 설문조사 결과이다. ⑺와 ⑼ 값의 합은? (단, ⑺와 ⑼의 응답자 수는 같다)

(단위 : 명)

응답자의 종교 후보	불교	개신교	가톨릭	기타	합
A	130	(가)	60	300	( )
B	260	( )	30	350	740
C	( )	(나)	45	300	( )
D	65	40	15	( )	( )
계	650	400	150	1,000	2,200

① 260

② 270

③ 280

④ 290

 표를 채우면 다음과 같다.

응답자의 종교 후보	불교	개신교	가톨릭	기타	합
A	130	(가) 130	60	300	(620)
B	260	(100)	30	350	740
C	(195)	(나) 130	45	300	(670)
D	65	40	15	(50)	(170)
계	650	400	150	1,000	2,200

2 △△몰 사이트 내 농민마켓에서 아카시아 꿀을 팔고 있는 농민 甲은 A와 B 택배사의 택배비를 두고 고민하고 있다. 무게가 100g인 상자 한 개에 xg의 꿀 10병을 담아서 택배로 보내려고 할 때, A사를 이용하는 것이 B사를 이용하는 것보다 택배비가 더 저렴해지는 x의 최댓값은? (단, 택배비는 무게에 의해서만 결정되고, 상자 한 개와 꿀 10병의 무게의 합은 5kg을 넘지 않는다)

[A사]	
무게	택배비
2,000g 이하	4,000원
2,000g 초과 ~ 5,000g 이하	5,000원

[B사]	
무게	택배비
1,500g 이하	3,800원
1,500g 초과 ~ 2,000g 이하	4,100원
2,000g 초과 ~ 3,000g 이하	4,300원
3,000g 초과 ~ 4,000g 이하	4,400원
4,000g 초과 ~ 5,000g 이하	4,600원

① 160g

② 170g

③ 180g

④ 190g

 A사를 이용하는 것이 B사를 이용하는 것보다 택배비가 더 저렴해지는 구간은 총 무게가 1,500g 초과 ~ 2,000g 이하에 해당할 때이다. 여기서 상자 한 개의 무게가 100g이므로 꿀 10병의 무게만 고려하면 1,400g 초과 ~ 1,900g 이하가 된다. 따라서 꿀 한 병의 무게인 x의 최댓값은 190g이다.

Answer ↪ 1.① 2.④

3 다음은 한국과 3개국의 교역량을 나타낸 표이다. 이를 잘못 해석한 것을 고르면?

(단위 : 백만 달러)

국가	항목	1988	1998	2008
칠레	수출액	153	567	3,032
	수입액	208	706	4,127
이라크	수출액	42	2	368
	수입액	146	66	4,227
이란	수출액	131	767	4,342
	수입액	518	994	9,223

① 2008년에 칠레와 이라크로부터 수입한 금액보다 이란과의 거래에서 발생한 수입액이 더 많다.

② 교역량에서 감소율을 보인 교역 대상국가는 이라크뿐이다.

③ 1998년 칠레 교역에서 수입액은 1988년에 비해 240%에 가까운 증가율을 보였다.

④ 칠레와의 교역에서 무역적자에서 무역흑자로 전환된 적이 있다.

 칠레와의 교역에서는 세 해 모두 수출액보다 수입액이 크므로 항상 무역적자이다.

① 2008년 수입액 : 이란(9,223) > 칠레(4,127)＋이라크(4,227)

② 칠레와 이란은 계속해서 증가율을 보이고 있으나, 1998년 이라크와의 교역에서 수출액, 수입액 모두 1988년에 비해 감소하였다.

③ $\frac{706-208}{208} \times 100 ≒ 239.4(\%)$

4 다음은 서울 시민의 '이웃에 대한 신뢰도'를 나타낸 자료이다. 다음 자료를 올바르게 분석하지 못한 것은 어느 것인가?

(단위 : %, 10점 만점)

구분		신뢰하지 않음(%)	보통(%)	신뢰함(%)	평점
	전체	18.9	41.1	40.0	5.54
성	남성	18.5	42.2	39.3	5.54
	여성	19.2	40.1	40.7	5.54
연령	10대	22.6	38.9	38.5	5.41
	20대	21.8	41.6	36.5	5.35
	30대	18.9	42.8	38.2	5.48
	40대	18.8	42.4	38.8	5.51
	50대	17.0	42.0	41.1	5.65
	60세 이상	17.2	38.2	44.6	5.70

① 서울 시민 10명 중 4명은 이웃을 신뢰한다.

② 이웃을 신뢰하는 사람의 비중과 평점의 연령별 증감 추이는 동일하지 않다.

③ 20대 이후 연령층에서는 고령자일수록 이웃을 신뢰하는 사람의 비중이 더 높다.

④ 평점에서는 성별에 따른 차이가 없으나, 이웃을 신뢰하는 사람의 비중에서 남성이 1%p 이상 낮다.

 이웃을 신뢰하는 사람의 비중은 20대(36.5%)가 10대(38.5%)보다 낮으며, 20대 이후에는 연령이 높아질수록 각 연령대별로 신뢰하는 사람의 비중이 커졌다. 이러한 추이는 연령별 평점의 증감 추이와도 일치하고 있음을 알 수 있다.

5 5명의 사원 A, B, C, D, E가 김밥, 만두, 쫄면 중에서 서로 다른 2종류의 음식을 표와 같이 선택하였다. 이 5명 중에서 임의로 뽑힌 한 사원이 만두를 선택한 사원일 때, 이 사원이 쫄면도 선택하였을 확률은?

	A	B	C	D	E
김밥	○	○		○	
만두	○	○	○		○
쫄면			○	○	○

① $\dfrac{1}{4}$ ② $\dfrac{1}{3}$

③ $\dfrac{1}{2}$ ④ $\dfrac{2}{3}$

 5명의 사원 중 만두를 선택한 사원은 A, B, C, E의 4명이고, 이 중에서 쫄면도 선택한 사원은 C, E의

2명이므로 구하는 확률은 $\dfrac{\dfrac{2}{5}}{\dfrac{4}{5}} = \dfrac{1}{2}$

6 강 대리와 유 대리가 가위바위보를 하여 이긴 사람은 2계단씩 올라가고 진 사람은 1계단씩 내려가기로 하였다. 가위바위보 게임을 하여 처음보다 강대리는 7계단을 올라가 있었고 유대리는 2계단 내려와 있었을 때 강대리가 이긴 횟수는? (단, 비기는 경우는 생각하지 않는다.)

① 1회

② 2회

③ 3회

④ 4회

 강대리가 이긴 횟수를 x회, 진 횟수를 y회라 하면
유대리가 이긴 횟수는 y회, 진 횟수는 x회이다.
$$\begin{cases} 2x - y = 7 \\ 2y - x = -2 \end{cases} \quad \therefore \ x = 4, \ y = 1$$
따라서 강대리가 이긴 횟수는 4회이다.

7 ○○사의 디자인 공모 대회에 윤 사원이 참가하였다. 참가자는 두 항목에서 점수를 받으며, 각 항목에서 받을 수 있는 점수는 표와 같이 3가지 중 하나이다. 윤 사원이 각 항목에서 점수 A를 받을 확률은 $\frac{1}{2}$, 점수 B를 받을 확률은 $\frac{1}{3}$, 점수 C를 받을 확률은 $\frac{1}{6}$이다. 관객 투표 점수를 받는 사건과 심사 위원 점수를 받는 사건이 서로 독립일 때, 윤 사원이 받는 두 점수의 합이 70일 확률은?

항목 ＼ 점수	점수 A	점수 B	점수 C
관객 투표	40	30	20
심사 위원	50	40	30

① $\frac{1}{3}$

② $\frac{11}{36}$

③ $\frac{5}{18}$

④ $\frac{1}{4}$

(Tip) 관객 투표 점수와 심사위원 점수를 각각 a, b라 하면 두 점수의 합이 70인 경우는
$a=40,\ b=30$ 또는 $a=30,\ b=40$
또는 $a=20,\ b=50$이다.
관객 투표 점수를 받는 사건과 심사 위원 점수를 받는 사건이 서로 독립이므로

(i) $a=40,\ b=30$일 확률은 $\frac{1}{2}\times\frac{1}{6}=\frac{1}{12}$

(ii) $a=30,\ b=40$일 확률은 $\frac{1}{3}\times\frac{1}{3}=\frac{1}{9}$

(iii) $a=20,\ b=50$일 확률은 $\frac{1}{6}\times\frac{1}{2}=\frac{1}{12}$

이상에서 구하는 확률은 $\frac{1}{12}+\frac{1}{9}+\frac{1}{12}=\frac{5}{18}$

Answer ↝ 5.③ 6.④ 7.③

8 축구 경기 승부차기에서 A팀이 골을 넣을 확률이 $\dfrac{70}{100}$일 때, 무승부가 될 가능성이 $\dfrac{46}{100}$이라면 B팀이 골을 넣을 확률은 얼마인가? (단, 각 팀당 한 번씩만 찰 수 있고, 더 이상의 기회는 없다고 가정한다)

① 30%

② 40%

③ 50%

④ 60%

 B팀이 골을 넣을 확률을 $\dfrac{x}{100}$라 하면,

• A팀과 B팀이 각각 골을 넣을 경우 : $\dfrac{70}{100} \times \dfrac{x}{100} = \dfrac{70x}{10000}$

• A팀과 B팀이 각각 골을 못 넣을 경우 : $\dfrac{30}{100} \times \dfrac{100-x}{100} = \dfrac{30(100-x)}{10000}$

따라서 $\dfrac{70x}{10,000} + \dfrac{30(100-x)}{10000} = \dfrac{46}{100}$ ∴ $x = 40\%$

9 A전자의 신입 사원 응시자가 200명이고, 합격자의 평균은 70점, 불합격자의 평균은 40점이었다. 합격한 사람이 총 160명이라면, 시험 전체 평균 점수는 얼마인가?

① 62점

② 63점

③ 64점

④ 65점

 시험 전체 평균 점수를 x라 하면,

$x \times 200 = 70 \times 160 + 40 \times 40$

$200x = 11,200 + 1,600$

∴ $x = 64$점

10 길이가 각각 20cm, 45cm인 두 개의 양초가 있다. 길이가 20cm인 양초는 10분마다 2cm씩 타고, 길이가 45cm인 양초는 10분마다 7cm씩 탄다고 한다. 이 두 양초의 길이가 같아지는 것은 몇 분 후인가?

① 50분 후   ② 60분 후

③ 70분 후   ④ 80분 후

 10분마다 타서 줄어드는 횟수를 x라 하면,

$20 - 2x = 45 - 7x$

$\therefore x = 5$

따라서 50분 후에 두 양초의 길이가 같아진다.

11 수지는 2017년 1월 1일부터 휴대폰을 개통하여 하루에 쓰는 통화요금은 1,800원이다. 3월 16일까지 사용한 양은 1,500분으로 총 135,000원이 누적되었을 때, 하루에 통화한 시간은?

① 5분   ② 10분

③ 15분   ④ 20분

 ㉠ 분당 사용 요금을 x라 하면,

$1,500x = 135,000$, $x = 90$원/min

㉡ 하루에 통화한 시간을 y라 하면,

$90 \times y = 1,800$, $y = 20$분

12 어떤 일을 하는데 수빈이는 16일, 혜림이는 12일이 걸린다. 처음에는 수빈이 혼자서 3일 동안 일하고, 그 다음은 수빈이와 혜림이가 같이 일을 하다가 마지막 하루는 혜림이만 일하여 일을 끝냈다. 수빈이와 혜림이가 같이 일 한 기간은?

① 3일   ② 4일

③ 5일   ④ 6일

수빈이가 하루 일하는 양 : $\frac{1}{16}$

혜림이가 하루 일하는 양 : $\frac{1}{12}$

전체 일의 양을 1로 놓고 같이 일을 한 일을 x라 하면

$\frac{3}{16} + (\frac{1}{16} + \frac{1}{12})x + \frac{1}{12} = 1$

$\frac{13 + 7x}{48} = 1$

$\therefore \ x = 5$일

13 8%의 소금물 150g에 소금 xg을 섞었더니 31%의 소금물이 되었다. 추가된 소금의 양은 얼마인가?

① 20g   ② 30g

③ 40g   ④ 50g

$\frac{12 + x}{150 + x} = \frac{31}{100}$

$\therefore x = 50(g)$

14 1시간에 책을 60쪽씩 읽는 사람이 있다. 30분씩 읽고 난 후 5분씩 휴식하면서 3시간동안 읽으면 모두 몇 쪽을 읽게 되는가? (단, 읽는 속도는 일정하다)

① 155쪽 ② 135쪽

③ 115쪽 ④ 105쪽

 1시간에 60쪽을 읽으므로, 1분에 1쪽을 읽는 것과 같다.
30분씩 읽고 5분 휴식하는 것을 묶어 35분으로 잡는다.
$180 = 35 \times 5 + 5$이므로 30분씩 5번 읽고, 5분을 더 읽는 것과 같다.
$30 \times 5 + 5 = 155$

15 두 자리의 자연수에 대하여 각 자리의 숫자의 합은 11이고, 이 자연수의 십의 자리 숫자와 일의 자리 숫자를 바꾼 수의 3배 보다 5 큰 수는 처음 자연수와 같다고 한다. 처음 자연수의 십의 자리 숫자는?

① 9 ② 7

③ 5 ④ 3

 십의 자리 숫자를 x, 일의 자리 숫자를 y라고 할 때,
$x + y = 11 \cdots \bigcirc$
$3(10y + x) + 5 = 10x + y \cdots \bigcirc$
ⓛ을 전개하여 정리하면 $-7x + 29y = -5$이므로
ⓘ $\times 7 +$ ⓛ을 계산하면 $36y = 72$
따라서 $y = 2$, $x = 9$이다.

16 갑동이는 올해 10살이다. 엄마의 나이는 갑동이와 누나의 나이를 합한 값의 두 배이고, 3년 후의 엄마의 나이는 누나의 나이의 세 배일 때, 올해 누나의 나이는 얼마인가?

① 12세   ② 13세

③ 14세   ④ 15세

누나의 나이를 x, 엄마의 나이를 y라 하면,
$2(10+x)=y$
$3(x+3)=y+3$
두 식을 연립하여 풀면,
$x=14(세)$

17 흰 공 6개와 검은 공 4개가 들어있는 상자가 있다. 연속하여 두 번 꺼낸 공이 모두 흰 공일 확률은? (단, 꺼낸 공은 다시 넣지 않는다)

① $\dfrac{1}{2}$ ② $\dfrac{1}{3}$

③ $\dfrac{5}{6}$ ④ $\dfrac{3}{10}$

처음에 흰 공을 꺼낼 확률 : $\dfrac{6}{10}$

두 번째에 흰 공을 꺼낼 확률 : $\dfrac{5}{9}$

동시에 일어나야 하므로 $\dfrac{6}{10} \times \dfrac{5}{9} = \dfrac{1}{3}$

18 정가 5,000원의 시계를 할인하여 3,500원으로 판다면 할인율은 얼마인가?

① 1할   ② 2할

③ 3할   ④ 5할

할인액은 $5,000-3,500=1,500(원)$
할인율은 $\dfrac{1,500}{5,000}=0.3$
∴ 3할이다.

19 어떤 수에 15를 더하면 이 수의 7배보다 3만큼 더 작다고 한다. 이 수를 구하면?

① 3

② 5

③ 7

④ 10

 어떤 수를 x라 하면,

$x + 15 = 7x - 3$

$6x = 18$

$\therefore x = 3$

20 △△기업의 인적성검사는 오답인 경우 감점이 있다. 한 문제당 점수는 5점, 오답 감점점수는 2점이다. 총 20문제를 풀어서 70점 이상 받아야 합격일 때, 최소한 몇 문제를 맞아야 합격할 수 있는가? (단, 빈칸으로 놔둔 문제도 오답으로 간주한다.)

① 15개

② 16개

③ 17개

④ 18개

 정답의 개수를 a, 오답의 개수를 $20 - a$라 할 때,

20문제 중 70점 이상 받아야 합격이므로 이를 식으로 나타내면 다음과 같다.

$5a - 2(20 - a) \geq 70$

$7a \geq 110$

$a \geq 15.\text{xx}$

$\therefore$ 16문제 이상 맞아야 합격할 수 있다.

21 민경이는 $10 \times 10m^2$의 동아리방에 매트를 깔려고 한다. 다음 중 가장 저렴하게 구매할 수 있는 매트는?

ⓐ A 놀이매트($1 \times 1m^2$) : 1세트(20개) 10만 원

    ※ 5세트 구매 시 1세트 무료 증정

ⓑ B 어린이매트($1 \times 1m^2$) : 1세트(25개) 15만 원

ⓒ C 보호매트($1 \times 2m^2$) : 1세트(10개) 7만 원

ⓓ D 환경매트($1 \times 2m^2$) : 1세트(10개) 10만 원

    ※ 2세트 구매 시 단품 5개 증정

---

① ⓐ

② ⓑ

③ ⓒ

④ ⓓ

ⓐ 100개(5세트)가 필요하다. 10만 원×5세트=50만 원

ⓑ 100개(4세트)가 필요하다. 15만 원×4세트=60만 원

ⓒ 50개(5세트)가 필요하다. 7만 원×5세트=35만 원

ⓓ 50개(5세트)가 필요하지만 40개(4세트)를 사면 단품 10개를 증정받을 수 있다.

    10만 원×4세트=40만 원

∴ C 보호매트가 가장 저렴하다.

22 지헌이는 생활이 어려워 수집했던 고가의 피규어를 인터넷 경매를 통해 판매하려고 한다. 경매 방식과 규칙, 예상 응찰 현황이 다음과 같을 때, 경매 결과를 바르게 예측한 것은?

- 경매 방식 : 각 상품은 따로 경매하거나 묶어서 경매
- 경매 규칙
- 낙찰자 : 최고가로 입찰한 자
- 낙찰가 : 두 번째로 높은 입찰가
- 두 상품을 묶어서 경매할 경우 낙찰가의 5%를 할인해 준다.
- 입찰자는 낙찰가의 총액이 100,000원을 초과할 경우 구매를 포기한다.
- 예상 응찰 현황

입찰자	A 입찰가	B 입찰가	합계
甲	20,000	50,000	70,000
乙	30,000	40,000	70,000
丙	40,000	70,000	110,000
丁	50,000	30,000	80,000
戊	90,000	10,000	100,000
己	40,000	80,000	120,000
庚	10,000	20,000	30,000
辛	30,000	10,000	40,000

① 두 상품을 묶어서 경매한다면 낙찰자는 己이다.

② 경매 방식에 상관없이 지헌이의 예상 수입은 동일하다.

③ 두 상품을 따로 경매한다면 얻는 수입은 120,000원이다.

④ 두 상품을 따로 경매한다면 A의 낙찰자는 丁이다.

 ③ 두 상품을 따로 경매한다면 A는 戊에게 50,000원에, B는 己에게 70,000원에 낙찰되므로 얻는 수입은 120,000원이다.

① 두 상품을 묶어서 경매한다면 최고가 입찰자는 己이다. 己가 낙찰 받는 금액은 110,000원으로 5% 할인을 해주어도 그 금액이 100,000원이 넘는다. 입찰자는 낙찰가의 총액이 100,000원을 초과할 경우 구매를 포기한다는 조건에 의해 己는 구매를 포기하게 되므로 낙찰자는 丙이 된다.

② 지헌이가 얻을 수 있는 예상 수입은 두 상품을 따로 경매할 경우 120,000원, 두 상품을 묶어서 경매할 경우 95,000원으로 동일하지 않다.

④ 두 상품을 따로 경매한다면 A의 낙찰자는 戊이다.

Answer→ 21.③ 22.③

23 A씨는 30 % 할인 행사중인 백화점에 갔다. 매장에 도착하니 당일 구매물품의 정가 총액에 따라 아래의 〈혜택〉 중 하나를 택할 수 있다고 한다. 정가 10만 원짜리 상의와 15만 원짜리 하의를 구입하고자 한다. 옷을 하나 이상 구입하여 일정 혜택을 받고 교통비를 포함해 총비용을 계산할 때, 〈보기〉의 설명 중 옳은 것을 모두 고르면? (단, 1회 왕복교통비는 5천 원이고, 소요시간 등 기타사항은 금액으로 환산하지 않는다)

〈혜택〉
• 추가할인 : 정가 총액이 20만 원 이상이면, 할인된 가격의 5%를 추가로 할인
• 할인쿠폰 : 정가 총액이 10만 원 이상이면, 세일기간이 아닌 기간에 사용할 수 있는 40% 할인권 제공

〈보기〉
㉠ 오늘 상·하의를 모두 구입하는 것이 가장 싸게 구입하는 방법이다.
㉡ 상·하의를 가장 싸게 구입하면 17만 원 미만의 비용이 소요된다.
㉢ 상·하의를 가장 싸게 구입하는 경우와 가장 비싸게 구입하는 경우의 비용 차이는 1회 왕복 교통비 이상이다.
㉣ 오늘 하의를 구입하고, 세일기간이 아닌 기간에 상의를 구입하면 17만 5천 원이 든다.

① ㉠㉡
② ㉠㉢
③ ㉡㉢
④ ㉢㉣

 갑씨가 선택할 수 있는 방법은 총 세 가지이다.
• 오늘 상·하의를 모두 구입하는 방법(추가할인적용)
  $(250,000 \times 0.7) \times 0.95 + 5,000 = 171,250$(원)
• 오늘 상의를 구입하고, 세일기간이 아닌 기간에 하의를 구입하는 방법(할인쿠폰사용)
  $(100,000 \times 0.7) + (150,000 \times 0.6) + 10,000 = 170,000$(원)
• 오늘 하의를 구입하고, 세일기간이 아닌 기간에 상의를 구입하는 방법(할인쿠폰사용)
  $(150,000 \times 0.7) + (100,000 \times 0.6) + 10,000 = 175,000$(원)
∴ ㉠ 가장 싸게 구입하는 방법은 오늘 상의를 구입하고, 세일기간이 아닌 기간에 하의를 구입하는 것이다.
  ㉡ 상·하의를 가장 싸게 구입하면 17만 원의 비용이 소요된다.

24 다이어트 중인 수진이는 품목별 가격과 칼로리, 오늘의 행사 제품 여부에 따라 물건을 구입하려고 한다. 예산이 10,000원이라고 할 때, 칼로리의 합이 가장 높은 조합은?

〈품목별 가격과 칼로리〉

품목	피자	돈가스	도넛	콜라	아이스크림
가격(원/개)	2,500	4,000	1,000	500	2,000
칼로리(kcal/개)	600	650	250	150	350

〈오늘의 행사〉

행사 1 : 피자 두 개 한 묶음을 사면 콜라 한 캔이 덤으로!
행사 2 : 돈가스 두 개 한 묶음을 사면 돈가스 하나가 덤으로!
행사 3 : 아이스크림 두 개 한 묶음을 사면 아이스크림 하나가 덤으로!
단, 행사는 품목 당 한 묶음까지만 적용됩니다.

① 피자 2개, 아이스크림 2개, 도넛 1개
② 돈가스 2개, 피자 1개, 콜라 1개
③ 아이스크림 2개, 도넛 6개
④ 돈가스 2개, 도넛 2개

 ① 피자 2개, 아이스크림 2개, 도넛 1개를 살 경우, 행사 적용에 의해 피자 2개, 아이스크림 3개, 도넛 1개, 콜라 1개를 사는 효과가 있다. 따라서 총 칼로리는 $(600 \times 2) + (350 \times 3) + 250 + 150 = 2,650$kcal이다.
② 돈가스 2개(8,000원), 피자 1개(2,500원), 콜라 1개(500원)의 조합은 예산 10,000원을 초과한다.
③ 아이스크림 2개, 도넛 6개를 살 경우, 행사 적용에 의해 아이스크림 3개, 도넛 6개를 구입하는 효과가 있다. 따라서 총 칼로리는 $(350 \times 3) + (250 \times 6) = 2,550$kcal이다.
④ 돈가스 2개, 도넛 2개를 살 경우, 행사 적용에 의해 돈가스 3개, 도넛 2개를 구입하는 효과가 있다. 따라서 총 칼로리는 $(650 \times 3) + (250 \times 2) = 2,450$kcal이다.

Answer ↪ 23.④   24.①

25 다음은 조선시대 한양의 조사시기별 가구 수 및 인구 수와 가구 구성비에 대한 자료이다. 이에 대한 설명 중 옳은 것만을 모두 고르면?

〈조사시기별 가구수 및 인구수〉

(단위 : 호, 명)

조사시기	가구 수	인구 수
1729년	1,480	11,790
1765년	7,210	57,330
1804년	8,670	68,930
1867년	27,360	144,140

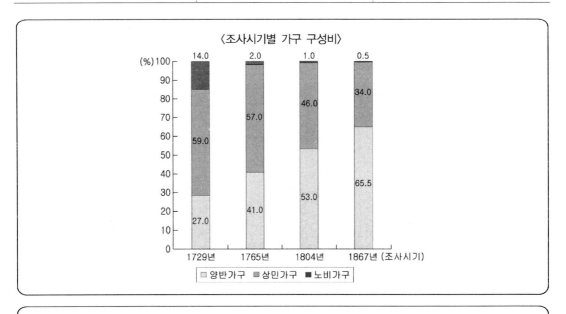

〈조사시기별 가구 구성비〉

⊙ 1804년 대비 1867년의 가구 당 인구 수는 증가하였다.
ⓒ 1765년 상민가구 수는 1804년 양반가구 수보다 적다.
ⓒ 노비가구 수는 1804년이 1765년보다는 적고 1867년보다는 많다.
ⓔ 1729년 대비 1765년에 상민가구 구성비는 감소하였고 상민가구 수는 증가하였다.

① ㉠, ㉡   ② ㉠, ㉢
③ ㉡, ㉣   ④ ㉠, ㉢, ㉣

㉠ 1804년 가구 당 인구 수는 $\frac{68,930}{8,670}$ = 약 7.95이고, 1867년 가구 당 인구 수는 $\frac{144,140}{27,360}$ = 약 5.26이므로 1804년 대비 1867년의 가구 당 인구 수는 감소하였다.

㉡ 1765년 상민가구 수는 7,210 × 0.57 = 4109.7이고, 1804년 양반가구 수는 8,670 × 0.53 = 4595.1로, 1765년 상민가구 수는 1804년 양반가구 수보다 적다.

㉢ 1804년의 노비가구 수는 8,670 × 0.01 = 86.7로 1765년의 노비가구 수인 7,210 × 0.02 = 144.2보다 적고, 1867년 노비가구 수인 27,360 × 0.005 = 136.8보다도 적다.

㉣ 1729년 대비 1765년에 상민가구 구성비는 59.0%에서 57.0%로 감소하였고, 상민가구 수는 1,480 × 0.59 = 873.2에서 7,210 × 0.57 = 4109.7로 증가하였다.

Answer↲ 25.③

26 다음은 우리나라의 시·군 중 2016년 경지 면적, 논 면적, 밭 면적 상위 5개 시·군에 대한 자료이다. 이에 대한 설명 중 옳은 것을 모두 고르면?

(단위 : ha)

구분	순위	시·군	면적
경지 면적	1	해남군	35,369
	2	제주시	31,585
	3	서귀포시	31,271
	4	김제시	28,501
	5	서산시	27,285
논 면적	1	김제시	23,415
	2	해남군	23,042
	3	서산시	21,730
	4	당진시	21,726
	5	익산시	19,067
밭 면적	1	제주시	31,577
	2	서귀포시	31,246
	3	안동시	13,231
	4	해남군	12,327
	5	상주시	11,047

※ 경지 면적 = 논 면적 + 밭 면적

> ㉠ 해남군의 논 면적은 해남군 밭 면적의 2배 이상이다.
> ㉡ 서귀포시의 논 면적은 제주시 논 면적보다 크다.
> ㉢ 서산시의 밭 면적은 김제시 밭 면적보다 크다.
> ㉣ 상주시의 밭 면적은 익산시 논 면적의 90% 이하이다.

① ㉡, ㉢

② ㉡, ㉣

③ ㉠, ㉢, ㉣

④ ㉡, ㉢, ㉣

㉠ 해남군의 논 면적은 23,042ha로, 해남군 밭 면적인 12,327ha의 2배 이하이다.
㉡ 서귀포시의 논 면적은 31,271−31,246＝25ha로, 제주시 논 면적인 31,585−31,577＝8ha보다 크다.
㉢ 서산시의 밭 면적은 27,285−21,730＝5,555ha로 김제시 밭 면적인 28,501−23,415＝5,086ha보다 크다.
㉣ 상주시의 밭 면적은 11,047ha로 익산시 논 면적의 90%(＝17,160.3ha) 이하이다.

27 다음은 어느 카페의 메뉴판이다. 오늘의 커피와 단호박 샌드위치를 먹으려할 때, 세트로 구매하는 것이 단품으로 시키는 것보다 얼마가 더 저렴한가?

〈메뉴〉

음료		샌드위치	
오늘의 커피	3,000	하우스 샌드위치	5,000
아메리카노	3,500	단호박 샌드위치	5,500
카페라떼	4,000	치즈듬뿍 샌드위치	5,500
생과일주스	4,000	베이컨토마토 샌드위치	6,000

수프
콘수프   4,500
감자수프   5,000
브로콜리수프   5,000

세트 7,000
오늘의 커피 + 하우스 샌드위치 or 콘수프 중 택1
※ 커피종류는 변경할 수 없음
※ 샌드위치 또는 수프 변경 시 가격의 차액만큼 추가

---

① 500원   ② 1,000원

③ 1,500원   ④ 2,000원

 단품으로 구매 시 : 오늘의 커피(3,000)+단호박 샌드위치(5,500)=8,500원
세트로 구매 시 : 7,000+샌드위치 차액(500)=7,500원
∴ 세트로 구매하는 것이 단품으로 구매하는 것보다 1,000원 더 저렴하다.

Answer↪ 26.④ 27.②

다음은 사원 6명의 A~E항목 평가 자료의 일부이다. 이에 대한 설명 중 옳은 것은?

(단위 : 점)

사원 \ 과목	A	B	C	D	E	평균
김영희	( )	14	13	15	( )	( )
이민수	12	14	( )	10	14	13.0
박수민	10	12	9	( )	18	11.8
최은경	14	14	( )	17	( )	( )
정철민	( )	20	19	17	19	18.6
신상욱	10	( )	16	( )	16	( )
계	80	( )	( )	84	( )	( )
평균	( )	14.5	14.5	( )	( )	( )

※ 항목별 평가점수 범위는 0~20점이고, 모든 항목 평가에서 누락자는 없음.

※ 사원의 성취수준은 5개 항목 평가 점수의 산술평균으로 결정함.

- 평가점수 평균이 18점 이상 20점 이하 : 수월수준

- 평가점수 평균이 15점 이상 18점 미만 : 우수수준

- 평가점수 평균이 12점 이상 15점 미만 : 보통수준

- 평가점수 평균이 12점 미만 : 기초수준

① 김영희 사원의 성취수준은 E항목 평가 점수가 17점 이상이면 '우수수준'이 될 수 있다.

② 최은경 사원의 성취수준은 E항목 시험 점수에 따라 '기초수준'이 될 수 있다.

③ 신상욱 사원의 평가점수는 B항목은 13점, D항목은 15점으로 성취수준은 '우수수준'이다.

④ 이민수 사원의 C항목 평가점수는 정철민 사원의 A항목 평가점수보다 높다.

빈 칸 중 추론이 가능한 부분을 채우면 다음과 같다.

과목 사원	A	B	C	D	E	평균
김영희	(16)	14	13	15	( )	( )
이민수	12	14	(15)	10	14	13.0
박수민	10	12	9	(10)	18	11.8
최은경	14	14	(15)	17	( )	( )
정철민	(18)	20	19	17	19	18.6
신상욱	10	(13)	16	(15)	16	(14)
계	80	(87)	(87)	84	( )	( )
평균	($\frac{80}{6}$)	14.5	14.5	(14)	( )	( )

① 김영희 사원의 성취수준은 E항목 평가 점수가 17점 이상이면 평균이 15점 이상으로 '우수수준'이 될 수 있다.

② 최은경 사원의 성취수준은 E항목 시험 점수가 0점이라고 해도 평균 12점으로 '보통수준'이다. 따라서 '기초수준'이 될 수 없다.

③ 신상욱 사원의 평가 점수는 B항목은 13점, D항목은 15점, 평균 14점으로 성취수준은 '보통수준'이다.

④ 이민수 사원의 C항목 평가 점수는 15점으로, 정철민 사원의 A항목 평가 점수는 18점보다 낮다.

Answer↝ 28.①

29 다음은 2007~2013년 동안 흡연율 및 금연계획률에 관한 자료이다. 이에 대한 설명으로 옳은 것은?

〈성별 흡연율〉

성별＼연도	2007	2008	2009	2010	2011	2012	2013
남성	45.0	47.7	46.9	48.3	47.3	43.7	42.1
여성	5.3	7.4	7.1	6.3	6.8	7.9	6.1
전체	20.6	23.5	23.7	24.6	25.2	24.9	24.1

〈소득수준별 남성 흡연율〉

소득＼연도	2007	2008	2009	2010	2011	2012	2013
최상	38.9	39.9	38.7	43.5	44.1	40.8	36.6
상	44.9	46.4	46.4	45.8	44.9	38.6	41.3
중	45.2	49.6	50.9	48.3	46.6	45.4	43.1
하	50.9	55.3	51.2	54.2	53.9	48.2	47.5

〈금연계획율〉

구분＼연도	2007	2008	2009	2010	2011	2012	2013
금연계획률	59.8	56.9	( )	( )	56.3	55.2	56.5
단기	19.4	( )	18.2	20.8	20.2	19.6	19.3
장기	40.4	39.2	39.2	32.7	( )	35.6	37.2

※ 흡연율(%) = $\dfrac{흡연자\ 수}{인구\ 수} \times 100$

※ 금연계획률(%) = $\dfrac{금연계획자\ 수}{흡연자\ 수} \times 100$ = 단기 금연계획률 + 장기 금연계획률

① 매년 남성 흡연율은 여성 흡연율의 6배 이상이다.

② 매년 소득수준이 높을수록 남성 흡연율은 낮다.

③ 2008~2010년 동안 매년 금연계획률은 전년대비 감소한다.

④ 2011년의 장기 금연계획률은 2008년의 단기 금연계획률의 두 배 이상이다.

① 2012년의 남성 흡연율은 43.7이고 여성 흡연율은 7.9로 6배 이하이다.
② 2012년 소득수준이 최상인 남성 흡연율이 상인 남성 흡연율보다 높다.
③ 2009년의 금연계획률은 57.4, 2010년의 금연계획률은 53.5로 2009년은 전년대비 증가하였고, 2010년은 전년대비 감소하였다.
④ 2011년의 장기 금연계획률은 36.1로 2008년의 단기 금연계획률인 17.7의 두 배 이상이다.

30 다음은 A 자동차 회사의 광고모델 후보 4명에 대한 자료이다. 〈조건〉을 적용하여 광고모델을 선정할 때, 총 광고 효과가 가장 큰 모델은?

〈표〉 광고모델별 1년 계약금 및 광고 1회 당 광고효과

(단위 : 만 원)

광고모델	1년 계약금	1회 당 광고효과	
		수익 증대 효과	브랜드 가치 증대 효과
A	1,000	100	100
B	600	60	100
C	700	60	110
D	1,200	110	110

〈조건〉

㉠ 광고효과는 수익 증대 효과와 브랜드 가치 증대 효과로만 구성된다.

• 총 광고효과 = 1회 당 광고효과 × 1년 광고횟수

• 1회 당 광고효과 = 1회 당 수익 증대 효과 + 1회 당 브랜드 가치 증대 효과

㉡ 1회 당 광고비는 20만 원으로 고정되어 있다.

• 1년 광고횟수 = $\dfrac{1년 \ 광고비}{1회당 \ 광고비}$

㉢ 1년 광고비는 3,000만 원(고정값)에서 1년 계약금을 뺀 금액이다.

• 1년 광고비 = 3,000만 원 − 1년 계약금

※ 광고는 tv를 통해서만 1년 내에 모두 방송됨

① A
② B
③ C
④ D

 총 광고효과 = 1회당 광고효과 × 1년 광고횟수

$\qquad$ = (1회당 수익 증대 효과 + 1회당 브랜드 가치 증대 효과) × $\dfrac{3,000만 \ 원 - 1년 \ 계약금}{1회당 \ 광고비}$

A : $(100+100) \times \dfrac{3,000-1,000}{20} = 20,000$만 원

B : $(60+100) \times \dfrac{3,000-600}{20} = 19,200$만 원

C : $(60+110) \times \dfrac{3,000-700}{20} = 19,550$만 원

D : $(110+110) \times \dfrac{3,000-1,200}{20} = 19,800$만 원

Answer↪ 29.④ 30.①

04 문제해결능력

① 문제와 문제해결

(1) 문제의 정의와 분류

① 정의 : 업무를 수행함에 있어서 답을 요구하는 질문이나 의논하여 해결해야 되는 사항이다.

② 문제의 분류

구분	창의적 문제	분석적 문제
문제제시 방법	현재 문제가 없더라도 보다 나은 방법을 찾기 위한 문제 탐구 → 문제 자체가 명확하지 않음	현재의 문제점이나 미래의 문제로 예견될 것에 대한 문제 탐구 → 문제 자체가 명확함
해결방법	창의력에 의한 많은 아이디어의 작성을 통해 해결	분석, 논리, 귀납과 같은 논리적 방법을 통해 해결
해답 수	해답의 수가 많으며, 많은 답 가운데 보다 나은 것을 선택	답의 수가 적으며 한정되어 있음
주요특징	주관적, 직관적, 감각적, 정성적, 개별적, 특수성	객관적, 논리적, 정량적, 이성적, 일반적, 공통성

(2) 업무수행과정에서 발생하는 문제 유형

① 발생형 문제(보이는 문제) : 현재 직면하여 해결하기 위해 고민하는 문제이다. 원인이 내재되어 있기 때문에 원인지향적인 문제라고도 한다.

    ㉠ 일탈문제 : 어떤 기준을 일탈함으로써 생기는 문제

    ㉡ 미달문제 : 어떤 기준에 미달하여 생기는 문제

② 탐색형 문제(찾는 문제) : 현재의 상황을 개선하거나 효율을 높이기 위한 문제이다. 방치할 경우 큰 손실이 따르거나 해결할 수 없는 문제로 나타나게 된다.

    ㉠ 잠재문제 : 문제가 잠재되어 있어 인식하지 못하다가 확대되어 해결이 어려운 문제

    ㉡ 예측문제 : 현재로는 문제가 없으나 현 상태의 진행 상황을 예측하여 찾아야 앞으로 일어날 수 있는 문제가 보이는 문제

ⓒ 발견문제 : 현재로서는 담당 업무에 문제가 없으나 선진기업의 업무 방법 등 보다 좋은 제도나 기법을 발견하여 개선시킬 수 있는 문제

③ 설정형 문제(미래 문제) : 장래의 경영전략을 생각하는 것으로 앞으로 어떻게 할 것인가 하는 문제이다. 문제해결에 창조적인 노력이 요구되어 창조적 문제라고도 한다.

예제 1

D회사 신입사원으로 입사한 귀하는 신입사원 교육에서 업무수행과정에서 발생하는 문제 유형 중 설정형 문제를 하나씩 찾아오라는 지시를 받았다. 이에 대해 귀하는 교육받은 내용을 다시 복습하려고 한다. 설정형 문제에 해당하는 것은?

① 현재 직면하여 해결하기 위해 고민하는 문제
② 현재의 상황을 개선하거나 효율을 높이기 위한 문제
③ 앞으로 어떻게 할 것인가 하는 문제
④ 원인이 내재되어 있는 원인지향적인 문제

출제의도

업무수행 중 문제가 발생하였을 때 문제 유형을 구분하는 능력을 측정하는 문항이다.

해 설

업무수행과정에서 발생하는 문제 유형으로는 발생형 문제, 탐색형 문제, 설정형 문제가 있으며 ①④는 발생형 문제이며 ②는 탐색형 문제, ③이 설정형 문제이다.

답 ③

---

(3) 문제해결

① 정의 : 목표와 현상을 분석하고 이 결과를 토대로 과제를 도출하여 최적의 해결책을 찾아 실행·평가해 가는 활동이다.

② 문제해결에 필요한 기본적 사고

ⓐ 전략적 사고 : 문제와 해결방안이 상위 시스템과 어떻게 연결되어 있는지를 생각한다.

ⓑ 분석적 사고 : 전체를 각각의 요소로 나누어 그 의미를 도출하고 우선순위를 부여하여 구체적인 문제해결방법을 실행한다.

ⓒ 발상의 전환 : 인식의 틀을 전환하여 새로운 관점으로 바라보는 사고를 지향한다.

ⓓ 내·외부자원의 활용 : 기술, 재료, 사람 등 필요한 자원을 효과적으로 활용한다.

③ 문제해결의 장애요소

ⓐ 문제를 철저하게 분석하지 않는 경우

ⓑ 고정관념에 얽매이는 경우

ⓒ 쉽게 떠오르는 단순한 정보에 의지하는 경우

ⓓ 너무 많은 자료를 수집하려고 노력하는 경우

④ 문제해결방법

　　㉠ 소프트 어프로치 : 문제해결을 위해서 직접적인 표현보다는 무언가를 시사하거나 암시를 통하여 의사를 전달하여 문제해결을 도모하고자 한다.

　　㉡ 하드 어프로치 : 상이한 문화적 토양을 가지고 있는 구성원을 가정하고, 서로의 생각을 직설적으로 주장하고 논쟁이나 협상을 통해 서로의 의견을 조정해 가는 방법이다.

　　㉢ 퍼실리테이션(facilitation) : 촉진을 의미하며 어떤 그룹이나 집단이 의사결정을 잘 하도록 도와주는 일을 의미한다.

2 문제해결능력을 구성하는 하위능력

(1) 사고력

① 창의적 사고 : 개인이 가지고 있는 경험과 지식을 통해 새로운 가치 있는 아이디어를 산출하는 사고능력이다.

　　㉠ 창의적 사고의 특징
　　　• 정보와 정보의 조합
　　　• 사회나 개인에게 새로운 가치 창출
　　　• 창조적인 가능성

예제 2

M사 홍보팀에서 근무하고 있는 귀하는 입사 5년차로 창의적인 기획안을 제출하기로 유명하다. S부장은 이번 신입사원 교육 때 귀하에게 창의적인 사고란 무엇인지 교육을 맡아달라고 부탁하였다. 창의적인 사고에 대한 귀하의 설명으로 옳지 않은 것은?

① 창의적인 사고는 새롭고 유용한 아이디어를 생산해 내는 정신적인 과정이다.
② 창의적인 사고는 특별한 사람들만이 할 수 있는 대단한 능력이다.
③ 창의적인 사고는 기존의 정보들을 특정한 요구조건에 맞거나 유용하도록 새롭게 조합시킨 것이다.
④ 창의적인 사고는 통상적인 것이 아니라 기발하거나, 신기하며 독창적인 것이다.

출제의도

창의적 사고에 대한 개념을 정확히 파악하고 있는지를 묻는 문항이다.

해 설

흔히 사람들은 창의적인 사고에 대해 특별한 사람들만이 할 수 있는 대단한 능력이라고 생각하지만 그리 대단한 능력이 아니며 이미 알고 있는 경험과 지식을 해체하여 다시 새로운 정보로 결합하여 가치 있는 아이디어를 산출하는 사고라고 할 수 있다.

답 ②

ⓛ 발산적 사고 : 창의적 사고를 위해 필요한 것으로 자유연상법, 강제연상법, 비교발상법 등을 통해 개발할 수 있다.

구분	내용
자유연상법	생각나는 대로 자유롭게 발상 ex) 브레인스토밍
강제연상법	각종 힌트에 강제적으로 연결 지어 발상 ex) 체크리스트
비교발상법	주제의 본질과 닮은 것을 힌트로 발상 ex) NM법, Synectics

POINT 브레인스토밍
ⓐ 진행방법
- 주제를 구체적이고 명확하게 정한다.
- 구성원의 얼굴을 볼 수 있는 좌석 배치와 큰 용지를 준비한다.
- 구성원들의 다양한 의견을 도출할 수 있는 사람을 리더로 선출한다.
- 구성원은 다양한 분야의 사람들로 5~8명 정도로 구성한다.
- 발언은 누구나 자유롭게 할 수 있도록 하며, 모든 발언 내용을 기록한다.
- 아이디어에 대한 평가는 비판해서는 안 된다.
ⓑ 4대 원칙
- 비판엄금(Support) : 평가 단계 이전에 결코 비판이나 판단을 해서는 안 되며 평가는 나중까지 유보한다.
- 자유분방(Silly) : 무엇이든 자유롭게 말하고 이런 바보 같은 소리를 해서는 안 된다는 등의 생각은 하지 않아야 한다.
- 질보다 양(Speed) : 질에는 관계없이 가능한 많은 아이디어들을 생성해내도록 격려한다.
- 결합과 개선(Synergy) : 다른 사람의 아이디어에 자극되어 보다 좋은 생각이 떠오르고, 서로 조합하면 재미있는 아이디어가 될 것 같은 생각이 들면 즉시 조합시킨다.

② 논리적 사고 : 사고의 전개에 있어 전후의 관계가 일치하고 있는가를 살피고 아이디어를 평가하는 사고능력이다.

ⓐ 논리적 사고를 위한 5가지 요소 : 생각하는 습관, 상대 논리의 구조화, 구체적인 생각, 타인에 대한 이해, 설득

ⓑ 논리적 사고 개발 방법
- 피라미드 구조 : 하위의 사실이나 현상부터 사고하여 상위의 주장을 만들어가는 방법
- so what기법 : '그래서 무엇이지?'하고 자문자답하여 주어진 정보로부터 가치 있는 정보를 이끌어 내는 사고 기법

③ 비판적 사고 : 어떤 주제나 주장에 대해서 적극적으로 분석하고 종합하며 평가하는 능동적인 사고이다.

ⓐ 비판적 사고 개발 태도 : 비판적 사고를 개발하기 위해서는 지적 호기심, 객관성, 개방성, 융통성, 지적 회의성, 지적 정직성, 체계성, 지속성, 결단성, 다른 관점에 대한 존중과 같은 태도가 요구된다.

ⓑ 비판적 사고를 위한 태도
- 문제의식 : 비판적인 사고를 위해서 가장 먼저 필요한 것은 바로 문제의식이다. 자신이 지니고 있는 문제와 목적을 확실하고 정확하게 파악하는 것이 비판적인 사고의 시작이다.
- 고정관념 타파 : 지각의 폭을 넓히는 일은 정보에 대한 개방성을 가지고 편견을 갖지 않는 것으로 고정관념을 타파하는 일이 중요하다.

(2) 문제처리능력과 문제해결절차

① 문제처리능력 : 목표와 현상을 분석하고 이를 토대로 문제를 도출하여 최적의 해결책을 찾아 실행·평가하는 능력이다.

② 문제해결절차 : 문제 인식 → 문제 도출 → 원인 분석 → 해결안 개발 → 실행 및 평가

　　㉠ 문제 인식 : 문제해결과정 중 'what'을 결정하는 단계로 환경 분석 → 주요 과제 도출 → 과제 선정의 절차를 통해 수행된다.

　　　• 3C 분석 : 환경 분석 방법의 하나로 사업환경을 구성하고 있는 요소인 자사(Company), 경쟁사(Competitor), 고객(Customer)을 분석하는 것이다.

예제 3

L사에서 주력 상품으로 밀고 있는 TV의 판매 이익이 감소하고 있는 상황에서 귀하는 B부장으로부터 3C분석을 통해 해결방안을 강구해 오라는 지시를 받았다. 다음 중 3C에 해당하지 않는 것은?

① Customer　　　　　② Company
③ Competitor　　　　④ Content

출제의도

3C의 개념과 구성요소를 정확히 숙지하고 있는지를 측정하는 문항이다.

해　설

3C 분석에서 사업 환경을 구성하고 있는 요소인 자사(Company), 경쟁사(Competitor), 고객을 3C(Customer)라고 한다. 3C 분석에서 고객 분석에서는 '고객은 자사의 상품·서비스에 만족하고 있는지를, 자사 분석에서는 '자사가 세운 달성목표와 현상 간에 차이가 없는지를 경쟁사 분석에서는 '경쟁 기업의 우수한 점과 자사의 현상과 차이가 없는지에 대한 질문을 통해서 환경을 분석하게 된다.

답 ④

　　• SWOT 분석 : 기업내부의 강점과 약점, 외부환경의 기회와 위협요인을 분석·평가하여 문제해결 방안을 개발하는 방법이다.

		내부환경요인	
		강점(Strengths)	약점(Weaknesses)
외부환경요인	기회 (Opportunities)	SO 내부강점과 외부기회 요인을 극대화	WO 외부기회를 이용하여 내부약점을 강점으로 전환
	위협 (Threat)	ST 외부위협을 최소화하기 위해 내부강점을 극대화	WT 내부약점과 외부위협을 최소화

ⓛ 문제 도출 : 선정된 문제를 분석하여 해결해야 할 것이 무엇인지를 명확히 하는 단계로, 문제 구조 파악 → 핵심 문제 선정 단계를 거쳐 수행된다.

- Logic Tree : 문제의 원인을 파고들거나 해결책을 구체화할 때 제한된 시간 안에서 넓이와 깊이를 추구하는데 도움이 되는 기술로 주요 과제를 나무모양으로 분해·정리하는 기술이다.

ⓒ 원인 분석 : 문제 도출 후 파악된 핵심 문제에 대한 분석을 통해 근본 원인을 찾는 단계로 Issue 분석 → Data 분석 → 원인 파악의 절차로 진행된다.

ⓔ 해결안 개발 : 원인이 밝혀지면 이를 효과적으로 해결할 수 있는 다양한 해결안을 개발하고 최선의 해결안을 선택하는 것이 필요하다.

ⓜ 실행 및 평가 : 해결안 개발을 통해 만들어진 실행계획을 실제 상황에 적용하는 활동으로 실행계획 수립 → 실행 → Follow-up의 절차로 진행된다.

예제 4

C사는 최근 국내 매출이 지속적으로 하락하고 있어 사내 분위기가 심상치 않다. 이에 대해 Y부장은 이 문제를 극복하고자 문제처리 팀을 구성하여 해결방안을 모색하도록 지시하였다. 문제처리 팀의 문제해결 절차를 올바른 순서로 나열한 것은?

① 문제 인식 → 원인 분석 → 해결안 개발 → 문제 도출 → 실행 및 평가
② 문제 도출 → 문제 인식 → 해결안 개발 → 원인 분석 → 실행 및 평가
③ 문제 인식 → 원인 분석 → 문제 도출 → 해결안 개발 → 실행 및 평가
④ 문제 인식 → 문제 도출 → 원인 분석 → 해결안 개발 → 실행 및 평가

출제의도

실제 업무 상황에서 문제가 일어났을 때 해결 절차를 알고 있는지를 측정하는 문항이다.

해 설

일반적인 문제해결절차는 '문제 인식 → 문제 도출 → 원인 분석 → 해결안 개발 → 실행 및 평가'로 이루어진다.

답 ④

출제예상문제

1 명제 1, 명제 2가 모두 참이라고 할 때, 결론이 참이 되기 위해서 필요한 명제 3으로 가장 적절한 것은? (단, 보기로 주어진 명제는 모두 참이다)

> 명제 1. 밝지 않으면 별이 뜬다.
> 명제 2. 밤이 오면 해가 들어간다.
> 명제 3. _____
> 결 론. 밤이 오면 별이 뜬다.

① 밤이 오지 않으면 밝다.

② 해가 들어가지 않으면 밝다.

③ 별이 뜨면 해가 들어간다.

④ 밝으면 해가 들어가지 않는다.

 명제 2와 명제 1을 이용해 결론을 얻기 위해서는,
'밤이 오면 해가 들어간다→(해가 들어가면 밝지 않다)→밝지 않으면 별이 뜬다'로 연결할 수 있다. 따라서 필요한 명제 3은 '해가 들어가면 밝지 않다' 또는 그 대우인 '밝으면 해가 들어가지 않는다'가 된다.

2 甲, 乙, 丙 세 사람이 다음과 같이 대화를 하고 있다. 세 사람 중 오직 한 사람만 사실을 말하고 있고 나머지 두 명은 거짓말을 하고 있다면, 甲이 먹은 사탕은 모두 몇 개인가?

> 甲 : 나는 사탕을 먹었어.
> 乙 : 甲은 사탕을 5개보다 더 많이 먹었어.
> 丙 : 아니야, 甲은 사탕을 5개보다는 적게 먹었어.

① 0개

② 5개 미만

③ 5개

④ 5개 이상

세 사람 중 한 사람만 사실을 말하고 있으므로 각각의 경우를 대입하여, 논리적 오류가 없는 것이 정답이 된다.

- 甲이 사실을 말하고 있는 경우 : 조건에 따라 乙과 丙은 거짓말이 되는데, 이는 甲이 먹은 사탕의 개수가 5개일 때만 논리적으로 성립이 가능하다.
- 乙이 사실을 말하고 있는 경우 : 조건에 따라 甲과 丙은 거짓말이 되는데, 乙이 사실일 경우 甲도 사실이 되므로 조건에 모순된다.
- 丙이 사실을 말하고 있는 경우 : 조건에 따라 甲과 乙은 거짓말이 되는데, 丙이 사실일 경우 甲도 사실이 되므로 조건에 모순된다.

따라서 甲이 사실을 말하고 있으면서 사탕을 5개 먹은 경우에만 전제 조건이 성립하므로, 정답은 ③이다.

3 다음은 A 버스회사에서 새롭게 개통하는 노선에 포함된 도서관과 영화관의 위치를 수직선 위에 나타낸 것이다. 도서관과 영화관의 위치를 좌표로 나타내면 각각 30, 70이라고 할 때, 주어진 조건을 만족하는 버스 정류장을 설치하려고 한다. 버스 정류장은 도서관으로부터 좌표상으로 최대 얼마나 떨어진 곳에 설치할 수 있는가?

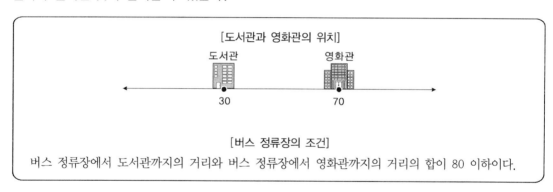

[도서관과 영화관의 위치]

도서관 30   영화관 70

[버스 정류장의 조건]

버스 정류장에서 도서관까지의 거리와 버스 정류장에서 영화관까지의 거리의 합이 80 이하이다.

① 40   ② 50

③ 60   ④ 70

 버스 정류장 위치의 좌표 값을 x라고 할 때, 주어진 조건에 따라 버스 정류장에서 도서관까지의 거리 $x-30$와 버스 정류장에서 영화관까지의 거리 $x-70$의 합이 80 이하여야 한다.

이를 부등식으로 표현하면 $|x-30|+|x-70| \leq 80$이다. ($\because$ 정류장이 위치는 좌우, 가운데 어디든 될 수 있으므로)

따라서 $-80 \leq (x-30)+(x-70) \leq 80$이고, 버스 정류장의 위치는 $10 \leq x \leq 90$ 사이가 된다. 즉, 버스 정류장은 도서관으로부터 좌표상 최대 60만큼 떨어진 곳에 설치할 수 있다.

Answer → 1.④ 2.③ 3.③

4 로봇을 개발하고 있는 A사는 새로 제작한 원격조종 로봇을 테스트하기 위해 좌표평면이 그려진 평평한 바닥 위에 로봇을 올려놓고 시범 조종을 하고 있다. 시범 조종에 대한 甲의 보고서가 다음과 같다고 할 때, 빈칸에 들어갈 값은?

〈원격조종 로봇 IV-1 테스트 조종 보고서〉

■ 명령어 규칙 및 테스트 환경

명령어 규칙	
명령어	로봇의 이동
[초기화]	로봇이 원점 O에 위치한다.
[우 3]	x축의 방향으로 3만큼 이동한다.
[상 5]	y축의 방향으로 5만큼 이동한다.
[좌 1, 하 6]	x축의 방향으로 −1만큼 이동한 후, y축의 방향으로 −6만큼 이동한다.

테스트 환경

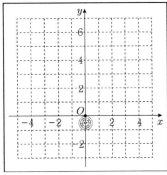

■ 시범 조종 내용
• 1회차 : [초기화], [우 3], [상 5] 명령어를 순서대로 입력
• 2회차 : [초기화], [상 5], [좌 1, 하 6] 명령어를 순서대로 입력

■ 결과 보고
　두 차례의 시범 조종 결과 원격조종 로봇 IV-1는 정상적으로 작동하였으며, 1회차 시범 조종에서 로봇의 최종 지점과 2회차 시범 조종에서 로봇의 최종 지점 간의 직선거리는 (　　)으로 나타났다.

① $2\sqrt{10}$　　　　　　　　　② $2\sqrt{11}$
③ $4\sqrt{3}$　　　　　　　　　④ $2\sqrt{13}$

두 차례의 시험 조종으로 로봇이 이동한 경로를 정리하면,
- 1회차 : $(0, 0) \rightarrow (3, 0) \rightarrow (3, 5)$
- 2회차 : $(0, 0) \rightarrow (0, 5) \rightarrow (-1, 5) \rightarrow (-1, -1)$

따라서 1회차 시범 조종의 최종 위치인 $(3, 5)$와 2회차 시범 조종의 최종 위치인 $(-1, -1)$ 사이의 직선 거리를 구하면 밑변이 4, 높이가 6인 직각삼각형의 빗변의 길이가 되므로,

빗변의 길이를 x라고 할 때,

$4^2 + 6^2 = x^2$, $x = 2\sqrt{13}$ 이다.

5 A 부서에서는 새로운 프로젝트를 위해 팀을 꾸리고자 한다. 이 부서에는 남자 직원 세현, 승훈, 영수, 준원 4명과 여자 직원 보라, 소희, 진아 3명이 소속되어 있다. 아래의 조건에 따라 이들 가운데 4명을 뽑아 프로젝트 팀에 포함시키려 한다. 다음 중 옳지 않은 것은?

> 〈조건〉
> • 남자 직원 가운데 적어도 한 사람은 뽑아야 한다.
> • 여자 직원 가운데 적어도 한 사람은 뽑지 말아야 한다.
> • 세현, 승훈 중 적어도 한 사람을 뽑으면, 준원과 진아도 뽑아야 한다.
> • 영수를 뽑으면, 보라와 소희는 뽑지 말아야 한다.
> • 진아를 뽑으면, 보라도 뽑아야 한다.

① 남녀 동수로 팀이 구성된다.
② 영수와 소희 둘 다 팀에 포함되지 않는다.
③ 승훈과 세현은 함께 프로젝트 팀에 포함될 수 있다.
④ 준원과 보라 둘 다 팀에 포함된다.

 팀에 들어갈 수 있는 남자 직원 수는 1~4명(첫 번째 조건), 여자 직원 수는 0~2명(두 번째 조건)이 되는데, 4명으로 구성되어야 하는 팀이므로 가능한 조합은 '남자 2명-여자 2명', '남자 3명-여자 1명', '남자 4명-여자 0명'이다. 세 번째 조건과 다섯 번째 조건에 의해 '세현 or 승훈 → 준원 & 진아 → 보라'가 되어, '세현'이나 '승훈'이 팀에 들어가게 되면, '준원-진아-보라'도 함께 들어간다. 따라서, 남자 직원 수를 3명 이상 선발하면 세현 혹은 승훈이 포함되게 되어 여자 직원 수가 1명 혹은 0명이 될 수 없으므로 가능한 조합은 '남자 2명-여자 2명'이고, 모든 조건에 적합한 조합은 '세현-준원-진아-보라' 혹은 '승훈-준원-진아-보라'이다.

Answer ↪ 4.④ 5.③

6 다음 〈상황〉과 〈자기소개〉를 근거로 판단할 때 옳지 않은 것은?

〈상황〉

　5명의 직장인(A~E)이 커플 매칭 프로그램에 참여했다.

1) 남성이 3명이고 여성이 2명이다.
2) 5명의 나이는 34세, 32세, 30세, 28세, 26세이다.
3) 5명의 직업은 의사, 간호사, TV드라마감독, 라디오작가, 요리사이다.
4) 의사와 간호사는 성별이 같다.
5) 라디오작가는 요리사와 매칭 된다.
6) 남성과 여성의 평균 나이는 같다.
7) 한 사람당 한 명의 이성과 매칭이 가능하다.

〈자기소개〉

A : 안녕하세요. 저는 32세이고 의료 관련 일을 합니다.
B : 저는 방송업계에서 일하는 남성입니다.
C : 저는 20대 남성입니다.
D : 반갑습니다. 저는 방송업계에서 일하는 여성입니다.
E : 제가 이 중 막내네요. 저는 요리사입니다.

---

① TV드라마감독은 B보다 네 살이 많다.
② 의사와 간호사 나이의 평균은 30세이다.
③ D는 의료계에서 일하는 두 사람 중 나이가 적은 사람보다 두 살 많다.
④ A의 나이는 방송업계에서 일하는 사람들 나이의 평균과 같다.

　　남성이 3명, 여성이 2명이라고 했고, B와 D가 방송업계 남녀로 나뉘고, 의사와 간호사가 성별이 같다고 했으므로 의사와 간호사는 남성이다. 또 요리사는 여성(26세)임을 알 수 있다. 요리사와 매칭 되는 라디오작가가 남성이므로 TV드라마감독은 여성이다. 남성과 여성의 평균 나이가 같다고 했으므로 남성 A(32), B, C(28)와 여성 D, E(26)에서 B는 30세, D는 34세임을 알 수 있다.
- A : 32세, 남성, 의사 또는 간호사
- B : 30세, 남성, 라디오 작가
- C : 28세, 남성, 의사 또는 간호사
- D : 34세, 여성, TV드라마감독
- E : 26세, 여성, 요리사

7 다음은 G팀의 해외지사 발령자 선발 방식에 대한 설명이다. 다음에 대한 설명으로 옳지 않은 것은?

G팀은 지망자 5명(A~E) 중 한 명을 해외지사 발령자로 추천하기 위하여 각각 5회의 평가를 실시하고, 그 결과에 바탕을 둔 추첨을 하기로 했다. 평가 및 추첨 방식과 현재까지 진행된 평가 결과는 아래와 같다.

- 매 회 10점 만점으로 1점 단위의 점수를 매기며, 10점을 얻은 지망자에게는 5장의 카드, 9점을 얻은 지망자에게는 2장의 카드, 8점을 얻은 지망자에게는 1장의 카드를 부여한다. 7점 이하를 얻은 지망자에게는 카드를 부여하지 않는다.
- 5회차 평가 이후 각 지망자는 자신이 받은 모든 카드에 본인의 이름을 적고, 추첨함에 넣는다. 다만 5번의 평가의 총점이 40점 미만인 지망자는 본인의 카드를 추첨함에 넣지 못한다.
- G팀장은 추첨함에서 한 장의 카드를 무작위로 뽑아 카드에 이름이 적힌 지망자를 G팀의 해외지사 발령자로 추천한다.

구분	1회	2회	3회	4회	5회
A	9	9	9	9	
B	8	8	7	7	
C	9	7	9	7	
D	7	7	7	7	
E	8	8	9	8	

① 5회차에서 B만 10점을 받는다면 적어도 D보다는 추천될 확률이 높다.

② C가 5회차에서 9점만 받아도 E보다 추천될 확률이 높아진다.

③ D는 5회차 평가 점수와 관계없이 추첨함에 카드를 넣지 못한다.

④ 5회차에 모두가 같은 점수를 받는다면 A가 추천될 확률이 가장 높다.

 ② C와 E는 4회차까지 4장, 5장의 카드를 확보했다. C가 5회차에 2장의 카드를 추가하게 되면 6장으로 4회차의 E보다는 카드가 많지만 E가 5회차에 8점 이상의 점수를 획득할 경우 E의 카드는 6장 이상이 되므로 C가 E보다 추천될 확률이 높다고 할 수 없다.

① 5회차에서 B만 10점을 받는다고 했으므로 D가 9점을 받더라도 B가 추천될 확률이 더 높다.

③ D는 5회차 점수와 상관없이 총점이 40점을 넘지 못하여 추첨함에 카드를 넣을 수 없다.

④ 5회차에 모두 같은 점수를 받는다면 전원이 추가되는 카드 수가 같으므로 4회차까지 획득한 카드의 수가 가장 많은 A가 추천될 확률이 가장 높다.

Answer→ 6.③ 7.②

8 다음 글에서 알 수 있는 문제인식으로 옳은 것은?

인구의 고령화에 따른 노인인구의 증가는 현대사회의 심각한 사회문제로 대두되고 있다. 노인인구의 증가는 세계적인 현상으로서 한국도 해방 이후에 3%대에 머물던 65세 이상의 인구가 1980년대에는 3.8%, 1990년대에는 5.0%, 1995년에는 5.4%, 2000년에는 7.3%를 기록하여 고령화사회(전체 인구에서 65세 이상 인구가 차지하는 비율이 7% 이상)에 도달하였고, 2011년에는 11.4%로 나타났다. 노인인구의 증가는 출산율의 감소와 보건위생의 발달, 사망률의 감소 등과 밀접히 관련되는데, 한국의 고령사회 진입 속도는 선진국에 비해 매우 빠른 편이다. 한국은 2017년에 65세 이상 인구가 전체 인구의 14% 이상인 고령사회에 진입하고, 2026년에 20% 이상인 초고령사회에 진입할 것으로 예상된다.

한편 노인문제의 핵심은 빈곤, 질병, 고독이라 하겠는데 이는 급속한 사회변동으로 말미암아 초래된 핵가족화, 평균수명의 연장, 도시취업인구 증가로 인한 노부모와의 별거, 정년퇴직으로 인한 생활수단의 상실 등의 생활리듬의 변화와 직결된다. 한국인의 핵가족률은 1964년의 64.7%에서 1975년 67.7%, 1985년 68.8%, 2000년 82%로 증가하였고, 평균수명은 1960년 55.3세에서 1970년 63.2세, 1980년 65.8세, 1990년 71.3세, 2000년 74.43세, 2010년에는 80.79세로 길어졌으며, 또한 노인독거가구율도 1985년 8.8%에서 1988년에는 12.7%, 2008년에는 25.7%(65세 이상은 26.7%)로 급증하는 추세에 있다.

이러한 사회변동은 도시의 문제로 생각하기 쉬우나, 실제로는 농촌의 경우가 더욱 심각하다. 도시는 의료, 오락 등의 문화적 환경조건이 농촌보다 양호하며, 따라서 농촌에 거주하는 노인문제가 더욱 심각하다. 2008년 도시지역에 해당하는 동부(洞部)의 노인독거가구 비율은 21.8%인데 비하여 읍면부는 34.1%로 조사되었다. 농촌지역의 노인들은 도시에 취업하고 있는 자식들과 떨어져 고통스러운 농업노동에 종사하며, 충분한 영향과 휴식 및 오락을 제대로 즐기지 못하고 있는 실정이다. 농촌노인들은 이처럼 빈곤과 건강 및 가족간의 유대단절 등의 심리적 고통을 받고 있는 반면, 도시의 노인들은 빈곤, 무력감 등을 경험하고 있다.

① 민지 : 노인인구의 증가가 사회문제로 떠오르고 있구나.
② 성미 : 노인문제와 관련된 걱정은 지금 당장 할 필요는 없어.
③ 인정 : 현재 한국은 초고령화사회에 해당된다고 봐.
④ 태희 : 노인문제와 핵가족화는 관계가 없어 보여.

(Tip) 제시된 글은 대한민국의 노인문제에 대해 다루고 있다.

9 G회사에 근무하는 박과장과 김과장은 점심시간을 이용해 과녁 맞추기를 하였다. 다음 〈조건〉에 근거하여 〈점수표〉의 빈 칸을 채울 때 박과장과 김과장의 최종점수가 될 수 있는 것은?

〈조건〉
- 과녁에는 0점, 3점, 5점이 그려져 있다.
- 박과장과 김과장은 각각 10개의 화살을 쏘았고, 0점을 맞힌 화살의 개수만 〈점수표〉에 기록이 되어 있다.
- 최종 점수는 각 화살이 맞힌 점수의 합으로 한다.
- 박과장과 김과장이 쏜 화살 중에는 과녁 밖으로 날아간 화살은 없다.
- 박과장과 김과장이 5점을 맞힌 화살의 개수는 동일하다.

〈점수표〉

점수	박과장의 화살 수	김과장의 화살 수
0점	3	2
3점		
5점		

	박과장의 최종점수	김과장의 최종점수		박과장의 최종점수	김과장의 최종점수
①	25	29	②	26	29
③	27	30	④	28	30

 5점을 맞힌 화살의 개수가 동일하다고 했으므로 5점의 개수에 따라 점수를 정리하면 다음과 같다.

	1개	2개	3개	4개	5개	6개	7개
박과장	5+18 =23	10+15 =25	15+12 =27	20+9 =29	25+6 =31	30+3 =33	35+0 =35
김과장	5+21 =26	10+18 =28	15+15 =30	20+12 =32	25+9 =34	30+6 =36	35+3 =38

Answer → 8.① 9.③

10 어류 관련 회사에서 근무하는 H씨는 생선을 좋아해서 매일 갈치, 조기, 고등어 중 한 가지 생선을 구워 먹는다. 다음 12월 달력과 〈조건〉을 참고하여 〈보기〉에서 옳은 것을 모두 고른 것은?

12월						
일	월	화	수	목	금	토
			1	2	3	4
5	6	7	8	9	10	11
12	13	14	15	16	17	18
19	20	21	22	23	24	25
26	27	28	29	30	31	

〈조건〉
• 같은 생선을 연속해서 이틀 이상 먹을 수 없다.
• 매주 화요일은 갈치를 먹을 수 없다.
• 12월 17일은 조기를 먹어야 한다.
• 하루에 1마리의 생선만 먹어야 한다.

〈보기〉
㉠ 12월 한 달 동안 먹을 수 있는 조기는 최대 15마리이다.
㉡ 12월 한 달 동안 먹을 수 있는 갈치는 최대 14마리이다.
㉢ 12월 6일에 조기를 먹어야 한다는 조건이 추가된다면 12월 한 달 동안 갈치, 조기, 고등어를 1마리 이상씩 먹는다.

① ㉠
② ㉡
③ ㉠, ㉢
④ ㉡, ㉢

 ㉠ 12월 17일에 조기를 먹어야 한다고 했고, 이틀 연속으로 같은 생선을 먹을 수 없으므로 홀수일에 조기를 먹고 짝수일에 갈치나 고등어를 먹으면 되므로 최대로 먹을 수 있는 조기는 16마리이다.
㉡ 매주 화요일에 갈치를 먹을 수 없다고 했으므로 6일 월요일에 갈치를 먹는다고 가정하면 2일, 4일, 6일, 8일, 10일, 12일, 15일, 18일, 20일, 22일, 24일, 26일, 29일, 31일로 먹으면 되므로 14마리이다.
㉢ 6일에 조기를 먹어야 하므로 2일, 4일, 6일, 8일, 10일, 12일, 14일까지 먹으면 17일날 조기를 먹어야 하므로 15일과 16일은 다른 생선을 먹어야 한다. 15일, 16일에 갈치나 고등어를 먹으면 되므로 12월 한달 동안 갈치, 조기, 고등어를 1마리 이상씩 먹게 된다.

11 전월세전환율을 다음 〈보기〉와 같이 구한다고 할 때, A~D 지역 중에서 전월세전환율이 가장 높은 아파트는?

〈보기〉
- 전월세전환율은 보증금을 월세로 전환할 시 적용되는 비율로 임대인은 요구수익률, 임차인은 전월세 선택 및 월세 계약시 기회비용을 계산하는 지표로 활용한다.
- 전월세전환율은 [{월세/(전세금 − 월세보증금)}×100]으로 산정된 월세이율을 연이율로 환산(월세이율×12)하여 산정하고, 단위는 %이다.

〈표〉 아파트의 전세 및 월세 현황

(단위 : 천 원)

아파트	전세금	월세보증금	월세
A	85,000	10,000	360
B	85,000	5,000	420
C	130,000	10,000	750
D	125,000	60,000	350

① A   ② B
③ C   ④ D

① $\dfrac{360}{(85,000-10,000)} \times 100 \times 12 = 5.76\%$

② $\dfrac{420}{(85,000-5,000)} \times 100 \times 12 = 6.3\%$

③ $\dfrac{750}{(130,000-10,000)} \times 100 \times 12 = 7.5\%$

④ $\dfrac{350}{(125,000-60,000)} \times 100 \times 12 = 6.46\%$

12 Y씨는 선배들의 커피 심부름을 부탁받아 카페에 갔다 오려고 한다. Y씨는 자주 가는 카페에서 자신의 회원카드를 제시하려고 하며, 현재의 적립금은 2,050점으로 적립금을 최대한 사용할 예정이다. 다음 조건에 따라 계산할 경우 최종적으로 지불해야 하는 금액은 얼마인가?

〈선배들의 취향〉

- 김부장님 : 아메리카노 L
- 유과장님 : 휘핑크림 추가한 녹차라떼 R
- 신대리님 : 카페라떼 R
- 정대리님 : 카라멜 마끼야또 L
- Y씨 : 핫초코

〈메뉴〉

	R 사이즈(원)	L 사이즈(원)
아메리카노	2,500	2,800
카페라떼	3,500	3,800
카라멜 마끼야또	3,800	4,200
녹차라떼	3,000	3,500
핫초코	3,500	3,800

※ 휘핑크림 추가 : 800원

※ 오늘의 차 : 핫초코 균일가 3,000원

※ 카페 2주년 기념행사 : 총 금액 20,000원 초과 시 5% 할인

〈회원특전〉

- 10,000원 이상 결제 시 회원카드를 제시하면 총 결제 금액에서 1,000원 할인
- 적립금이 2,000점 이상인 경우, 현금처럼 사용가능(1점당 1원, 100원 단위로만 사용가능하며, 타 할인 혜택 적용 후 최종금액의 10%까지만 사용가능)
- 할인혜택은 중복적용 가능

① 14,300원　　　　　　　　　　② 14,700원

③ 15,300원　　　　　　　　　　④ 15,700원

(Tip) ㉠ 할인 전 금액 : 2,800원(김부장님)＋3,800원(유과장님)＋3,500원(신대리님)＋4,200원(정대리님)＋3,000원(Y씨)＝17,300원

　　㉡ 할인된 금액 : 금액이 10,000원 이상이므로 회원카드 제시하고 1,000원 할인하면 16,300원이다. 적립금이 2,000점 이상인 경우 현금처럼 사용가능하다고 했으나, 타 할인 적용 후 최종금액의 10%까지만 사용가능하다고 했으므로 16,300원의 10%는 1,630원이다. 100원 단위로만 사용가능하므로 16,300원에서 1,600원을 할인 받으면 14,700원을 지불해야 한다.

13 다음 조건에 따라 가영, 세경, 봉숙, 혜진, 분이 5명의 자리를 배정하려고 할 때 1번에 앉는 사람은 누구인가?

> • 친한 사람끼리는 바로 옆자리에 배정해야 하고, 친하지 않은 사람끼리는 바로 옆자리에 배정해서는 안 된다.
> • 봉숙이와 세경이는 서로 친하지 않다.
> • 가영이와 세경이는 서로 친하다.
> • 가영이와 봉숙이는 서로 친하다.
> • 분이와 봉숙이는 서로 친하지 않다.
> • 혜진이는 분이와 친하며, 5번 자리에 앉아야 한다.
>
> | 1 | 2 | 3 | 4 | 5 |
> |---|---|---|---|---|
> | ( ) | ( ) | ( ) | ( ) | 혜진 |

① 가영 　　　　　　　　　　② 세경
③ 봉숙 　　　　　　　　　　④ 분이

 조건에 따라 배정한 결과는 다음과 같으며 1번 자리에는 봉숙이가 앉게 된다.

1	2	3	4	5
봉숙	가영	세경	분이	혜진

Answer → 12.② 13.③

14 M회사 구내식당에서 근무하고 있는 N씨는 식단을 편성하는 업무를 맡고 있다. 식단편성을 위한 조건이 다음과 같을 때 월요일에 편성되는 식단은?

〈조건〉
- 다음 5개의 메뉴를 월요일~금요일 5일에 각각 하나씩 편성해야 한다.
  - 돈가스 정식, 나물 비빔밥, 크림 파스타, 오므라이스, 제육덮밥
- 월요일에는 돈가스 정식을 편성할 수 없다.
- 목요일에는 오므라이스를 편성할 수 없다.
- 제육덮밥은 금요일에 편성해야 한다.
- 나물 비빔밥은 제육덮밥과 연달아 편성할 수 없다.
- 돈가스 정식은 오므라이스보다 먼저 편성해야 한다.

① 나물 비빔밥
② 크림 파스타
③ 오므라이스
④ 제육덮밥

 금요일에는 제육덮밥이 편성된다. 목요일에는 오므라이스를 편성할 수 없고, 다섯 번째 조건에 의해 나물 비빔밥도 편성할 수 없다. 따라서 목요일에는 돈가스 정식 또는 크림 파스타가 편성되어야 한다. 마지막 조건과 두 번째 조건에 의해 돈가스 정식은 월요일, 목요일에도 편성할 수 없으므로 돈가스 정식은 화요일에 편성된다. 따라서 목요일에는 크림 파스타, 월요일에는 나물 비빔밥이 편성된다.

15 다음은 공공기관을 구분하는 기준이다. 다음 규정에 따라 각 기관을 구분한 결과가 옳지 않은 것은?

〈공공기관의 구분〉

제00조 제1항

　공공기관을 공기업·준정부기관과 기타공공기관으로 구분하여 지정한다. 직원 정원이 50인 이상인 공공기관은 공기업 또는 준정부기관으로, 그 외에는 기타공공기관으로 지정한다.

제00조 제2항

　제1항의 규정에 따라 공기업과 준정부기관을 지정하는 경우 자체수입액이 총수입액의 2분의 1 이상인 기관은 공기업으로, 그 외에는 준정부기관으로 지정한다.

제00조 제3항

　제1항 및 제2항의 규정에 따른 공기업을 다음의 구분에 따라 세분하여 지정한다.
• 시장형 공기업 : 자산규모가 2조 원 이상이고, 총 수입액 중 자체수입액이 100분의 85 이상인 공기업
• 준시장형 공기업 : 시장형 공기업이 아닌 공기업

〈공공기관의 현황〉

공공기관	직원 정원	자산규모	자체수입비율
A	70명	4조 원	90%
B	45명	2조 원	50%
C	65명	1조 원	55%
D	60명	1.5조 원	45%

※ 자체수입비율 : 총 수입액 대비 자체수입액 비율

① A – 시장형 공기업
② B – 기타공공기관
③ C – 준정부기관
④ D – 준정부기관

 ③ C는 정원이 50명이 넘으므로 기타공공기관이 아니며, 자체수입비율이 55%이므로 자체수입액이 총수입액의 2분의 1 이상이기 때문에 공기업이다. 시장형 공기업 조건에 해당하지 않으므로 C는 준시장형 공기업이다.

Answer↪ 15.① 16.③

16 다음은 수미의 소비상황과 각종 신용카드 혜택 정보이다. 수미가 가장 유리한 하나의 신용카드만을 결제수단으로 사용할 때 적절한 소비수단은?

- 뮤지컬, OO테마파크 및 서점은 모두 B신용카드의 문화 관련업에 해당한다.
- 신용카드 1포인트는 1원이고, 문화상품권 1매는 1만 원으로 가정한다.
- 혜택을 금전으로 환산하여 액수가 많을수록 유리하다.
- 액수가 동일한 경우 할인혜택, 포인트 적립, 문화상품권 지급 순으로 유리하다.
- 혜택의 액수 및 혜택의 종류가 동일한 경우 혜택 부여시기가 빠를수록 유리하다(현장할인은 결제 즉시 할인되는 것을 말하며, 청구할인은 카드대금 청구 시 할인되는 것을 말한다).

〈수미의 소비상황〉

서점에서 여행서적(정가 각 3만 원) 3권과 DVD 1매(정가 1만 원)를 구입(직전 1개월간 A신용카드 사용금액은 15만 원이며, D신용카드는 가입 후 미사용 상태임)

〈각종 신용카드의 혜택〉

A신용카드	OO테마파크 이용시 본인과 동행 1인의 입장료의 20% 현장 할인(단, 직전 1개월간 A신용카드 사용금액이 30만 원 이상인 경우에 한함)
B신용카드	문화 관련 가맹업 이용시 총액의 10% 청구 할인(단, 할인되는 금액은 5만 원을 초과할 수 없음)
C신용카드	이용시마다 사용금액의 10%를 포인트로 즉시 적립. 사용금액이 10만 원을 초과하는 경우에는 사용금액의 20%를 포인트로 즉시 적립.
D신용카드	가입 후 2만 원 이상에 상당하는 도서류(DVD 포함) 구매시 최초 1회에 한하여 1만 원 상당의 문화상품권 증정(단, 문화상품권은 다음달 1일에 일괄 증정)

① A신용카드
② B신용카드
③ C신용카드
④ D신용카드

 수미 소비상황을 봤을 때 A신용카드 혜택이 없으며, B신용카드는 1만 원 청구할인, C신용카드는 1만 원 포인트 적립, D신용카드는 1만 원 문화상품권을 증정한다. 액수가 동일한 경우 할인혜택, 포인트 적립, 문화상품권 지급 순으로 유리하다고 했으므로 수미는 B신용카드를 선택한다.

17 다음 조건에 따를 때, 거짓말을 하는 나쁜 사람을 모두 고르면?

> • 5명은 착한 사람이 아니면 나쁜 사람이며 중간적인 성향은 없다.
> • 5명 중 3명은 항상 진실만을 말하는 착한 사람이고, 2명은 항상 거짓말만 하는 나쁜 사람이다.
> • 5명의 진술은 다음과 같다.
> – 주영 : 나는 착한 사람이다.
> – 영철 : 주영이가 착한 사람이면, 창진이도 착한 사람이다.
> – 혜미 : 창진이가 나쁜 사람이면, 주영이도 나쁜 사람이다.
> – 창진 : 민준이가 착한 사람이면, 주영이도 착한 사람이다.
> – 민준 : 주영이는 나쁜 사람이다.

① 주영, 창진   ② 영철, 민준
③ 주영, 민준   ④ 창진, 혜미

 주영이와 민준이의 진술이 모순이므로 둘 중에 하나는 거짓말을 하고 있다.
  ㉠ 주영이가 **참말**을 하고 민준이가 **거짓말**을 하는 경우 : 창진이의 진술은 민준이와 주영이가 동시에 착한 사람이 될 수 없으므로 거짓이다. 따라서 창진이가 나쁜 사람이면 주영이도 나쁜 사람이라는 혜미의 진술 또한 거짓이다. 따라서 2명이 거짓을 말한다는 조건에 모순된다.
  ㉡ 주영이가 **거짓말** 하고 민준이가 **참말**을 하는 경우 : 창진이의 진술은 민준이와 주영이가 동시에 착한 사람이 될 수 없으므로 거짓이다. 따라서 창진이가 나쁜 사람이면 주영이도 나쁜 사람이라는 혜미의 진술은 참이 되고 영철의 진술 또한 참이 된다. 따라서 거짓말을 하는 나쁜 사람은 주영이와 창진이다.

Answer⌐→ 16.②   17.①

18 다음은 특보의 종류 및 기준에 관한 자료이다. ⊙과 ⓒ의 상황에 어울리는 특보를 올바르게 짝지은 것은?

<특보의 종류 및 기준>

종류	주의보	경보
강풍	육상에서 풍속 14m/s 이상 또는 순간풍속 20m/s 이상이 예상될 때. 다만, 산지는 풍속 17m/s 이상 또는 순간풍속 25m/s 이상이 예상될 때	육상에서 풍속 21m/s 이상 또는 순간풍속 26m/s 이상이 예상될 때. 다만, 산지는 풍속 24m/s 이상 또는 순간풍속 30m/s 이상이 예상될 때
호우	6시간 강우량이 70mm 이상 예상되거나 12시간 강우량이 110mm 이상 예상될 때	6시간 강우량이 110mm 이상 예상되거나 12시간 강우량이 180mm 이상 예상될 때
태풍	태풍으로 인하여 강풍, 풍랑, 호우 현상 등이 주의보 기준에 도달할 것으로 예상될 때	태풍으로 인하여 풍속이 17m/s 이상 또는 강우량이 100mm 이상 예상될 때. 다만, 예상되는 바람과 비의 정도에 따라 아래와 같이 세분한다. 표: 바람(m/s): 3급 17~24, 2급 25~32, 1급 33이상 / 비(mm): 3급 100~249, 2급 250~399, 1급 400이상
폭염	6월~9월에 일최고기온이 33℃ 이상이고, 일최고열지수가 32℃ 이상인 상태가 2일 이상 지속될 것으로 예상될 때	6월~9월에 일최고기온이 35℃ 이상이고, 일최고열지수가 41℃ 이상인 상태가 2일 이상 지속될 것으로 예상될 때

⊙ 태풍이 남해안에 상륙하여 울산지역에 270mm의 비와 함께 풍속 26m/s의 바람이 예상된다.
ⓒ 지리산에 오후 3시에서 오후 9시 사이에 약 130mm의 강우와 함께 순간풍속 28m/s가 예상된다.

	⊙	ⓒ
①	태풍경보 1급	호우주의보
②	태풍경보 2급	호우경보+강풍주의보
③	태풍주의보	강풍주의보
④	태풍경보 2급	호우경보+강풍경보

 ⊙ : 태풍경보 표를 보면 알 수 있다. 비가 270mm이고 풍속 26m/s에 해당하는 경우는 태풍경보 2급이다.
ⓒ : 6시간 강우량이 130mm 이상 예상되므로 호우경보에 해당하며 산지의 경우 순간풍속 28m/s 이상이 예상되므로 강풍주의보에 해당한다.

▌19~20 ▌ 다음은 금융 관련 긴급상황 발생시 행동요령에 대한 내용이다. 이를 읽고 물음에 답하시오.

금융 관련 긴급상황 발생 행동요령

1. 신용카드 및 체크카드를 분실한 경우
   카드를 분실했을 경우 카드회사 고객센터에 분실신고를 하여야 한다.
   분실신고 접수일로부터 60일 전과 신고 이후에 발생한 부정 사용액에 대해서는 납부의무가 없다. 카드에 서명을 하지 않은 경우, 비밀번호를 남에게 알려준 경우, 카드를 남에게 빌려준 경우 등 카드 주인의 특별한 잘못이 있는 경우에는 보상을 하지 않는다.
   비밀번호가 필요한 거래(현금인출, 카드론, 전자상거래)의 경우 분실신고 전 발생한 제2자의 부정사용액에 대해서는 카드사가 책임을 지지 않는다. 그러나 저항할 수 없는 폭력이나 생명의 위협으로 비밀번호를 누설한 경우 등 카드회원의 과실이 없는 경우는 제외

2. 다른 사람의 계좌에 잘못 송금한 경우
   본인의 거래은행에 잘못 송금한 사실을 먼저 알린다. 전화로 잘못 송금한 사실을 말하고 거래은행 영업점을 방문해 착오입금반환의뢰서를 작성하면 된다.
   수취인과 연락이 되지 않거나 돈을 되돌려 주길 거부하는 경우에는 부당이득반환소송 등 법적 조치를 취하면 된다.

3. 대출사기를 당한 경우
   대출사기를 당했거나 대출수수료를 요구할 땐 경찰서, 금융감독원에 전화로 신고를 하여야 한다. 아니면 금감원 홈페이지 참여마당 → 금융범죄/비리/기타신고 → 불법 사금융 개인정보 불법유통 및 불법대출 중개수수료 피해신고 코너를 통해 신고하면 된다.

4. 신분증을 잃어버린 경우
   가까운 은행 영업점을 방문하여 개인정보 노출자 사고 예방 시스템에 등록을 한다. 신청인의 개인정보를 금융회사에 전파하여 신청인의 명의로 금융거래를 하면 금융회사가 본인확인을 거쳐 2차 피해를 예방한다.

19 만약 당신이 신용카드를 분실했을 경우 가장 먼저 취해야 할 행동으로 적절한 것은?

① 경찰서에 전화로 분실신고를 한다.

② 해당 카드회사에 전화로 분실신고를 한다.

③ 금융감독원에 분실신고를 한다.

④ 카드사에 전화를 걸어 카드를 해지한다.

 신용카드 및 체크카드를 분실한 경우 카드회사 고객센터에 분실신고를 하여야 한다.

Answer┏→ 18.② 19.②

20 매사 모든 일에 철두철미하기로 유명한 당신이 보이스피싱에 걸려 대출사기를 당했다고 느껴질 경우 당신이 취할 수 있는 가장 적절한 행동은?

① 가까운 은행을 방문하여 개인정보 노출자 사고 예방 시스템에 등록을 한다.

② 해당 거래 은행에 송금 사실을 전화로 알린다.

③ 경찰서나 금융감독원에 전화로 신고를 한다.

④ 법원에 부당이득반환소송을 청구한다.

 대출사기를 당했거나 대출수수료를 요구할 땐 경찰서, 금융감독원에 전화로 신고를 하여야 한다.

21 다음은 카지노를 경영하는 사업자에 대한 관광진흥개발기금 납부에 관한 규정이다. 카지노를 경영하는 甲은 연간 총매출액이 90억 원이며 기한 내 납부금으로 4억 원만을 납부했다. 다음 규정에 따를 경우 甲의 체납된 납부금에 대한 가산금은 얼마인가?

> 카지노를 경영하는 사업자는 아래의 징수비율에 해당하는 납부금을 '관광진흥개발기금'에 내야 한다. 만일 납부기한까지 납부금을 내지 않으면, 체납된 납부금에 대해서 100분의 3에 해당하는 가산금이 1회에 한하여 부과된다(다만, 가산금에 대한 연체료는 없다).
>
> 〈납부금 징수비율〉
> • 연간 총매출액이 10억 원 이하인 경우 : 총매출액의 100분의 1
> • 연간 총매출액이 10억 원을 초과하고 100억 원 이하인 경우 : 1천만 원+(총매출액 중 10억 원을 초과하는 금액의 100분의 5)
> • 연간 총매출액이 100억 원을 초과하는 경우 : 4억 6천만 원+(총매출액 중 100억 원을 초과하는 금액의 100분의 10)

① 30만 원   ② 90만 원

③ 160만 원   ④ 180만 원

 주어진 규정에 따를 경우 甲이 납부해야 하는 금액은 4억 1천만 원이다. 甲이 4억 원만을 납부했으므로 나머지 1천만 원에 대한 가산금을 계산하면 된다. 1천만 원의 100분의 3은 30만 원이다.

22 Z회사에 근무하는 7명의 직원이 교육을 받으려고 한다. 교육실에서 직원들이 앉을 좌석의 조건이 다음과 같을 때 직원 중 빈 자리 바로 옆 자리에 배정받을 수 있는 사람은?

〈교육실 좌석〉

첫 줄	A	B	C
중간 줄	D	E	F
마지막 줄	G	H	I

〈조건〉

• 직원은 강훈, 연정, 동현, 승만, 문성, 봉선, 승일 7명이다.
• 서로 같은 줄에 있는 좌석들끼리만 바로 옆자리일 수 있다.
• 봉선의 자리는 마지막 줄에 있다.
• 동현이의 자리는 승만이의 바로 옆자리이며, 또한 빈자리 바로 옆이다.
• 승만이의 자리는 강훈이의 바로 뒷자리이다.
• 문성이와 승일이는 같은 줄의 좌석을 배정받았다.
• 문성이나 승일이는 누구도 강훈이의 바로 옆자리에 배정받지 않았다.

① 승만   ② 문성
③ 연정   ④ 봉선

 주어진 조건을 정리해 보면 마지막 줄에는 봉선, 문성, 승일이가 앉게 되며 중간 줄에는 동현이와 승만이가 앉게 된다. 그러나 동현이가 승만이 바로 옆자리이며, 또한 빈자리가 바로 옆이라고 했으므로 승만이는 빈자리 옆에 앉지 못한다. 첫 줄에는 강훈와 연정이 앉게 되고 빈자리가 하나 있다. 따라서 연정이는 빈자리 옆에 배정받을 수 있다.

23 다음을 읽고 공장이 (나)의 전략을 선택하기 위한 조건을 〈보기〉에서 모두 고른 것은?

공장이 자사 상품의 재고량을 어느 수준으로 유지해야 하는가는 각 공장이 처한 상황에 따라 달라질 수 있다. 우선 그림 (가)에서는 공장이 생산량 수준을 일정하게 유지하면서 재고를 보유하는 경우를 나타낸다. 수요량에 맞추어 생산량을 변동하려면 노동자와 기계가 쉬거나 초과 근무를 하는 경우가 발생할 수 있으며, 이 경우 생산 비용이 상승할 수 있다. 따라서 공장은 생산량을 일정하게 유지하는 것을 선호하며, 이때 생산량과 수요량의 차이가 재고량을 결정한다. 즉 판매가 저조할 때에는 재고량이 늘고 판매가 활발할 때에는 재고량이 줄게 되는 것이다.

그런데 공장에 따라 그림 (나)와 같은 경우도 발견된다. 이러한 공장 등의 생산량과 수요량의 관계를 분석해 보면, 수요량이 증가할 때 생산량이 증가하고 수요량이 감소할 때 생산량도 감소하는 경향을 보이며, 생산량의 변동이 수요량의 변동에 비해 오히려 더 크다.

그림 (가)   그림 (나)

〈보기〉
㉠ (가)의 전략을 택하는 공장에 비해서 공장의 제품 생산 비용이 생산량에 의해 크게 영향을 받지 않는다.
㉡ (가)의 전략을 택하는 공장에 비해서 수요가 상승하는 추세에서 생산량 및 재고량이 수요량을 충족시키지 못하는 경우 시장 점유 측면에서 상대적으로 불리하다.
㉢ 가격과 품질 등 다른 조건이 동일한 상품에 대하여, 수요가 줄어드는 추세에서 발생한 재고에 따르는 추가적인 재고 관리 비용이 (가)의 전략을 선택하는 공장에 비해 더 크다.

① ㉠   ② ㉠, ㉢
③ ㉡, ㉢   ④ ㉠, ㉡, ㉢

 ㉠ 그림 (나)의 경우는 수요량에 맞추어 생산량을 결정하고 있다. 이러한 전략을 사용할 경우 지문의 내용처럼 '수요량에 맞추어 생산량을 변동하려면 노동자와 기계가 쉬거나 초과 근무를 하는 경우가 발생할 수 있으며, 이 경우 생산 비용이 상승할 수 있다. 만약 이러한 문제만 발생하지 않는다면 (나)와 같은 방법을 선택할 수 있다.
㉡ (나)의 전략은 수요량에 따라 생산량을 조정하는 것이기 때문에 만약 수요량을 재고량이나 생산량이 정상적으로 따라가지 못하는 경우에는 (나)는 제대로 된 전략이 될 수 없다.
㉢ (나)의 전략은 매번 수요에 따른 생산량을 결정하는 것이기 때문에 수요가 줄어드는 추세에서 가격과 품질 등 다른 조건이 동일한 상품에 대해서 재고관리가 (가)보다 어렵게 된다.

24 다음은 특정 월의 3개 원자력발전소에서 생산된 전력을 각각 다른 세 곳으로 전송한 내역을 나타낸 표이다. 다음 표에 대한 〈보기〉의 설명 중, 적절한 것을 모두 고른 것은 어느 것인가?

(단위 : 천 Mwh)

전송처 발전소	지역A	지역B	지역C
H발전소	150	120	180
G발전소	110	90	120
W발전소	140	170	70

〈보기〉

㈎ 생산 전력량은 H발전소가, 전송받은 전력량은 지역A가 가장 많다.

㈏ W발전소에서 지역A로 공급한 전력의 30%가 지역C로 전송되었더라면 전송받은 전력량의 지역별 순위는 바뀌게 된다.

㈐ H발전소에서 전송한 전력량을 세 지역 모두 10%씩 줄이게 되면 발전소별 생산 전력량 순위는 바뀌게 된다.

㈑ 발전소별 평균 전송한 전력량과 지역별 평균 전송받은 전력량 중, 100~150천 Mwh의 범위를 넘어서는 전력량은 없다.

① ㈏, ㈐, ㈑
② ㈎, ㈏, ㈑
③ ㈎, ㈐, ㈑
④ ㈎, ㈏, ㈐

 〈보기〉의 각 내용을 살펴보면 다음과 같다.

㈎ 생산 전력량은 순서대로 각각 450, 320, 380천 Mwh로 H발전소가, 전송받은 전력량은 순서대로 각각 400, 380, 370천 Mwh로 지역A가 가장 많다.

㈏ W발전소에서 지역A로 공급한 전력의 30%가 지역C로 전송된다는 것은 지역A로 전송된 전력량이 140→98천 Mwh, 지역C로 전송된 전력량이 70→112천 Mwh가 된다는 것이므로 이 경우, 전송받은 전력량 순위는 지역A와 지역C가 서로 바뀌게 된다.

㈐ H발전소에서 전송한 전력량을 세 지역 모두 10%씩 줄이면 450→405천 Mwh가 되어 발전소별 생산 전력량 순위는 바뀌지 않고 동일하게 된다.

㈑ 발전소별 평균 전송한 전력량은 순서대로 각각 450÷3=150, 320÷3=약 107, 380÷3=약 127천 Mwh이며, 지역별 평균 전송받은 전력량은 순서대로 각각 400÷3=약 133, 380÷3=약 127, 370÷3=약 123천 Mwh이므로 모든 평균값이 100~150천 Mwh의 범위 내에 있음을 알 수 있다.

Answer → 23.④ 24.②

25 다음 글과 상황을 근거로 판단할 때, A국 각 지역에 설치될 것으로 예상되는 풍력발전기 모델명을 바르게 짝지은 것은?

풍력발전기는 회전축의 방향에 따라 수평축 풍력발전기와 수직축 풍력발전기로 구분된다. 수평축 풍력발전기는 구조가 간단하고 설치가 용이하며 에너지 변환효율이 우수하다. 하지만 바람의 방향에 영향을 많이 받기 때문에 바람의 방향이 일정한 지역에만 설치가 가능하다. 수직축 풍력발전기는 바람의 방향에 영향을 받지 않아 바람의 방향이 일정하지 않은 지역에도 설치가 가능하며, 이로 인해 사막이나 평원에도 설치가 가능하다. 하지만 부품이 비싸고 수평축 풍력발전기에 비해 에너지 변환효율이 떨어진다는 단점이 있다. B사는 현재 4가지 모델의 풍력발전기를 생산하고 있다. 각 풍력발전기는 정격 풍속이 최대 발전량에 도달하며, 가동이 시작되면 최소 발전량 이상의 전기를 생산한다. 각 발전기의 특성은 아래와 같다.

모델명	U-50	U-57	U-88	U-93
시간당 최대 발전량(kW)	100	100	750	2,000
시간당 최소 발전량(kW)	20	20	150	400
발전기 높이(m)	50	68	80	84.7
회전축 방향	수직	수평	수직	수평

〈상황〉

A국은 B사의 풍력발전기를 X, Y, Z지역에 각 1기씩 설치할 계획이다. X지역은 산악지대로 바람의 방향이 일정하며, 최소 150kW 이상의 시간당 발전량이 필요하다. Y지역은 평원지대로 바람의 방향이 일정하지 않으며, 철새보호를 위해 발전기 높이는 70m 이하가 되어야 한다. Z지역은 사막지대로 바람의 방향이 일정하지 않으며, 주민 편의를 위해 정격 풍속에서 600kW 이상의 시간당 발전량이 필요하다. 복수의 모델이 각 지역의 조건을 충족할 경우, 에너지 변환효율을 높이기 위해 수평축 모델을 설치하기로 한다.

	X지역	Y지역	Z지역			X지역	Y지역	Z지역
①	U-88	U-50	U-88		②	U-88	U-57	U-93
③	U-93	U-50	U-88		④	U-93	U-50	U-93

㉠ X지역 : 바람의 방향이 일정하므로 수직·수평축 모두 사용할 수 있고, 최소 150kW 이상의 시간당 발전량이 필요하므로 U-88과 U-93 중 하나를 설치해야 한다. 에너지 변환효율을 높이기 위해 수평축 모델인 U-93을 설치한다.
㉡ Y지역 : 수직축 모델만 사용 가능하며, 높이가 70m 이하인 U-50만 설치 가능하다.
㉢ Z지역 : 수직축 모델만 사용 가능하며, 정격 풍속이 600kW 이상의 시간당 발전량을 갖는 U-88만 설치 가능하다.

26 다음 제시문을 읽고 바르게 추론한 것을 〈보기〉에서 모두 고른 것은?

> A회사에서는 1,500명의 소속직원들이 마실 생수를 구입하기로 하였다. 모든 조건이 동일한 두 개의 생수회사가 최종 경쟁을 하게 되었다. 구입 담당자는 직원들에게 시음하게 하여 직원들이 가장 좋아하는 생수를 선정하고자 하였다. 다음과 같은 절차를 통하여 구입 담당자가 시음회를 주관하였다.
> • 직원들로부터 더 많이 선택 받은 생수회사를 최종적으로 선정한다.
> • 생수 시음회 참여를 원하는 직원을 대상으로 신청자를 접수하고 그 중 남자 15명과 여자 15명을 무작위로 선정하였다.
> • 두 개의 컵을 마련하여 하나는 1로 표기하고 다른 하나는 2로 표기하여 회사이름을 가렸다.
> • 참가직원들은 1번 컵의 생수를 마신 후 2번 컵의 생수를 마시고 둘 중 어느 쪽을 선호하는지 표시하였다.

> 〈보기〉
> ㉠ 참가자들이 특정 번호를 선호할 가능성을 고려하지 못하였다.
> ㉡ 참가자가 무작위로 선정되었으므로 전체 직원에 대한 대표성이 확보되었다.
> ㉢ 참가자의 절반은 2번 컵을 먼저 마시고 1번 컵을 나중에 마시도록 했어야 한다.
> ㉣ 우리나라의 남녀 비율이 50대 50이므로 남자직원과 여자직원을 동수로 뽑은 것은 적절하였다.

① ㉠, ㉡   ② ㉠, ㉢

③ ㉡, ㉢   ④ ㉡, ㉣

 ㉡ 참가자는 무작위로 선정한 것이 아니라 시음회의 참여를 원하는 직원을 대상으로 선정하였기 때문에 전체 직원에 대한 대표성이 확보되었다고 보기는 어렵다.
㉣ 대표성을 확보하기 위해서는 우리나라의 남녀 비율이 아닌 A회사의 남녀 비율을 고려하여 선정하는 것이 더 적절하다.

Answer ⤷ 25.③ 26.②

도서출판 서원각에 근무하는 K씨는 고객으로부터 9급 건축직 공무원 추천도서를 요청받았다. K씨는 도서를 추천하기 위해 다음과 같은 9급 건축직 발행도서의 종류와 특성을 참고하였다.

K씨 : 감사합니다. 도서출판 서원각입니다.
고객 : 9급 공무원 건축직 관련 도서 추천을 좀 받고 싶습니다.
K씨 : 네, 어떤 종류의 도서를 원하십니까?
고객 : 저는 기본적으로 이론은 대학에서 전공을 했습니다. 그래서 많은 예상문제를 풀 수 있는 것이 좋습니다.
K씨 : 아. 문제가 많은 것이라면 딱 잘라서 말씀드리기가 어렵습니다.
고객 : 알아요. 그래도 적당히 가격도 그리 높지 않고 예상문제가 많이 들어 있는 것이면 됩니다.
K씨 : 네. 알겠습니다. 많은 예상문제풀이가 가능한 것 외에는 다른 필요한 사항은 없으십니까?
고객 : 가급적이면 20,000원 이하가 좋을 듯 합니다.

도서명	예상문제 문항 수	기출문제 수	이론 유무	가격
실력평가모의고사	400	120	무	18,000
전공문제집	500	160	유	25,000
문제완성	600	40	무	20,000
합격선언	300	200	유	24,000

27 다음 중 K씨가 고객의 요구에 맞는 도서를 추천해 주기 위해 가장 우선적으로 고려해야 하는 특성은 무엇인가?

① 기출문제 수
② 이론 유무
③ 가격
④ 예상문제 문항 수

 고객은 많은 문제를 풀어보기를 원하므로 우선적으로 예상문제의 수가 많은 것을 찾아야 한다.

28 고객의 요구를 종합적으로 반영하였을 때 많은 문제와 가격을 맞춘 가장 적당한 도서는?

① 실력평가모의고사   ② 전공문제집

③ 문제완성   ④ 합격선언

 고객의 요구인 20,000원 가격선과 예상문제의 수가 많은 도서는 문제완성이 된다.

29 다음 대화를 보고 추론할 수 없는 내용은?

> 지수 : 역시! 날짜를 바꾸지 않고 오늘 오길 잘한 것 같아. 비가 오기는커녕 구름 한 점 없는 날씨잖아!
> 민지 : 맞아. 여전히 뉴스의 일기예보는 믿을 수가 없다니까.
> 지수 : 그나저나 이 놀이기구에는 키 제한이 있어. 성희야, 네 아들 성식이는 이제 막 100cm가 넘었지? 그럼 이건 성식이랑 같이 탈 수 없겠네. 민지가 이게 꼭 타고 싶다고 해서 여기로 온 거잖아. 어떡하지?
> 성희 : 어쩔 수 없지. 너희가 이 놀이기구를 타는 동안 나랑 성식이는 사파리에 갔다 올게.
> 성식 : 신난다!! 사파리에 가면 호랑이도 볼 수 있어??
> 성희 : 그래. 호랑이도 있을 거야.
> 지수 : 성식이는 좋겠네. 엄마랑 호랑이보면서 이따가 점심 때 뭘 먹을지도 생각해봐.
> 민지 : 그러는 게 좋겠다. 그럼 30분 뒤에 동문 시계탑 앞에서 만나자. 잊으면 안 돼! 동문 시계탑이야. 저번처럼 다른 곳 시계탑으로 착각하면 안 돼. 오늘은 성식이도 있잖아. 헤매면 곤란해.
> 성희 : 알겠어. 내가 길치이긴 하지만 동쪽과 서쪽 정도는 구분할 수 있어. 지도도 챙겼으니까 걱정하지 않아도 돼.

① 호랑이를 좋아하는 성식이는 성희의 아들이다.

② 지수와 민지가 타려는 놀이기구는 키가 110cm 이상이 되어야 탈 수 있다.

③ 놀이공원의 서문 쪽에도 시계탑이 있다.

④ 일기예보에서는 오늘 비가 온다고 보도했었고, 이들은 약속날짜를 바꾸려고 했었다.

 ② 주어진 대화에는 놀이기구에 키 제한이 있고, 성식이의 키는 이제 100cm를 넘었다는 정보는 있지만, 키 제한이 정확히 얼마인지에 대한 정보는 나와 있지 않다.

Answer↱ 27.④   28.③   29.②

30 다음은 주식회사 서원각의 팀별 성과급 지급 기준이다. Y팀의 성과평가결과가 다음과 같다면 지급되는 성과급의 1년 총액은?

〈성과급 지급 방법〉

(가) 성과급 지급은 성과평가 결과와 연계함.

(나) 성과평가는 유용성, 안전성, 서비스 만족도의 총합으로 평가함. 단, 유용성, 안전성, 서비스 만족도의 가중치를 각각 0.4, 0.4, 0.2로 부여함.

(다) 성과평가 결과를 활용한 성과급 지급 기준은 다음과 같음.

성과평가 점수	성과평가 등급	분기별 성과급 지급액	비고
9.0 이상	A	100만 원	성과평가 등급이 A이면 직전분기 차감액의 50%를 가산하여 지급
8.0 이상 9.0 미만	B	90만 원 (10만 원 차감)	
7.0 이상 8.0 미만	C	80만 원 (20만 원 차감)	
7.0 미만	D	40만 원 (60만 원 차감)	

구분	1/4 분기	2/4 분기	3/4 분기	4/4 분기
유용성	8	8	10	8
안전성	8	6	8	8
서비스 만족도	6	8	10	8

① 350만 원
② 360만 원
③ 370만 원
④ 380만 원

 먼저 아래 표를 항목별로 가중치를 부여하여 계산하면,

구분	1/4 분기	2/4 분기	3/4 분기	4/4 분기
유용성	$8 \times \frac{4}{10} = 3.2$	$8 \times \frac{4}{10} = 3.2$	$10 \times \frac{4}{10} = 4.0$	$8 \times \frac{4}{10} = 3.2$
안전성	$8 \times \frac{4}{10} = 3.2$	$6 \times \frac{4}{10} = 2.4$	$8 \times \frac{4}{10} = 3.2$	$8 \times \frac{4}{10} = 3.2$
서비스 만족도	$6 \times \frac{2}{10} = 1.2$	$8 \times \frac{2}{10} = 1.6$	$10 \times \frac{2}{10} = 2.0$	$8 \times \frac{2}{10} = 1.6$
합계	7.6	7.2	9.2	8
성과평가 등급	C	C	A	B
성과급 지급액	80만 원	80만 원	110만 원	90만 원

성과평가 등급이 A이면 직전분기 차감액의 50%를 가산하여 지급한다고 하였으므로, 3/4분기의 성과급은 직전분기 차감액 20만 원의 50%인 10만 원을 가산하여 지급한다.

∴ $80 + 80 + 110 + 90 = 360$(만 원)

Answer → 30.②

05 기술능력

1 기술과 기술능력

(1) 기술과 과학

① 노하우(know-how)와 노와이(know-why)

　　㉠ 노하우 : 특허권을 수반하지 않는 과학자, 엔지니어 등이 가지고 있는 체화된 기술로 경험적이고 반복적인 행위에 의해 얻어진다.

　　㉡ 노와이 : 기술이 성립하고 작용하는가에 관한 원리적 측면에 중심을 둔 개념으로 이론적인 지식으로서 과학적인 탐구에 의해 얻어진다.

② 기술의 특징

　　㉠ 하드웨어나 인간에 의해 만들어진 비자연적인 대상, 혹은 그 이상을 의미한다.

　　㉡ 기술은 노하우(know-how)를 포함한다.

　　㉢ 기술은 하드웨어를 생산하는 과정이다.

　　㉣ 기술은 인간의 능력을 확장시키기 위한 하드웨어와 그것의 활용을 뜻한다.

　　㉤ 기술은 정의 가능한 문제를 해결하기 위해 순서화되고 이해 가능한 노력이다.

③ 기술과 과학 … 기술은 과학과 같이 추상적 이론보다는 실용성, 효용, 디자인을 강조하고 과학은 그 반대로 추상적 이론, 지식을 위한 지식, 본질에 대한 이해를 강조한다.

(2) 기술능력

① 기술능력과 기술교양 … 기술능력은 기술교양의 개념을 보다 구체화시킨 개념으로, 기술교양은 모든 사람들이 광범위한 관점에서 기술의 특성, 기술적 행동, 기술의 힘, 기술의 결과에 대해 어느 정도의 지식을 가지는 것을 의미한다.

② 기술능력이 뛰어난 사람의 특징

　　㉠ 실질적 해결을 필요로 하는 문제를 인식한다.

　　㉡ 인식된 문제를 위한 다양한 해결책을 개발하고 평가한다.

　　㉢ 실제적 문제를 해결하기 위해 지식이나 기타 자원을 선택 · 최적화시키며 적용한다.

② 주어진 한계 속에서 제한된 자원을 가지고 일한다.

⑩ 기술적 해결에 대한 효용성을 평가한다.

ⓑ 여러 상황 속에서 기술의 체계와 도구를 사용하고 배울 수 있다.

예제 1

Y그룹 기술연구소에 근무하는 정호는 연구 역량 강화를 위한 업계 워크숍에 참석해 기술 능력이 뛰어난 사람의 특징에 대해 기조 발표를 하려고 한다. 다음 중 정호가 발표에 포함시킬 내용으로 옳지 않은 것은?

① 기술의 체계와 같은 무형의 기술에 대한 능력과는 무관하다.
② 주어진 한계 속에서 제한된 자원을 가지고 일한다.
③ 기술적 해결에 대한 효용성을 평가한다.
④ 실질적 해결을 필요로 하는 문제를 인식한다.

출제의도

기술능력이 뛰어난 사람의 특징에 대해 묻는 문제로 문제의 길이가 길 경우 그 속에 포함된 핵심 어구를 찾는다면 쉽게 풀 수 있는 문제다.

해 설

① 여러 상황 속에서 기술의 체계와 도구를 사용하고 배울 수 있다.

답 ①

---

③ 새로운 기술능력 습득방법

　㉠ 전문 연수원을 통한 기술과정 연수

　㉡ E-learning을 활용한 기술교육

　㉢ 상급학교 진학을 통한 기술교육

　㉣ OJT를 활용한 기술교육

(3) 분야별 유망 기술 전망

① 전기전자정보공학분야 … 지능형 로봇 분야

② 기계공학분야 … 하이브리드 자동차 기술

③ 건설환경공학분야 … 지속가능한 건축 시스템 기술

④ 화학생명공학분야 … 재생에너지 기술

(4) 지속가능한 기술

① 지속가능한 발전 … 지금 우리의 현재 욕구를 충족시키면서 동시에 후속 세대의 욕구 충족을 침해하지 않는 발전

② 지속가능한 기술

　㉠ 이용 가능한 자원과 에너지를 고려하는 기술

ⓛ 자원이 사용되고 그것이 재생산되는 비율의 조화를 추구하는 기술

ⓒ 자원의 질을 생각하는 기술

ⓔ 자원이 생산적인 방식으로 사용되는가에 주의를 기울이는 기술

(5) 산업재해

① 산업재해란 산업 활동 중의 사고로 인해 사망하거나 부상을 당하고, 또는 유해 물질에 의한 중독 등으로 직업성 질환에 걸리거나 신체적 장애를 가져오는 것을 말한다.

② 산업 재해의 기본적 원인

ⓐ 교육적 원인 : 안전 지식의 불충분, 안전 수칙의 오해, 경험이나 훈련의 불충분과 작업관리자의 작업 방법의 교육 불충분, 유해 위험 작업 교육 불충분 등

ⓑ 기술적 원인 : 건물·기계 장치의 설계 불량, 구조물의 불안정, 재료의 부적합, 생산 공정의 부적당, 점검·정비·보존의 불량 등

ⓒ 작업 관리상 원인 : 안전 관리 조직의 결함, 안전 수칙 미제정, 작업 준비 불충분, 인원 배치 및 작업 지시 부적당 등

예제 2

다음은 철재가 알아낸 산업재해 원인과 관련된 자료이다. 다음 자료에 해당하는 산업재해의 기본적인 원인은 무엇인가?

2015년 산업재해 현황분석 자료에 따른 사망자의 수

(단위 : 명)

사망원인	사망자 수
안전 지식의 불충분	120
안전 수칙의 오해	56
경험이나 훈련의 불충분	73
작업관리자의 작업방법 교육 불충분	28
유해 위험 작업 교육 불충분	91
기타	4

출처 : 고용노동부 2015 산업재해 현황분석

① 정책적 원인　　　　　② 작업 관리상 원인
③ 기술적 원인　　　　　④ 교육적 원인

출제의도

산업재해의 원인은 크게 기본적 원인과 직접적 원인으로 나눌 수 있고 이들 원인은 다시 여러 개의 세부 원인들로 나뉜다. 표에 나와 있는 각각의 원인들이 어디에 속하는지 잘 구분할 수 있어야 한다.

해　설

④ 안전 지식의 불충분, 안전 수칙의 오해, 경험이나 훈련의 불충분, 작업관리자의 작업 방법 교육 불충분, 유해 위험 작업 교육 불충분 등은 산업재해의 기본적 원인 중 교육적 원인에 해당한다.

답 ④

③ 산업 재해의 직접적 원인

    ㉠ 불안전한 행동 : 위험 장소 접근, 안전장치 기능 제거, 보호 장비의 미착용 및 잘못 사용, 운전 중인 기계의 속도 조작, 기계·기구의 잘못된 사용, 위험물 취급 부주의, 불안전한 상태 방치, 불안전한 자세와 동장, 감독 및 연락 잘못 등

    ㉡ 불안전한 상태 : 시설물 자체 결함, 전기 기설물의 누전, 구조물의 불안정, 소방기구의 미확보, 안전 보호 장치 결함, 복장·보호구의 결함, 시설물의 배치 및 장소 불량, 작업 환경 결함, 생산 공정의 결함, 경계 표시 설비의 결함 등

④ 산업 재해의 예방 대책

    ㉠ 안전 관리 조직 : 경영자는 사업장의 안전 목표를 설정하고, 안전 관리 책임자를 선정해야 하며, 안전 관리 책임자는 안전 계획을 수립하고, 이를 시행·후원·감독해야 한다.

    ㉡ 사실의 발견 : 사고 조사, 안전 점검, 현장 분석, 작업자의 제안 및 여론 조사, 관찰 및 보고서 연구, 면담 등을 통하여 사실을 발견한다.

    ㉢ 원인 분석 : 재해의 발생 장소, 재해 형태, 재해 정도, 관련 인원, 직원 감독의 적절성, 공구 및 장비의 상태 등을 정확히 분석한다.

    ㉣ 시정책의 선정 : 원인 분석을 토대로 적절한 시정책, 즉 기술적 개선, 인사 조정 및 교체, 교육, 설득, 호소, 공학적 조치 등을 선정한다.

    ㉤ 시정책 적용 및 뒤처리 : 안전에 대한 교육 및 훈련 실시, 안전시설과 장비의 결함 개선, 안전 감독 실시 등의 선정된 시정책을 적용한다.

② 기술능력을 구성하는 하위능력

(1) 기술이해능력

① 기술시스템

    ㉠ 개념 : 기술시스템은 인공물의 집합체만이 아니라 회사, 투자회사, 법적 제도, 정치, 과학, 자연 자원을 모두 포함하는 것이기 때문에, 기술적인 것(the technical)과 사회적인 것(the social)이 결합해서 공존한다.

    ㉡ 기술시스템의 발전 단계 : 발명·개발·혁신의 단계 → 기술 이전의 단계 → 기술 경쟁의 단계 → 기술 공고화 단계

② 기술혁신

　㉠ 기술혁신의 특성

- 기술혁신은 그 과정 자체가 매우 불확실하고 장기간의 시간을 필요로 한다.
- 기술혁신은 지식 집약적인 활동이다.
- 혁신 과정의 불확실성과 모호함은 기업 내에서 많은 논쟁과 갈등을 유발할 수 있다.
- 기술혁신은 조직의 경계를 넘나드는 특성을 갖고 있다.

　㉡ 기술혁신의 과정과 역할

기술혁신 과정	혁신 활동	필요한 자질과 능력
아이디어 창안	• 아이디어를 창출하고 가능성을 검증 • 일을 수행하는 새로운 방법 고안 • 혁신적인 진보를 위한 탐색	• 각 분야의 전문지식 • 추상화와 개념화 능력 • 새로운 분야의 일을 즐김
챔피언	• 아이디어의 전파 • 혁신을 위한 자원 확보 • 아이디어 실현을 위한 헌신	• 정력적이고 위험을 감수함 • 아이디어의 응용에 관심
프로젝트 관리	• 리더십 발휘 • 프로젝트의 기획 및 조직 • 프로젝트의 효과적인 진행 감독	• 의사결정 능력 • 업무 수행 방법에 대한 지식
정보 수문장	• 조직외부의 정보를 내부 구성원들에게 전달 • 조직 내 정보원 기능	• 높은 수준의 기술적 역량 • 원만한 대인 관계 능력
후원	• 혁신에 대한 격려와 안내 • 불필요한 제약에서 프로젝트 보호 • 혁신에 대한 자원 획득을 지원	• 조직의 주요 의사결정에 대한 영향력

(2) 기술선택능력

① 기술선택 … 기업이 어떤 기술을 외부로부터 도입하거나 자체 개발하여 활용할 것인가를 결정하는 것이다.

　㉠ 기술선택을 위한 의사결정

- 상향식 기술선택 : 기업 전체 차원에서 필요한 기술에 대한 체계적인 분석이나 검토 없이 연구자나 엔지니어들이 자율적으로 기술을 선택하는 것
- 하향식 기술선택 : 기술경영진과 기술기획담당자들에 의한 체계적인 분석을 통해 기업이 획득해야 하는 대상기술과 목표기술수준을 결정하는 것

ⓛ 기술선택을 위한 절차

외부환경분석
↓
중장기 사업목표 설정 → 사업 전략 수립 → 요구기술 분석 → 기술전략 수립 → 핵심기술 선택
↓
내부 역량 분석

- 외부환경분석 : 수요변화 및 경쟁자 변화, 기술 변화 등 분석
- 중장기 사업목표 설정 : 기업의 장기비전, 중장기 매출목표 및 이익목표 설정
- 내부 역량 분석 : 기술능력, 생산능력, 마케팅/영업능력, 재무능력 등 분석
- 사업 전략 수립 : 사업 영역결정, 경쟁 우위 확보 방안 수립
- 요구기술 분석 : 제품 설계/디자인 기술, 제품 생산공정, 원재료/부품 제조기술 분석
- 기술전략 수립 : 기술획득 방법 결정

ⓒ 기술선택을 위한 우선순위 결정
- 제품의 성능이나 원가에 미치는 영향력이 큰 기술
- 기술을 활용한 제품의 매출과 이익 창출 잠재력이 큰 기술
- 쉽게 구할 수 없는 기술
- 기업 간에 모방이 어려운 기술
- 기업이 생산하는 제품 및 서비스에 보다 광범위하게 활용할 수 있는 기술
- 최신 기술로 진부화될 가능성이 적은 기술

예제 3

주현은 건설회사에 근무하면서 프로젝트 관리를 한다. 얼마 전 대규모 프로젝트에 참가한 한 하청업체가 중간 보고회를 열고 다음과 같이 자신들이 이번 프로젝트의 성공적 마무리를 위해 노력하고 있음을 설명하고 있다. 다음 중 총괄책임자로서 주현이 하청업체의 올바른 추진 방향으로 인정해줘야 하는 부분으로 바르게 묶인 것은?

> ⊙ 정부 및 환경단체가 요구하는 성과평가의 실천 방안을 연구하여 반영하고 있습니다.
> ⓛ 이번 프로젝트 성공을 위해 기술적 효용과 함께 환경적 효용도 추구하고 있습니다.
> ⓒ 오염 예방을 위한 청정 생산기술을 진단하고 컨설팅하면서 협력회사와 연대하고 있습니다.
> ⓔ 환경영향평가에 대해서는 철저한 사후평가 방식으로 진행하고 있습니다.

① ⊙ⓛⓒ   ② ⊙ⓛⓔ
③ ⊙ⓒⓔ   ④ ⓛⓒⓔ

답 ①

예제 4

주현은 건설회사에 근무하면서 프로젝트 관리를 한다. 얼마 전 대규모 프로젝트에 참가한 한 하청업체가 중간 보고회를 열고 다음과 같이 자신들이 이번 프로젝트의 성공적 마무리를 위해 노력하고 있음을 설명하고 있다. 다음 중 총괄책임자로서 주현이 하청업체의 올바른 추진 방향으로 인정해줘야 하는 부분으로 바르게 묶인 것은?

> ㉠ 정부 및 환경단체가 요구하는 성과평가의 실천 방안을 연구하여 반영하고 있습니다.
> ㉡ 이번 프로젝트 성공을 위해 기술적 효용과 함께 환경적 효용도 추구하고 있습니다.
> ㉢ 오염 예방을 위한 청정 생산기술을 진단하고 컨설팅하면서 협력회사와 연대하고 있습니다.
> ㉣ 환경영향평가에 대해서는 철저한 사후평가 방식으로 진행하고 있습니다.

① ㉠㉡㉢
② ㉠㉡㉣
③ ㉠㉢㉣
④ ㉡㉢㉣

출제의도

실제 현장에서 사용하는 기술들에 대해 바람직한 평가요소는 무엇인지 묻는 문제다.

해 설

㉣ 환경영향평가에 대해서는 철저한 사전평가 방식으로 진행해야 한다.

답 ①

② 벤치마킹

㉠ 벤치마킹의 종류

기준	종류
비교대상에 따른 분류	• 내부 벤치마킹 : 같은 기업 내의 다른 지역, 타 부서, 국가 간의 유사한 활동을 비교대상으로 함 • 경쟁적 벤치마킹 : 동일 업종에서 고객을 직접적으로 공유하는 경쟁기업을 대상으로 함 • 비경쟁적 벤치마킹 : 제품, 서비스 및 프로세스의 단위 분야에 있어 가장 우수한 실무를 보이는 비경쟁적 기업 내의 유사 분야를 대상으로 함 • 글로벌 벤치마킹 : 프로세스에 있어 최고로 우수한 성과를 보유한 동일업종의 비경쟁적 기업을 대상으로 함
수행방식에 따른 분류	• 직접적 벤치마킹 : 벤치마킹 대상을 직접 방문하여 수행하는 방법 • 간접적 벤치마킹 : 인터넷 및 문서형태의 자료를 통해서 수행하는 방법

㉡ 벤치마킹의 주요 단계

• 범위결정 : 벤치마킹이 필요한 상세 분야를 정의하고 목표와 범위를 결정하며 벤치마킹을 수행할 인력들을 결정

• 측정범위 결정 : 상세분야에 대한 측정항목을 결정하고, 측정항목이 벤치마킹의 목표를 달성하는 데 적정한가를 검토

- 대상 결정 : 비교분석의 대상이 되는 기업/기관들을 결정하고, 대상 후보별 벤치마킹 수행의 타당성을 검토하여 최종적인 대상 및 대상별 수행방식을 결정
- 벤치마킹 : 직접 또는 간접적인 벤치마킹을 진행
- 성과차이 분석 : 벤치마킹 결과를 바탕으로 성과차이를 측정항목별로 분석
- 개선계획 수립 : 성과차이에 대한 원인 분석을 진행하고 개선을 위한 성과목표를 결정하며, 성과목표를 달성하기 위한 개선계획을 수립
- 변화 관리 : 개선목표 달성을 위한 변화사항을 지속적으로 관리하고, 개선 후 변화사항과 예상했던 변화 사항을 비교

③ 매뉴얼 … 매뉴얼의 사전적 의미는 어떤 기계의 조작 방법을 설명해 놓은 사용 지침서이다.

   ㉠ 매뉴얼의 종류

- 제품 매뉴얼 : 사용자를 위해 제품의 특징이나 기능 설명, 사용방법과 고장 조치방법, 유지 보수 및 A/S, 폐기까지 제품에 관련된 모든 서비스에 대해 소비자가 알아야 할 모든 정보를 제공하는 것
- 업무 매뉴얼 : 어떤 일의 진행 방식, 지켜야할 규칙, 관리상의 절차 등을 일관성 있게 여러 사람이 보고 따라할 수 있도록 표준화하여 설명하는 지침서

   ㉡ 매뉴얼 작성을 위한 Tip

- 내용이 정확해야 한다.
- 사용자가 알기 쉽게 쉬운 문장으로 쓰여야 한다.
- 사용자의 심리적 배려가 있어야 한다.
- 사용자가 찾고자 하는 정보를 쉽게 찾을 수 있어야 한다.
- 사용하기 쉬워야 한다.

(3) 기술적용능력

① 기술적용

   ㉠ 기술적용 형태

- 선택한 기술을 그대로 적용한다.
- 선택한 기술을 그대로 적용하되, 불필요한 기술은 과감히 버리고 적용한다.
- 선택한 기술을 분석하고 가공하여 활용한다.

   ㉡ 기술적용 시 고려 사항

- 기술적용에 따른 비용이 많이 드는가?
- 기술의 수명 주기는 어떻게 되는가?
- 기술의 전략적 중요도는 어떻게 되는가?
- 잠재적으로 응용 가능성이 있는가?

② 기술경영자와 기술관리자

　㉠ 기술경영자에게 필요한 능력

- 기술을 기업의 전반적인 전략 목표에 통합시키는 능력
- 빠르고 효과적으로 새로운 기술을 습득하고 기존의 기술에서 탈피하는 능력
- 기술을 효과적으로 평가할 수 있는 능력
- 기술 이전을 효과적으로 할 수 있는 능력
- 새로운 제품개발 시간을 단축할 수 있는 능력
- 크고 복잡하고 서로 다른 분야에 걸쳐 있는 프로젝트를 수행할 수 있는 능력
- 조직 내의 기술 이용을 수행할 수 있는 능력
- 기술 전문 인력을 운용할 수 있는 능력

예제 5

다음은 기술경영자의 어떤 부분을 이야기하고 있는가?

> 어떤 일을 마무리하는 데 있어서 6개월의 시간이 걸린다면 그는 그 일을 한 달 안으로 끝낼 것을 원한다. 그에게 강한 밀어붙임을 경험한 사람들은 그에 대해 비판적인 입장을 취하기도 한다. 그의 직원 중 일부는 그 무게를 이겨내지 못하고, 다른 일부의 직원들은 그것을 스스로 더욱 열심히 할 수 있는 자극제로 사용한다고 말한다.

① 빠르고 효과적으로 새로운 기술을 습득하는 능력
② 기술 이전을 효과적으로 할 수 있는 능력
③ 기술 전문 인력을 운용할 수 있는 능력
④ 조직 내의 기술 이용을 수행할 수 있는 능력

출제의도

해당 사례가 기술경영자에게 필요한 능력 중 무엇에 해당하는 내용인지 묻는 문제로 각 능력에 대해 확실하게 이해하고 있어야 한다.

해 설

③ 기술경영자는 기술 전문 인력을 운용함에 있어 강한 리더십을 발휘하고 직원 스스로 움직일 수 있게 이끌 수 있어야 한다.

답 ③

　㉡ 기술관리자에게 필요한 능력

- 기술을 운용하거나 문제 해결을 할 수 있는 능력
- 기술직과 의사소통을 할 수 있는 능력
- 혁신적인 환경을 조성할 수 있는 능력
- 기술적, 사업적, 인간적인 능력을 통합할 수 있는 능력
- 시스템적인 관점
- 공학적 도구나 지원방식에 대한 이해 능력
- 기술이나 추세에 대한 이해 능력
- 기술팀을 통합할 수 있는 능력

③ 네트워크 혁명

　㉠ 네트워크 혁명의 3가지 법칙

　　• 무어의 법칙 : 컴퓨터의 파워가 18개월마다 2배씩 증가한다는 법칙

　　• 메트칼피의 법칙 : 네트워크의 가치는 사용자 수의 제곱에 비례한다는 법칙

　　• 카오의 법칙 : 창조성은 네트워크에 접속되어 있는 다양한 지수함수로 비례한다는 법칙

　㉡ 네트워크 혁명의 역기능 : 디지털 격차(digital divide), 정보화에 따른 실업의 문제, 인터넷 게임과
　　채팅 중독, 범죄 및 반사회적인 사이트의 활성화, 정보기술을 이용한 감시 등

예제 6

직표는 J그룹의 기술연구팀에서 근무하고 있는데 하루는 공정 개선 워크숍이 열려 최근 사내에서 이슈로 떠오른 신 제조공법의 도입과 관련해 토론을 벌이고 있다. 신 제조공법 도입으로 인한 이해득실에 대해 의견이 분분한 가운데 직표가 할 수 있는 발언으로 옳지 않은 것은?

① "기술의 수명 주기뿐만 아니라 기술의 전략적 중요성과 잠재적 응용 가능성 등도 따져봐야 합니다."
② "다른 것은 그냥 넘어가도 되지만 기계 교체로 인한 막대한 비용만큼은 철저히 고려해야 합니다."
③ "신 제조공법 도입이 우리 회사의 어떤 시장 전략과 연관되어 있는지 궁금합니다."
④ "신 제조공법의 수명을 어떻게 예상하고 있는지 알고 싶군요."

출제의도

기술적용능력에 대해 포괄적으로 묻는 문제로 신기술 적용 시 중요하게 생각해야 할 요소로는 무엇이 있는지 파악하고 있어야 한다.

해 설

② 기계 교체로 인한 막대한 비용뿐만 아니라 신 기술도입과 관련된 모든 사항에 대해 사전에 철저히 고려해야 한다.

답 ②

1 다음은 장식품 제작 공정을 나타낸 것이다. 이에 대한 설명으로 옳은 것만을 〈보기〉에서 있는 대로 고른 것은? (단, 주어진 조건 이외의 것은 고려하지 않는다)

〈조건〉
- A ~ E의 모든 공정 활동을 거쳐 제품이 생산되며, 제품 생산은 A 공정부터 시작된다.
- 각 공정은 공정 활동별 한 명의 작업자가 수행하며, 공정 간 부품의 이동 시간은 고려하지 않는다.

〈작업순서〉

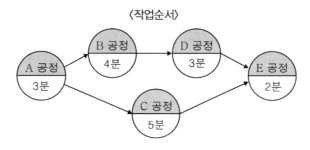

※ →는 작업의 선후 관계를 나타냄.

〈보기〉
㉠ 첫 번째 완제품은 생산 시작 12분 후에 완성된다.
㉡ 제품은 최초 생산 후 매 3분마다 한 개씩 생산될 수 있다.
㉢ C 공정의 소요 시간이 2분 지연되어도 첫 번째 완제품을 생산하는 총소요시간은 변화가 없다.

① ㉠
② ㉡
③ ㉠, ㉢
④ ㉡, ㉢

 ㉡ 최초 제품 생산 후 4분이 경과하면 두 번째 제품이 생산된다.
A 공정에서 E 공정까지 첫 번째 완제품을 생산하는 데 소요되는 시간은 12분이다. C 공정의 소요 시간이 2분 지연되어도 동시에 진행되는 B 공정과 D 공정의 시간이 7분이므로, 총소요시간에는 변화가 없다.

Answer⟶ 1.③

2 다음은 ISBN 코드와 13자리 번호체계를 설명하는 자료이다. 다음 내용을 참고로 할 때, 빈 칸 'A'에 들어갈 마지막 '체크기호'의 숫자는?

ISBN 978-3-16-148410-0

50999>

9 783161 484100

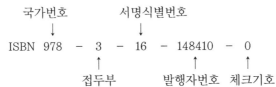

국가번호   서명식별번호
↓   ↓
ISBN 978 − 3 − 16 − 148410 − 0
       ↑   ↑   ↑
접두부   발행자번호   체크기호

〈체크기호 계산법〉

1단계 – ISBN 처음 12자리 숫자에 가중치 1과 3을 번갈아 가며 곱한다.

2단계 – 각 가중치를 곱한 값들의 합을 계산한다.

3단계 – 가중치의 합을 10으로 나눈다.

4단계 – 3단계의 나머지 값을 10에서 뺀 값이 체크기호가 된다. 단 나머지가 0인 경우의 체크기호는 0이다.

ISBN 938-15-93347-12-A

① 5

② 6

③ 7

④ 8

1단계

9	3	8	1	5	9	3	3	4	7	1	2
×1	×3	×1	×3	×1	×3	×1	×3	×1	×3	×1	×3
=9	=9	=8	=3	=5	=27	=3	=9	=4	=21	=1	=6

2단계

$9+9+8+3+5+27+3+9+4+21+1+6 = 105$

3단계

$105 \div 10 = 10$ 나머지 5

4단계

$10-5 = 5$

따라서 체크기호는 5가 된다.

3 다음은 새로 구입한 TV에 이상이 생긴 경우 취할 수 있는 조치방법에 관한 사용자 매뉴얼의 일부 내용이다. ㉠ ~ ㉣ 중, 사용자 매뉴얼의 다른 항목 사용법을 추가로 확인해 보아야 할 필요가 없는 것은?

TV가 이상해요	이렇게 해보세요!
㉠ 화면이 전체화면으로 표시되지 않아요.	HD 채널에서 일반 화질(4:3)의 콘텐츠가 재생되면 화면 양쪽에 검은색 여백이 나타납니다. 화면 비율이 TV와 다른 영화를 감상할 때, 화면 위/아래에 검은색 여백이 생겨납니다. 외부 기기의 화면 크기를 조정하거나 TV를 전체 화면으로 설정하세요.
㉡ '지원하지 않는 모드입니다.' 라는 메시지가 나타났어요.	TV에서 지원하는 해상도인지 확인하고 이에 따라 외부 기기의 출력 해상도를 조정하세요.
㉢ TV 메뉴에서 자막이 회색으로 표시돼요.	외부 기기가 HDMI 케이블로 연결된 경우 자막 메뉴를 사용할 수 없습니다. 외부 기기의 자막 기능이 활성화돼 있어야 합니다.
㉣ 화면에 왜곡 현상이 생겨요.	특히 스포츠나 액션 영화 같은 빠르게 움직이는 화면에서 동영상 콘텐츠의 압축 때문에 화면 왜곡 현상이 나타날 수 있습니다. 신호가 약하거나 좋지 않은 신호는 화면 왜곡을 유발할 수 있으며, TV 근처(1m 이내)에 휴대폰이 있다면 아날로그와 디지털 채널의 화면에 노이즈가 발생할 수 있습니다.

① ㉠

② ㉡

③ ㉢

④ ㉣

 이상 현상을 해결하기 위해서는 화면 크기 조정법(㉠), 외부 기기 해상도 조정법(㉡), 외부 기기 자막 활성화 방법(㉢) 등을 확인하여야 하나, ㉣의 경우는 별도의 사용법을 참고할 필요가 없는 이상 현상이다.

Answer 2.① 3.④

4 다음 글에서 소개된 음식물 쓰레기 관리시스템에 사용된 기술이 일상생활에 적용된 사례로 적절하지 않은 것은?

> 오는 2022년까지 전국 아파트 942만 가구에 '무선인식(RFID) 음식물 쓰레기 종량기' 설치가 의무화된다. 비용 부담 방식은 정해지지 않았지만 아파트 단지 입주자에게 국비를 일부 지원해주는 형태가 될 가능성이 높다.
>
> 20일 환경부 관계자는 "2020년까지 전국 아파트 단지 내 RFID 종량기 설치를 완료할 계획"이라며 "이후 단독주택과 소형음식점으로도 설치 의무 대상을 확대할 것"이라고 밝혔다.
>
> RFID 종량기 설치 의무화는 정부가 지난 4일 발표한 '자원순환기본계획'에 따라 폐기물 발생을 최소화하기 위한 정책의 일환이다. RFID 종량기는 음식물 쓰레기를 버리면 무게에 따라 수수료를 부과하는 기계다. 음식물 쓰레기를 최대 35% 줄이는 효과가 있다.
>
> 적용 대상은 전국의 의무관리대상 아파트다. RFID 종량기의 특성상 운영을 위한 관리 인력이 필수이기 때문이다. 공동주택5관리법상 의무관리대상 아파트는 300가구 이상 공동주택이나 승강기가 설치된 150가구 이상 공동주택이 해당한다. 지난달 기준 전국 1만5,914단지 941만7,975가구 규모다. 이 중 350~400만 가구는 이미 RFID 종량기 설치를 완료한 상태로 파악된다.
>
> 설치비용은 1대당 175만원 수준이다. RFID는 가구 밀집도에 따라 50~80가구 당 1대를 설치하는 것이 일반적이다. 1,000가구 규모 대단지의 경우 최대 3,500만 원 가량의 비용이 발생할 것으로 보인다.

① 교통카드와 고속도로 하이패스
② 농산물의 이력 관리
③ 직원들의 근태관리 및 출입 통제
④ 편의점에서 스캐닝을 통하여 판매되는 음료수

 편의점에서 스캐닝을 통하여 판매되는 음료수는 바코드 인식 기술이 적용된 사례이다.

RFID는 무선 주파수(RF, Radio Frequency)를 이용하여 물건이나 사람 등과 같은 대상을 식별(IDentification)할 수 있도록 해 주는 기술을 말한다. RFID는 안테나와 칩으로 구성된 RFID 태그에 정보를 저장하여 적용 대상에 부착한 후, RFID 리더를 통하여 정보를 인식하는 방법으로 활용된다. RFID는 기존의 바코드를 읽는 것과 비슷한 방식으로 이용된다. 그러나 바코드와는 달리 물체에 직접 접촉을 하거나 어떤 조준선을 사용하지 않고도 데이터를 인식할 수 있다. 또한, 여러 개의 정보를 동시에 인식하거나 수정할 수도 있으며, 태그와 리더 사이에 장애물이 있어도 정보를 인식하는 것이 가능하다.

5 다음의 명령어를 참고할 때, 아래와 같은 모양의 변화가 일어나기 위하여 누른 두 번의 스위치는 순서대로 어느 것인가?

스위치	기능
○	1번, 2번 도형을 시계방향으로 90도 회전함
●	3번, 4번 도형을 시계방향으로 90도 회전함
◇	1번, 4번 도형을 시계반대방향으로 90도 회전함
◆	2번, 3번 도형을 시계반대방향으로 90도 회전함
□	모든 도형을 시계방향으로 90도 회전함
■	모든 도형을 시계반대방향으로 90도 회전함

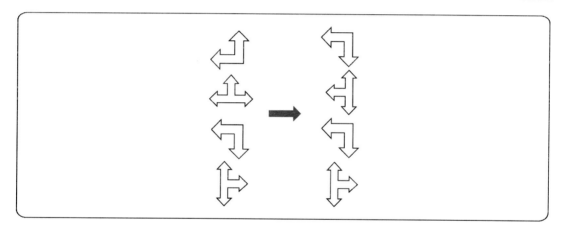

① ◆, □ ② ●, ◇

③ ■, ● ④ ◇, ■

 ■와 ● 버튼을 순서대로 눌러서 다음 과정을 거친 모양의 변화이다.

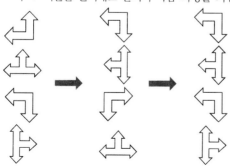

Answer ➜ 4.④ 5.③

6 다음 글에 나타난 기술혁신의 특징으로 가장 적절한 것은?

> 인공지능 관련 과학 영역에 산재하고 있는 문제와 관련해 당장의 수요와 장기적인 발전 방향을 모두 고려해야 한다. 관련된 기초 이론의 난관을 주로 삼아 기술의 정규적인 변혁 및 학과를 넘나드는 융합을 촉진한다. 이를 통해 인공지능의 지속적인 발전과 심도 있는 적용을 실현한다.
>
> 적용의 기초 이론 측면에서의 돌파해야 할 여러 난관이 있다. 이를 해결하기 위해서는 빅데이터와 센싱 알고리즘, 인간-기계의 융합, 집단 지능, 자가 협동 및 책략 등 기초 이론 연구가 필요하다. 빅데이터 연구는 기기의 자율 학습, 종합 심도 추리 등의 어려움을 해결하는 데에 활용한다. 데이터 기반의 시스템을 통해 자연어 이해를 핵심으로 한 인지 알고리즘 모형을 이해하며, 빅데이터에서 지식으로, 지식에서 책략으로 연결되는 역량을 확보한다.

① 기술혁신은 그 과정 자체가 매우 불확실하고 장기간의 시간을 필요로 한다.

② 혁신 과정의 불확실성과 모호함은 기업 내에서 많은 논쟁과 갈등을 유발할 수 있다.

③ 기술혁신은 이해를 바탕으로 하는 특성을 갖고 있다.

④ 기술혁신은 지식 집약적인 활동이다.

 제시된 글은 다양한 분야의 융합을 통해 문제를 해결해야한다고 말하고 있다.

※ 기술혁신의 특성
- 기술혁신은 그 과정 자체가 매우 불확실하고 장기간의 시간을 필요로 한다.
- 기술혁신은 지식 집약적인 활동이다.
- 혁신 과정의 불확실성과 모호함은 기업 내에서 많은 논쟁과 갈등을 유발할 수 있다.
- 기술혁신은 조직의 경계를 넘나드는 특성을 갖고 있다.

7 기술능력이나 기술교양이라는 말은 직업에 종사하기 위해 모든 사람들이 필요로 하는 능력이며, 기술능력이 뛰어나다는 것은 각 개인이 구체적인 일련의 장비 중 하나를 '수리하는 사람'으로서 전문가가 되어야 한다는 의미만은 아니다. 다음 중 기술능력과 기술교양의 개념에 대한 올바른 판단을 하고 있다고 보기 어려운 것은 어느 것인가?

① 기술능력이 뛰어난 사람은 주어진 한계 속에서 제한된 자원을 가지고 일하는 것을 과감하게 거부할 줄 안다.

② 기술교양은 모든 사람들이 광범위한 관점에서 기술의 특성, 기술적 행동, 기술의 힘, 기술의 결과에 대해 어느 정도의 지식을 가지는 것을 의미한다.

③ 기술능력이 뛰어나다는 것이 반드시 직무에서 요구되는 구체적인 기능을 소유하고 있다는 것만을 의미하지는 않는다.

④ 기술능력은 문제 해결을 위한 도구를 개발하는 인간의 능력을 확장시킨다. 이와 같은 능력을 향상시키는 것은 기술교양의 향상을 통해 이루어질 수 있다.

 기술능력이 뛰어난 사람은, 주어진 한계 속에서 그리고 제한된 자원을 가지고 일한다. 열악하고 불충분한 상황을 불평하고 회피하기보다는 자신의 기술능력을 믿고 어떻게든 주어진 환경 속에서 문제를 해결하려는 능력을 보유한 사람을 말한다.

8 다음은 매뉴얼의 종류 중 어느 것에 속하는가?

1. 지키지 않았을 경우 사용자가 부상을 당하거나 재산상의 손해를 입을 수 있습니다.
- 전자 제품을 사용하는 곳에서는 제품을 주의하여 사용하세요. 대부분의 전자 제품은 전자파 신호를 사용하며 제품의 전자파로 인해 다른 전자 제품에 문제를 일으킬 수 있습니다.
- 심한 매연이나 증기를 피하세요. 제품 외관이 훼손되거나 고장 날 수 있습니다.
- 폭발 위험지역에서는 제품의 전원을 끄세요.
 - 폭발 위험지역 안에서는 배터리를 분리하지 말고 제품의 전원을 끄세요.
 - 폭발 위험지역 안의 규정, 지시사항, 신호를 지키세요.
 - 주유 중에는 제품 사용을 삼가세요.
2. 올바른 보관과 사용방법
- 물기나 습기가 없는 건조한 곳에 두세요.
 - 습기 또는 액체 성분은 부품과 회로에 손상을 줄 수 있습니다.
 - 물에 젖은 경우 전원을 켜지 말고(켜져 있다면 끄고, 꺼지지 않는다면 그대로 두고, 배터리가 분리될 경우 배터리를 분리하고) 마른 수건으로 물기를 제거한 후 서비스 센터에 가져가세요.
 - 제품 또는 배터리가 물이나 액체 등에 젖거나 잠기면 제품 내부에 부착된 침수 라벨의 색상이 바뀝니다. 이러한 원인으로 발생한 고장은 무상 수리를 받을 수 없으므로 주의하세요.
- 제품을 경사진 곳에 두거나 보관하지 마세요. 떨어질 경우 충격으로 인해 파손될 수 있으며 고장의 원인이 됩니다.
- 제품을 동전, 열쇠, 목걸이 등의 금속 제품과 함께 보관하지 마세요.
 - 제품이 변형되거나 고장날 수 있습니다.
 - 배터리 충전 단자에 금속이 닿을 경우 화재의 위험이 있습니다.
- 걷거나 이동 중에 제품을 사용할 때 주의하세요. 장애물 등에 부딪혀 다치거나 사고가 날 수 있습니다.
- 제품을 뒷주머니에 넣거나 허리 등에 차지 마세요. 제품이 파손되거나 넘어졌을 때 다칠 수 있습니다.

① 제품매뉴얼　　　　　　　　② 고객매뉴얼
③ 업무매뉴얼　　　　　　　　④ 기술매뉴얼

 ① 사용자를 위해 제품의 특징이나 기능 설명, 사용방법과 고장 조치방법, 유지보수 및 A/S, 폐기 등 제품과 관련된 모든 서비스에 대해 소비자가 알아야 할 모든 정보를 제공한 매뉴얼이다.

▌9~11▐ 다음은 어느 회사 로봇청소기의 〈고장신고 전 확인사항〉이다. 이를 보고 물음에 답하시오.

확인사항	조치방법
주행이 이상합니다.	• 센서를 부드러운 천으로 깨끗이 닦아주세요. • 초극세사 걸레를 장착한 경우라면 장착 상태를 확인해 주세요. • 주전원 스위치를 끈 후, 다시 켜주세요.
흡입력이 약해졌습니다.	• 흡입구에 이물질이 있는지 확인하세요. • 먼지통을 비워주세요. • 먼지통 필터를 청소해 주세요.
소음이 심해졌습니다.	• 먼지통이 제대로 장착되었는지 확인하세요. • 먼지통 필터가 제대로 장착되었는지 확인하세요. • 회전솔에 이물질이 끼어있는지 확인하세요. • Wheel에 테이프, 껌 등 이물이 묻었는지 확인하세요.
리모컨으로 작동시킬 수 없습니다.	• 배터리를 교환해 주세요. • 본체와의 거리가 3m 이하인지 확인하세요. • 본체 밑면의 주전원 스위치가 켜져 있는지 확인하세요.
회전솔이 회전하지 않습니다.	• 회전솔을 청소해 주세요. • 회전솔이 제대로 장착이 되었는지 확인하세요.
충전이 되지 않습니다.	• 충전대 주변의 장애물을 치워주세요. • 충전대에 전원이 연결되어 있는지 확인하세요. • 충전 단자를 마른 걸레로 닦아 주세요. • 본체를 충전대에 붙인 상태에서 충전대 뒷면에 있는 리셋버튼을 3초간 눌러 주세요.
자동으로 충전대 탐색을 시작합니다. 자동으로 전원이 꺼집니다.	로봇청소기가 충전 중이지 않은 상태로 아무 동작 없이 10분이 경과되면 자동으로 충전대 탐색을 시작합니다. 충전대 탐색에 성공하면 충전을 시작하고 충전대를 찾지 못하면 처음위치로 복귀하여 10분 후에 자동으로 전원이 꺼집니다.

9 로봇청소기 서비스센터에서 근무하고 있는 L씨는 고객으로부터 소음이 심해졌다는 문의전화를 받았다. 이에 대한 조치방법으로 L씨가 잘못 답변한 것은?

① 먼지통 필터가 제대로 장착되었는지 확인하세요.

② 회전솔에 이물질이 끼어있는지 확인하세요.

③ Wheel에 테이프, 껌 등 이물이 묻었는지 확인하세요.

④ 흡입구에 이물질이 있는지 확인하세요.

 ④는 흡입력이 약해졌을 때의 조치방법이다.

Answer→ 8.① 9.④

10 로봇청소기가 충전 중이지 않은 상태로 아무 동작 없이 10분이 경과되면 자동으로 충전대 탐색을 시작하는데 충전대를 찾지 못하면 어떻게 되는가?

① 아무 동작 없이 그 자리에 멈춰 선다.

② 처음위치로 복귀하여 10분 후에 자동으로 전원이 꺼진다.

③ 계속 청소를 한다.

④ 계속 충전대를 찾아 돌아다닌다.

 로봇청소기가 충전 중이지 않은 상태로 아무 동작 없이 10분이 경과되면 자동으로 충전대 탐색을 시작한다. 충전대 탐색에 성공하면 충전을 시작하고 충전대를 찾지 못하면 처음위치로 복귀하여 10분 후에 자동으로 전원이 꺼진다.

11 로봇청소기가 갑자기 주행이 이상해졌다. 고객이 시도해보아야 하는 조치방법으로 옳은 것은?

① 충전 단자를 마른 걸레로 닦는다.　　② 회전솔을 청소한다.

③ 센서를 부드러운 천으로 깨끗이 닦는다.　　④ 먼지통을 비운다.

 ① 충전이 되지 않을 때의 조치방법이다.
② 회전솔이 회전하지 않을 때의 조치방법이다.
④ 흡입력이 약해졌을 때의 조치방법이다.

▌12~15▐ 다음은 그래프 구성 명령어 실행 예시이다. 다음 물음에 답하시오.

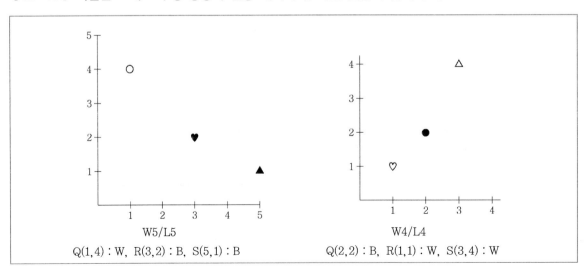

12 다음 그래프에 알맞은 명령어는 무엇인가?

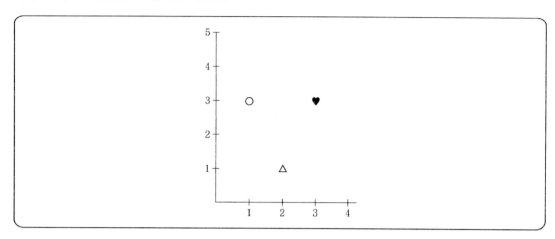

① W4/L5

　　Q(1,3) : W, R(3,3) : B, S(2,1) : W

② W5/L4

　　Q(1,3) : B, R(3,3) : B, S(1,2) : B

③ W4/L5

　　Q(3,1) : W, R(3,3) : W, S(2,1) : W

④ W5/L4

　　Q(3,1) : W, R(3,3) : W, S(2,1) : B

 예시의 그래프를 분석하면 W는 가로축, L은 세로축의 눈금수이다. Q, R, S는 그래프 내의 도형 ○, ♡, △를 나타내며, 괄호 안의 수는 도형의 가로세로 좌표이다. 좌표 뒤의 B, W는 도형의 색깔로 각각 Black(검정색), White(흰색)을 의미한다.
이 분석을 주어진 그래프에 대입해보면, 가로축은 W4, 세로축은 L5이며, 동그라미 도형은 Q(1,3) : W, 하트 도형은 R(3,3) : B, 세모 도형은 S(2,1) : W이다.

Answer┏→ 10.② 11.③ 12.①

13 다음 그래프에 알맞은 명령어는 무엇인가?

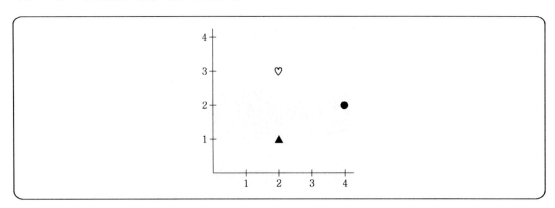

① W4/L4

   Q(4,2) : W, R(3,2) : W, S(2,1) : B

② W5/L5

   Q(2,4) : W, R(3,2) : W, S(1,2) : B

③ W4/L4

   Q(4,2) : B, R(2,3) : W, S(2,1) : B

④ W5/L5

   Q(4,2) : B, R(2,3) : W, S(2,1) : W

 가로축은 W4, 세로축은 L4이며, 동그라미 도형은 Q(4,2) : B, 하트 도형은 R(2,3) : W, 세모 도형은 S(2,1) : B이다.

14 W3/L5 Q(2,3) : B, R(1,4) : B, S(3,1) : B의 그래프를 산출할 때, 오류가 발생하여 아래와 같은 그래프가 산출되었다. 다음 중 오류가 발생한 값은?

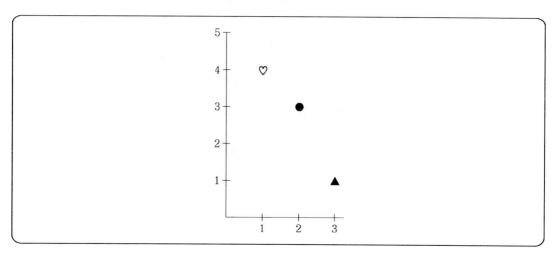

① W3/L5

② Q(2,3) : B

③ R(1,4) : B

④ S(3,1) : B

 하트 도형 R(1,4) : B에서 오류가 발생하였다. 옳게 산출된 그래프는 다음과 같다.

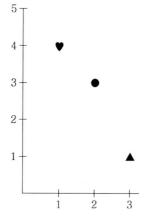

Answer ↦ 13.③ 14.③

15 W4/L4 Q(4,4) : W, R(1,3) : B, S(3,4) : W의 그래프를 산출 할 때, 오류가 발생하여 아래와 같은 그래프가 산출되었다. 다음 중 오류가 발생한 값은?

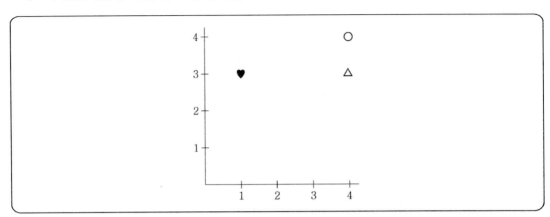

① W4/L4

② Q(4,4) : W

③ R(1,3) : B

④ S(3,4) : W

 세모 도형 S(3,4) : W에서 오류가 발생하였다. 옳게 산출된 그래프는 다음과 같다.

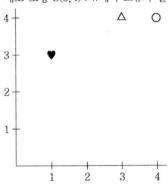

┃16~18┃ 다음은 △△회사의 식기세척기 사용설명서 중 〈고장신고 전에 확인해야 할 사항〉의 일부 내용이다. 다음을 보고 물음에 답하시오.

이상증상	확인사항	조치방법
세척이 잘 되지 않을 때	식기가 서로 겹쳐 있진 않나요?	식기의 배열 상태에 따라 세척성능에 차이가 있습니다. 사용설명서의 효율적인 그릇배열 및 주의사항을 참고하세요.
	세척날개가 회전할 때 식기에 부딪치도록 식기를 수납하셨나요?	국자, 젓가락 등 가늘고 긴 식기가 바구니 밑으로 빠지지 않도록 하세요. 세척노즐이 걸려 돌지 않으므로 세척이 되지 않습니다.
	세척날개의 구멍이 막히진 않았나요?	세척날개를 청소해 주세요.
	필터가 찌꺼기나 이물로 인해 막혀 있진 않나요?	필터를 청소 및 필터 주변의 이물을 제거해 주세요.
	필터가 들뜨거나 잘못 조립되진 않았나요?	필터의 조립상태를 확인하여 다시 조립해 주세요.
	세제를 적정량 사용하셨나요?	적정량의 세제를 넣어야 정상적으로 세척이 되므로 적정량의 세제를 사용해 주세요.
	전용세제 이외의 다른 세제를 사용하진 않았나요?	일반 주방세제나 베이킹 파우더를 사용하시면 거품으로 인해 정상적 세척이 되지 않으며, 누수를 비롯한 각종 불량 현상이 발생할 수 있으므로 전용세제를 사용해 주세요.
동작이 되지 않을 때	문을 확실하게 닫았나요?	문 중앙을 딸깍 소리가 날 때까지 눌러 확실하게 닫아야 합니다.
	급수밸브나 수도꼭지가 잠겨 있진 않나요?	급수밸브와 수도꼭지를 열어주세요.
	단수는 아닌가요?	다른 곳의 수도꼭지를 확인하세요.
	물을 받고 있는 중인가요?	설정된 양만큼 급수될 때까지 기다리세요.
	버튼 잠금 표시가 켜져 있진 않나요?	버튼 잠금 설정이 되어 있는 경우 '헹굼/건조'와 '살균' 버튼을 동시에 2초간 눌러서 해제할 수 있습니다.
운전 중 소음이 날 때	내부에서 달그락거리는 소리가 나나요?	가벼운 식기들이 분사압에 의해 서로 부딪혀 나는 소리일 수 있습니다.
	세척날개가 회전할 때 식기에 부딪치도록 식기를 수납하셨나요?	동작을 멈춘 후 문을 열어 선반 아래로 뾰족하게 내려온 것이 있는지 등 식기 배열을 다시 해주세요.
	운전을 시작하면 '웅~' 울림 소음이 나나요?	급수전에 내부에 남은 잔수를 배수하기 위해 배수펌프가 동작하는 소리이므로 안심하고 사용하세요.
	급수시에 소음이 들리나요?	급수압이 높을 경우 소음이 발생할 수 있습니다. 급수밸브를 약간만 잠가 급수압을 약하게 줄이면 소리가 줄어들 수 있습니다.

Answer ┌→ 15.④

냄새가 나는 경우	타는 듯한 냄새가 나요?	사용 초기에는 제품 운전시 발생하는 열에 의해 세척모터 등의 전기부품에서 특유의 냄새가 날 수 있습니다. 이러한 냄새는 5~10회 정도 사용하면 냄새가 날아가 줄어드니 안심하고 사용하세요.
	세척이 끝났는데 세제 냄새가 나나요?	문이 닫힌 상태로 운전이 되므로 운전이 끝난 후 문을 열게 되면 제품 내부에 갖혀 있던 세제 특유의 향이 날 수 있습니다. 초기 본 세척 행정이 끝나면 세제가 고여 있던 물은 완전히 배수가 되며, 그 이후에 선택한 코스 및 기능에 따라 1~3회의 냉수행굼과 고온의 가열행굼이 1회 진행되기 때문에 세제가 남는 것은 아니므로 안심하고 사용하세요.
	새 제품에서 냄새가 나나요?	제품을 처음 꺼내면 새 제품 특유의 냄새가 날 수 있으나 설치 후 사용을 시작하면 냄새는 없어집니다.

16 △△회사의 서비스센터에서 근무하고 있는 Y씨는 고객으로부터 세척이 잘 되지 않는다는 문의전화를 받았다. Y씨가 확인해보라고 할 사항이 아닌 것은?

① 식기가 서로 겹쳐 있진 않습니까?
② 세척날개의 구멍이 막히진 않았습니까?
③ 타는 듯한 냄새가 나진 않습니까?
④ 전용세제 이외의 다른 세제를 사용하진 않았습니까?

 ③은 냄새가 나는 경우 확인해봐야 하는 사항이다.

17 식기세척기가 동작이 되지 않을 때의 조치방법으로 옳지 않은 것은?

① 문이 안 닫힌 경우에는 문 중앙을 딸깍 소리가 날 때까지 눌러 확실하게 닫는다.
② 급수밸브와 수도꼭지가 잠긴 경우에는 급수밸브와 수도꼭지를 열어준다.
③ 물을 받고 있는 경우에는 설정된 양만큼 급수될 때까지 기다린다.
④ 젓가락 등이 아래로 빠진 경우에는 식기배열을 다시 한다.

 ④는 세척이 잘 되지 않는 경우의 조치방법이다.

18 버튼 잠금 설정이 되어 있는 경우 이를 해제하려면 어떤 버튼을 눌러야 되는가?

① [세척]+[동작/정지]

② [헹굼/건조]+[살균]

③ [헹굼/건조]+[예약]

④ [살균]+[예약]

> (Tip) 버튼 잠금 설정이 되어 있는 경우 '헹굼/건조'와 '살균' 버튼을 동시에 2초간 눌러서 해제할 수 있다.

19 H회사에서 근무하는 김부장은 업무의 효율을 위해 최근에 개발된 기술을 선택하여 적용하고자 한다. 이 기술을 적용하고자 할 때 김부장이 고려해야 할 사항이 아닌 것은?

① 잠재적으로 응용 가능성이 있는가?

② 적용하려는 기술이 쉽게 구할 수 없는 기술인가?

③ 기술의 수명 주기는 어떻게 되는가?

④ 기술 적용에 따른 비용이 많이 드는가?

> (Tip) ②는 기술선택을 위한 우선순위를 결정할 때 고려해야 하는 사항이다.

Answer⌐→ 16.③ 17.④ 18.② 19.②

20 다음은 ○○기업에서 기술경영자를 뽑기 위해 작성한 공개 채용 공고문이다. 그런데 그만 직무상 우대 능력 부분이 누락되었다. 아래 누락된 부분에 들어가야 할 능력으로 옳지 않은 것은?

우리기업 채용 공고문

담당업무 : 상세요강 참조　　　　　고용형태 : 정규직/경력 5년↑
근무부서 : 기술팀/서울　　　　　　모집인원 : 1명
전공 : △△학과　　　　　　　　　최종학력 : 대졸 이상
성별/나이 : 무관/40~50세　　　　급여조건 : 협의 후 결정

〈상세요강〉

(1) 직무상 우대 능력

　　(누락)

(2) 제출서류

　• 이력서 및 자기소개서(경력중심으로 기술)

　• 관련 자격증 사본(해당자만 첨부)

(3) 채용일정

　　서류전형 후 합격자에 한해 면접 실시

(4) 지원방법

　　본사 채용 사이트에서 이력서 및 자기소개서 작성 후 메일(fdskljl@wr.or.kr)로 전송

---

① 기술을 기업의 전반적인 전략 목표에 통합시키는 능력

② 기술을 효과적으로 평가할 수 있는 능력

③ 기술을 운용하거나 문제 해결을 할 수 있는 능력

④ 새로운 제품개발 시간을 단축할 수 있는 능력

 ③ 기술관리자에게 요구되는 능력이다.

스위치	기능
○	1번과 2번 기계를 180도 회전시킨다.
●	1번과 3번 기계를 180도 회전시킨다.
♧	2번과 3번 기계를 180도 회전시킨다.
♣	2번과 4번 기계를 180도 회전시킨다.

21 처음 상태에서 스위치를 두 번 눌렀더니 다음과 같이 바뀌었다. 어떤 스위치를 눌렀는가?

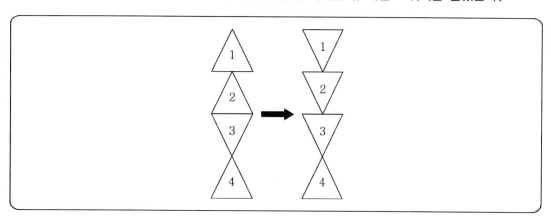

① ● ♧
② ○ ♣
③ ♧ ♣
④ ○ ●

 첫 번째 상태와 나중 상태를 비교해 보았을 때, 기계의 모양이 바뀐 것은 1번과 2번이다. 스위치를 두
번 눌러서 1번과 2번의 모양을 바꾸려면 1번과 3번을 회전시키고(●), 2번과 3번을 다시 회전시키면(♧)
된다.

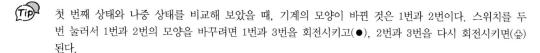Answer ➔ 20.③ 21.①

22 처음 상태에서 스위치를 두 번 눌렀더니 다음과 같이 바뀌었다. 어떤 스위치를 눌렀는가?

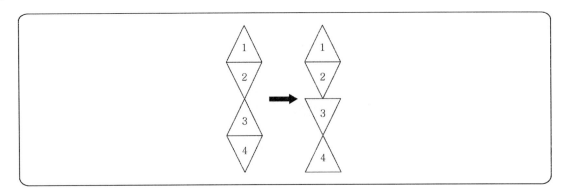

① ●♧

② ○♣

③ ○●

④ ♧♣

23 처음 상태에서 스위치를 세 번 눌렀더니 다음과 같이 바뀌었다. 어떤 스위치를 눌렀는가?

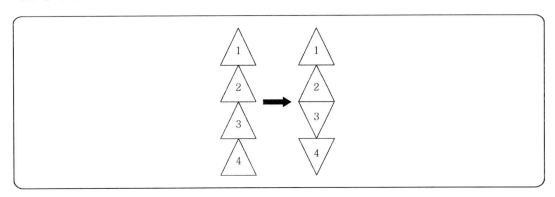

① ○●♧

② ○●♣

③ ○♧♣

④ ●♧♣

┃24~26┃ 다음 표를 참고하여 질문에 답하시오.

스위치	기능
○	1번과 2번 기계를 180도 회전시킨다.
●	1번과 3번 기계를 180도 회전시킨다.
♧	2번과 3번 기계를 180도 회전시킨다.
♣	2번과 4번 기계를 180도 회전시킨다.
◑	1번과 2번 기계의 작동상태를 다른 상태로 바꾼다. (운전→정지, 정지→운전)
◐	3번과 4번 기계의 작동상태를 다른 상태로 바꾼다. (운전→정지, 정지→운전)
♥	모든 기계의 작동상태를 다른 상태로 바꾼다. (운전→정지, 정지→운전)

△ 숫자 = 정지   ▲ 숫자 = 운전

24 처음 상태에서 스위치를 두 번 눌렀더니 다음과 같이 바뀌었다. 어떤 스위치를 눌렀는가?

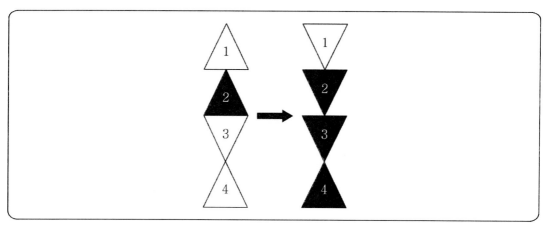

① ○◑

② ♧◐

③ ♣◐

④ ○◐

첫 번째 상태와 나중 상태를 비교해 보았을 때, 기계의 모양이 바뀐 것은 1번과 2번이며, 작동상태가 바뀐 것은 3번과 4번이다. 스위치를 두 번 눌러서 이 상태가 되려면 1번과 2번을 회전시키고(○) 3번과 4번의 작동상태를 바꾸면(◑) 된다.

25 처음 상태에서 스위치를 세 번 눌렀더니 다음과 같이 바뀌었다. 어떤 스위치를 눌렀는가?

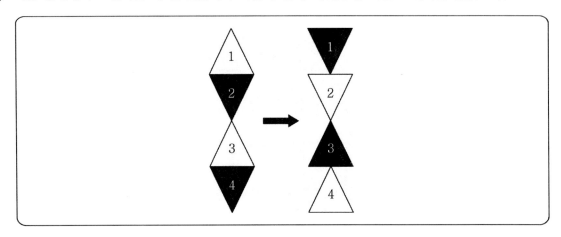

① ○●◑

② ○♣◑

③ ○♣♥

④ ○♧♥

첫 번째 상태와 나중 상태를 비교해 보았을 때, 기계의 모양이 바뀐 것은 1번과 4번이며, 모든 기계의 작동 상태가 바뀌어 있다. 1번과 2번 기계를 회전시키고(○), 2번과 4번을 회전시키면(♣) 2번은 원래의 모양으로 돌아온다. 이 상태에서 모든 기계의 작동 상태를 바꾸면(♥) 된다.

26 처음 상태에서 스위치를 세 번 눌렀더니 다음과 같이 바뀌었다. 어떤 스위치를 눌렀는가?

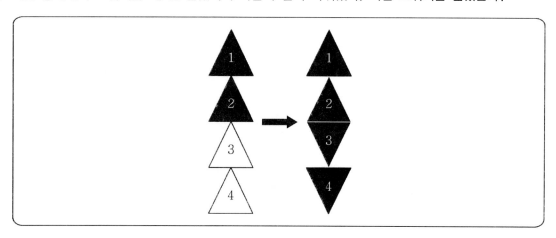

① ●♣◑

② ○●◐

③ ●◐◑

④ ♧♣◑

(Tip) 첫 번째 상태와 나중 상태를 비교해 보았을 때, 기계의 모양이 바뀐 것은 3번과 4번이며 작동 상태가 바뀌어 있는 것도 3번과 4번이다. 2번과 3번을 회전시키고(♧) 2번 4번을 회전시키면(♣) 2번은 원래의 모양으로 돌아온다. 이 상태에서 3번과 4번의 작동 상태를 바꾸면(◑) 된다.

Answer↱ 25.③ 26.④

27 다음과 같은 목차 내용을 담고 있는 매뉴얼을 작성하기 위한 방법으로 옳은 것은?

목차

관리번호	관리분야	내용	비고
700	교량공학		
700.1		상·하부구조설계	
700.1.1		철근콘크리트 교량	
700.1.2		프리스트레스트 콘크리트 교량	
700.1.3		강교량	
700.1.4		특수교량	
700.1.5		장대교량	
700.2		내진·내풍설계	
700.2.1		내진설계	
700.2.2		내풍설계	

① 작성자가 찾고자 하는 정보를 쉽게 찾을 수 있어야 한다.

② 작성자 입장에서 봤을 때 심리적 배려가 있어야 한다.

③ 작성내용은 작성자 위주로 알아보기 쉽게 구성되어야 한다.

④ 작성된 매뉴얼의 내용이 정확해야 한다.

 ① 사용자가 찾고자 하는 정보를 쉽게 찾을 수 있어야 한다.
② 사용자 입장에서 봤을 때 심리적인 배려가 있어야 한다.
③ 작성내용은 사용자가 알아보기 쉽도록 구성되어야 한다.

오류 메시지가 발생했을 때에는 아래의 방법으로 대처하세요.

오류메시지	대처방법
렌즈가 잠겨 있습니다.	줌 렌즈가 닫혀 있습니다. 줌 링을 반시계 방향으로 딸깍 소리가 날 때까지 돌리세요.
메모리 카드 오류!	• 전원을 껐다가 다시 켜세요. • 메모리 카드를 뺐다가 다시 넣으세요. • 메모리 카드를 포맷하세요.
배터리를 교환하십시오.	충전된 배터리로 교체하거나 배터리를 충전하세요.
사진 파일이 없습니다.	사진을 촬영한 후 또는 활영한 사진이 있는 메모리 카드를 넣은 후 재생 모드를 실행하세요.
잘못된 파일입니다.	잘못된 파일을 삭제하거나 가까운 서비스센터로 문의하세요.
저장 공간이 없습니다.	필요 없는 파일을 삭제하거나 새 메모리 카드를 넣으세요.
카드가 잠겨 있습니다.	SD, SDHC, SDXC, UHS-1 메모리 카드에는 잠금 스위치가 있습니다. 잠금 상태를 확인한 후 잠금을 해제하세요.
폴더 및 파일 번호가 최댓값입니다. 카드를 교환해주세요.	메모리카드의 파일명이 DCF 규격에 맞지 않습니다. 메모리 카드에 저장된 파일은 컴퓨터에 옮기고 메모리 카드를 포맷한 후 사용하세요.
Error 00	카메라의 전원을 끄고, 렌즈를 분리한 후 재결합하세요. 동일한 메시지가 나오는 경우 가까운 서비스 센터로 문의하세요.
Error 01/02	카메라의 전원을 끄고, 배터리를 뺐다가 다시 넣으세요. 동일한 메시지가 나오는 경우 가까운 서비스 센터로 문의하세요.

28 카메라를 작동하던 중 다음과 같은 메시지가 나타났을 때 대처방법으로 가장 적절한 것은?

> Error 00

① 배터리를 뺐다가 다시 넣는다.
② 카메라의 전원을 끄고 줌 링을 반시계 방향으로 돌린다.
③ 카메라의 전원을 끄고 렌즈를 분리한 후 재결합한다.
④ 메모리카드를 뺐다가 다시 넣는다.

 카메라의 전원을 끄고, 렌즈를 분리한 후 재결합한다. 대처 후에도 동일한 메시지가 나오는 경우 가까운 서비스 센터로 문의하도록 한다.

29 카메라를 작동하던 중 '메모리 카드 오류!'라는 메시지가 뜰 경우 적절한 대처방법으로 가장 옳은 것은?

① 충전된 배터리로 교체하거나 배터리를 충전한다.
② 가까운 서비스 센터로 문의한다.
③ 메모리 카드를 뺐다가 다시 넣는다.
④ 카메라의 전원을 끄고 렌즈를 분리했다가 재결합한다.

 메모리 카드 오류시 대처방법
　㉠ 전원을 껐다가 다시 켠다.
　㉡ 메모리 카드를 뺐다가 다시 넣는다.
　㉢ 메모리 카드를 포맷한다.

Answer ↪ 28.③ 29.③

30 다음은 △△기업의 기술적용계획표이다. ㉠의 예로 가장 적절한 것은?

기술적용계획표				
프로젝트명	2015년 가상현실 시스템 구축			

항목	평가			비고
	적절	보통	부적절	
기술적용 고려사항				
㉠ 해당 기술이 향후 기업의 성과 향상을 위해 전략적으로 중요한가?				
㉡ 해당 기술이 향후 목적과 비전에 맞추어 잠재적으로 응용가능한가?				
㉢ 해당 기술의 수명주기를 충분히 고려하여 불필요한 교체를 피하였는가?				
㉣ 해당 기술의 도입에 따른 필요비용이 예산 범위 내에서 가능한가?				
세부 기술적용 지침				
-이하 생략-				

계획표 제출일자 : 2015년 11월 10일	부서 :
계획표 작성일자 : 2015년 11월 10일	성명 : (인)

① 이 분야의 기술을 도입하면 이를 이용해 우리가 계획한 무인자동차나 인공지능 로봇을 만들 수도 있어.

② 요즘은 모든 기술들이 단기간에 많은 발전을 이루고 있는데 우리가 도입하려고 하는 이 분야의 기술은 과연 오랫동안 유지될 수 있을까?

③ 우리가 앞으로 무인자동차나 사람의 마음을 읽는 로봇 등으로 기업 성과를 내기 위해서는 이 분야의 기술이 반드시 필요해.

④ 이 분야의 기술을 도입하려면 막대한 비용이 들거야. 과연 예산 범위 내에서 충당할 수 있을까?

 ① ㉡에 해당하는 예이다.
② ㉢에 해당하는 예이다.
④ ㉣에 해당하는 예이다.

Answer ➟ 30.③

PART

III

한국사

01 빈출 용어 정리

》 한민족(韓民族)의 형성

농경생황을 바탕으로 동방문화권(東方文化圈)을 성립하고 독특한 문화를 이룩한 우리 민족은 인종학상으로는 황인종 중 퉁구스족(Tungus族)의 한 갈래이며, 언어학상 알타이어계(Altai語系)에 속한다. 한반도에는 구석기시대부터 사람이 살기 시작하였고 신석기시대에서 청동기시대를 거치는 동안 민족의 기틀이 이루어졌다.

》 소도(蘇塗)

삼한시대에 제사를 지냈던 신성지역을 말한다. 정치적 지배자 이외의 제사장인 천군이 다스리는 지역으로 이곳에서 농경과 종교에 대한 의례를 주관하였다. 소도는 매우 신성한 곳으로서 군장의 세력이 미치지 못하였으며 죄인이 들어와도 잡지 못하였다.

》 단군신화(檀君神話)

우리민족의 시조 신화로 이를 통해 청동기시대를 배경으로 고조선의 성립이라는 역사적 사실과 함께 당시 사회모습을 유추할 수 있다.

- 천제의 아들 환웅이 천부인 3개와 풍백·운사·우사 등의 무리를 거느리고 태백산 신시에 세력을 이루었다. → 천신사상, 선민사상, 농경사회, 계급사회, 사유재산제 사회
- 곰과 호랑이가 와서 인간이 되게 해달라고 하였으며, 곰만이 인간여자가 되어 후에 환웅과 결합하여 아들 단군왕검을 낳았다. → 토테미즘, 샤머니즘, 제정일치
- 널리 인간을 이롭게 한다(홍익인간). → 민본주의, 지배층의 권위(통치이념)

》 책화(責禍)

동예에서 공동체지역의 경계를 침범한 측에게 과하였던 벌칙으로, 읍락을 침범하였을 경우에 노예와 우마로써 배상하여야 했다.

》 영고(迎鼓)

부여의 제천행사이다. 12월 음식과 가무를 즐기고 국사를 의논하며 죄수를 풀어 주기도 한 행사로, 추수감사제의 성격을 띠었다.

>> 8조법(八條法)

고조선사회의 기본법으로, 한서지리지에 기록되어 있다. 살인·상해·절도죄를 기본으로 하는 이 관습법은 족장들의 사회질서유지 수단이었으며, 동시에 가부장 중심의 계급사회로서 사유재산을 중히 여긴 당시의 사회상을 반영하고 있다. 그 내용 중 전하는 것은 '사람을 죽인 자는 사형에 처한다, 남에게 상해를 입힌 자는 곡물로 배상한다, 남의 물건을 훔친 자는 노비로 삼고 배상하려는 자는 50만전을 내야 한다' 등 3조이다.

>> 살수대첩(薩水大捷)

고구려 영양왕 23년(1612) 중국을 통일한 수의 양제가 100만대군을 이끌고 침공해 온 것을 을지문덕 장군이 살수(청천강)에서 크게 이긴 싸움이다. 그 후 몇 차례 더 침공해 왔으나 실패했으며, 결국 수는 멸망하게 되었다.

>> 을파소(乙巴素)

고구려의 명재상으로, 고국천왕 13년에 안류가 추천하여 국상이 되었다. 그의 건의로 진대법이 실시되었다.

>> 골품제도(骨品制度)

신라의 신분제로, 성골·진골·6두품 등이 있었다. 성골은 양친 모두 왕족인 자로서 28대 진덕여왕까지 왕위를 독점 세습하였으며, 진골은 양친 중 한편이 왕족인 자로서 태종무열왕 때부터 왕위를 세습하였다. 골품은 가계의 존비를 나타내고 골품 등급에 따라 복장·가옥·수레 등에 여러가지 제한을 두었다.

>> 마립간(麻立干)

신라시대의 왕호이다. 신라 건국초기에는 박·석·김의 3성(姓) 부족이 연맹하여 연맹장을 세 부족이 교대로 선출했으며, 이들이 주체가 되어 신라 6촌이라는 연맹체를 조직하기에 이르렀다. 이것이 내물왕 때부터는 김씨의 왕위세습권이 확립되었고 대수장(大首長)이란 뜻을 가진 마립간을 사용하게 되었다.

> **POINT** 신라의 왕호
> ㉠ 거서간 : 1대 박혁거세, 군장·대인·제사장의 의미 내포
> ㉡ 차차웅 : 2대 남해왕, 무당·사제의 의미로 샤먼적 칭호
> ㉢ 이사금 : 3대 유리왕~16대 흘해왕, 계승자·연장자의 의미
> ㉣ 마립간 : 17대 내물왕~21대 소지왕, 대수장을 의미하는 정치적 칭호
> ㉤ 왕 : 22대 지증왕 이후, 중국식 왕명 사용
> • 불교식 왕명 : 23대 법흥왕 이후
> • 중국식 시호 : 29대 무열왕 이후

〉〉 향(鄕)·소(巢)·부곡(部曲)

신라시대 특수천민집단으로, 향과 부곡에는 농업에 종사하는 천민이, 소에는 수공업에 종사하는 천민이 거주하였다. 이는 고려시대까지 계속되었으나 조선초기에 이르러 소멸되었다.

〉〉 진대법(賑貸法)

고구려 고국천왕 16년(194) 을파소의 건의로 실시한 빈민구제법이다. 춘궁기에 가난한 백성에게 관곡을 빌려주었다가 추수기인 10월에 관에 환납하게 하는 제도이다. 귀족의 고리대금업으로 인한 폐단을 막고 양민들의 노비화를 막으려는 목적으로 실시한 제도였으며, 고려의 의창제도, 조선의 환곡제도의 선구가 되었다.

〉〉 지리도참설(地理圖讖說)

신라 말 도선(道詵)이 중국에서 받아들인 인문지리학이다. 인문지리적인 인식과 예언적인 도참신앙이 결부된 학설로 우리나라의 수도를 중앙권으로 끌어올리는데 기여하고 신라정부의 권위를 약화시키는 역할을 하였다.

〉〉 광개토대왕비(廣開土大王碑)

만주 집안현 통구(通溝)에 있는 고구려 19대 광개토대왕의 비석으로, 왕이 죽은 후인 장수왕 2년(414)에 세워졌다. 비문은 고구려·신라·가야의 3국이 연합하여 왜군과 싸운 일과 왕의 일생사업을 기록한 것으로, 우리나라 최대의 비석이다. 일본은 '辛卯年來渡海破百殘□□□羅'라는 비문을 확대·왜곡 해석하여 임나일본부설의 근거로 삼고 있다.

> **POINT** 임나일본부설(任那日本府說) … 일본의 '니혼쇼기(日本書紀)'의 임나일본부, 임나관가라는 기록을 근거로 고대 낙동강유역의 변한지방을 일본의 야마토[大和]정권이 지배하던 관부(官府)라고 주장하는 설이다.

〉〉 태학(太學)

고구려의 국립교육기관으로, 우리나라 최초의 교육기관이다. 소수림왕 2년(372)에 설립되어 중앙귀족의 자제에게 유학을 가르쳤다.

> **POINT** 경당(慶堂) … 지방의 사립교육기관으로 한학과 무술을 가르쳤다.

〉〉 다라니경(陀羅尼經)

국보 제126호로 지정되었다. 불국사 3층 석탑(석가탑)의 보수공사 때(1966) 발견된 것으로, 현존하는 세계 최고(最古)의 목판인쇄물이다. 다라니경의 출간연대는 통일신라 때인 700년대 초에서 751년 사이로 추정되며 정식 명칭은 무구정광 대다라니경이다.

≫ 신라방(新羅坊)

중국 당나라의 산둥반도로부터 장쑤성[江蘇省]에 걸쳐 산재해 있던 신라인의 집단거주지로, 삼국통일 후 당과의 해상무역이 많은 신라인이 이주함으로써 형성되었다. 여기에 자치적으로 치안을 유지한 신라소, 신라인의 사원인 신라원도 세워졌다.

≫ 독서출신과(讀書出身科)

신라 때의 관리등용방법으로, 원성왕 4년(788) 시험본위로 인재를 뽑기 위하여 태학감에 설치한 제도이다. 좌전·예기·문선을 읽어 그 뜻에 능통하고 아울러 논어·효경에 밝은 자를 상품(上品), 곡례·논어·효경을 읽을 줄 아는 자를 중품(中品), 곡례와 논어를 읽을 줄 아는 자를 하품(下品)이라 구별하였으며, 이 때문에 독서삼품과(讀書三品科)라고도 하였다. 그러나 골품제도 때문에 제기능을 발휘하지는 못하였다.

≫ 신라장적(新羅帳籍)

1933년 일본 도오다이사[東大寺] 쇼소인[正倉院]에서 발견된 것으로, 서원경(清州)지방 4개 촌의 민정문서이다. 남녀별·연령별의 정확한 인구와 소·말·뽕나무·호도나무·잣나무 등을 집계하여 3년마다 촌주가 작성하였다. 호(戶)는 인정(人丁)수에 의해 9등급, 인구는 연령에 따라 6등급으로 나뉘었고, 여자도 노동력수취의 대상이 되었다. 촌주는 3~4개의 자연촌락을 다스리고 정부는 촌주에게 촌주위답을, 촌민에게는 연수유답을 지급하였다. 이 문서는 조세수취와 노동력징발의 기준을 정하기 위해 작성되었다.

≫ 진흥왕순수비(眞興王巡狩碑)

신라 제24대 진흥왕이 국토를 확장하고 국위를 선양하기 위하여 여러 신하를 이끌고 변경을 순수하면서 기념으로 세운 비로, 현재까지 알려진 것은 창녕비·북한산비·황초령비·마운령비 등이다.

≫ 화백제도(和白制度)

신라 때 진골 출신의 고관인 대등(大等)들이 모여 국가의 중대사를 결정하는 회의이다. 만장일치로 의결하고, 한 사람이라도 반대하면 결렬되는 회의제도였다.

≫ 도병마사(都兵馬使)

고려시대 중서문하성의 고관인 재신과 중추원의 고관인 추밀이 합좌하여 국가 중대사를 논의하던 최고기관(도당)이다. 충렬왕 때 도평의사사로 바뀌었다.

》 교정도감(教定都監)

고려시대 최충헌이 무단정치를 할 때 설치한 최고행정집행기관(인사권·징세권·감찰권)으로, 국왕보다 세도가 강했으며 우두머리인 교정별감은 최씨에 의해 대대로 계승되었다.

》 묘청의 난

고려 인종 13년(1135)에 묘청이 풍수지리의 이상을 표방하고, 서경으로 천도할 것을 주장하였으나 유학자 김부식 등의 반대로 실패하자 일으킨 난이다. 관군에 토벌되어 1년만에 평정되었다. 신채호는 '조선역사상 1천년 내의 제1의 사건'이라 하여 자주성을 높이 평가하였다.

》 별무반(別武班)

고려 숙종 9년(1104) 윤관의 건의에 따라 여진정벌을 위해 편성된 특수부대이다. 귀족 중심의 신기군(기병부대), 농민을 주축으로 한 신보군(보병부대), 승려들로 조직된 항마군으로 편성되었다.

》 사심관제도(事審官制度)

고려 태조의 민족융합정책의 하나로, 귀순한 왕족에게 그 지방정치의 자문관으로서 정치에 참여시킨 제도이다. 신라 경순왕을 경주의 사심관으로 임명한 것이 최초이다. 사심관은 부호장 이하의 향리를 임명할 수 있으며, 그 지방의 치안에 대해 연대책임을 져야 했다. 지방세력가들을 견제하기 위한 제도였다.

》 훈요 10조(訓要十條)

고려 태조 26년(943)에 대광 박술희를 통해 후손에게 훈계한 정치지침서로, 신서와 훈계 10조로 이루어져 있다. 불교·풍수지리설 숭상, 적자적손에 의한 왕위계승, 당풍의 흡수와 거란에 대한 강경책 등의 내용으로 고려정치의 기본방향을 제시하였다.

》 삼별초(三別抄)

고려 최씨집권시대의 사병집단이다. 처음에 도둑을 막기 위하여 조직한 야별초가 확장되어 좌별초·우별초로 나뉘고, 몽고군의 포로가 되었다가 도망쳐 온 자들로 조직된 신의군을 합하여 삼별초라 한다. 원종의 친몽정책에 반대하여 항쟁을 계속하였으나, 관군과 몽고군에 의해 평정되었다.

》 상정고금예문(詳定古今禮文)

고려 인종 때 최윤의가 지은 것으로, 고금의 예문을 모아 편찬한 책이나 현존하지 않는다. 이규보의 동국이상국집에 이 책을 1234년(고종 21)에 활자로 찍었다고 한 것으로 보아 우리나라 최초의 금속활자본으로 추정된다.

〉〉 노비안검법(奴婢按檢法)

고려 광종 7년(956) 원래 양인이었다가 노비가 된 자들을 조사하여 해방시켜 주고자 했던 법으로, 귀족세력을 꺾고 왕권을 강화하기 위한 정책적 목적으로 실시되었다. 그러나 후에 귀족들의 불평이 많아지고 혼란이 가중되어 노비환천법이 실시되게 되었다.

> **POINT** 노비환천법(奴婢還賤法) … 노비안검법의 실시로 해방된 노비 중 본주인에게 불손한 자를 다시 노비로 환원시키기 위해 고려 성종 때 취해진 정책이다.

〉〉 상평창(常平倉)

고려 성종 12년(993)에 설치한 물가조절기관으로, 곡식과 포목 등 생활필수품을 값쌀 때 사두었다가 흉년이 들면 파는 기관이다. 이는 개경과 서경을 비롯한 전국 주요 12목에 큰 창고를 두었으며, 사회구제책과 권농책으로 오래 활용되었다.

〉〉 백두산정계비(白頭山定界碑)

숙종 38년(1712) 백두산에 세운 조선과 청 사이의 경계비를 말한다. 백두산 산정 동남쪽 4km, 해발 2,200m 지점에 세워져 있으며 '西爲鴨綠 東爲土門 故於分水嶺'이라고 쓰여 있다.

> **POINT** '土門'의 해석을 두고 우리는 송화강으로, 중국은 두만강으로 보아 양국 사이에 간도 귀속에 대한 분쟁을 불러 일으켰다.

〉〉 음서제도(蔭書制度)

고려 · 조선시대에 공신이나 고위관리의 자제들이 과거에 응하지 않고도 관직에 등용되던 제도를 말한다. 조선시대에는 음관벼슬을 여러 대에 걸친 자손들에게까지 혜택을 주었다.

〉〉 벽란도(碧瀾渡)

예성강 하류에 위치한 고려시대 최대의 무역항으로, 송 · 왜는 물론 아리비아 상인들까지 쉴새없이 드나들던 곳이다. 이때 우리나라의 이름이 서양에 알려지게 되어 고려, 즉 Korea라고 부르게 되었다.

〉〉 위화도회군(威化島回軍)

고려 우왕 때 명을 쳐부수고자 출병한 이성계가 4대불가론을 내세워 위화도에서 회군하여 개경을 반격함으로써 군사적 정변을 일으킨 것을 말한다. 이성계는 최영과 우왕을 내쫓고 우왕의 아들 창왕을 옹립하였는데, 이로써 이성계를 비롯한 신진사대부계급들의 정치적 실권장악의 계기가 되었다.

》 의창(義倉)

고려 성종 5년(986)에 태조가 만든 흑창을 개칭한 빈민구제기관으로, 전국 각 주에 설치하였다. 춘궁기에 관곡에 빌려주고 추수 후에 받아들이는 제도로, 고구려 진대법과 조선의 사창·환곡과 성격이 같다.

》 쌍성총관부(雙城摠管府)

고려 말 원이 화주(지금의 영흥)에 둔 관청으로, 1258년 조휘·탁청 등이 동북병마사를 죽이고 몽고에 항거하자 몽고가 그 지역을 통치하기 위해 설치하였다.

》 직지심경(直指心經)

고려 우왕 3년(1377)에 백운이라는 승려가 만든 불서로 직지심체요절(直指心體要節)이라고도 한다. 1972년 파리의 국립도서관에서 유네스코 주최로 개최된 '책의 역사' 전시회에서 발견되어 현존하는 세계 최고(最古)의 금속활자본으로 판명되었다.

》 균역법(均役法)

영조 26년(1750) 백성의 부담을 덜기 위하여 실시한 납세제도로, 종래 1년에 2필씩 내던 포를 1필로 반감하여 주고 그 재정상의 부족액을 어업세·염세·선박세와 결작의 징수로 보충하였다. 역을 균등히 하기 위해 제정하고 균역청을 설치하여 이를 관할하였으나, 관리의 부패로 농촌생활이 피폐해졌으며 19세기에는 삼정문란의 하나가 되었다.

》 중방정치(重房政治)

중방은 2군 6위의 상장군·대장군 16명이 모여 군사에 관한 일을 논의하던 무신의 최고회의기관으로, 정중부가 무신의 난 이후 중방에서 국정전반을 통치하던 때의 정치를 의미한다.

》 도방정치(都房政治)

도방은 경대승이 정중부를 제거한 후 정권을 잡고 신변보호를 위해 처음 설치하여 정치를 하던 기구로, 그 뒤 최충헌이 더욱 강화하여 국가의 모든 정무를 이 곳에서 보았다. 이를 도방정치라 하며, 일종의 사병집단을 중심으로 행한 정치이다.

》 도첩제(度牒制)

조선 태조 때 실시된 억불책의 하나로, 승려에게 신분증명서에 해당하는 도첩을 지니게 한 제도이다. 승려가 되려는 자에게 국가에 대해 일정한 의무를 지게 한 다음 도첩을 주어 함부로 승려가 되는 것을 억제한 제도인데, 이로 말미암아 승려들의 세력이 크게 약화되고 불교도 쇠퇴하였다.

>> 삼정(三政)

조선시대 국가재정의 근원인 전정(田政)·군정(軍政)·환곡(還穀)을 말한다. 전정이란 토지에 따라 세를 받는 것이고, 군정은 균역 대신 베 한필씩을 받는 것이며, 환곡은 빈민의 구제책으로 봄에 곡식을 빌려 주었다가 가을에 10분의 1의 이자를 합쳐 받는 것이다.

>> 계유정란(癸酉靖亂)

문종이 일찍 죽고 단종이 즉위하자, 수양대군(세조)이 단종과 그를 보좌하던 김종서·황보인 등을 살해하고 안평대군을 축출한 후 권력을 장악한 사건이다.

>> 동의보감(東醫寶鑑)

광해군 때 허준이 중국과 한국의 의서를 더욱 발전시켜 펴낸 의서로, 뒤에 일본과 중국에서도 간행되는 등 동양의학 발달에 크게 기여하였다. 이 책은 내과·외과·소아과·침구 등 각 방면의 처방을 우리 실정에 맞게 풀이하고 있다.

>> 4대 사화(四大士禍)

조선시대 중앙관료들 간의 알력과 권력쟁탈로 인하여 많은 선비들이 화를 입었던 사건을 말한다. 4대 사화는 연산군 4년(1498)의 무오사화, 연산군 10년(1504)의 갑자사화, 중종 14년(1519)의 기묘사화, 명종 원년(1545)의 을사사화를 말한다.

> **POINT** 조의제문(弔義帝文) … 조선 김종직이 초나라의 항우가 의제(義帝)를 죽여 폐위시킨 것을 조위하여 쓴 글이다. 이는 세조가 어린 단종을 죽이고 즉위한 것을 풍자한 글로서, 후에 무오사화(戊午士禍) 의 원인이 되었다.

>> 신사유람단(紳士遊覽團)

고종 18년(1881) 일본에 파견하여 새로운 문물제도를 시찰케 한 사절단을 말한다. 강화도조약이 체결된 뒤 수신사 김기수와 김홍집은 일본에 다녀와서 서양의 근대문명과 일본의 문물제도를 배워야 한다고 주장하였다. 이에 조선정부는 박정양·조준영·어윤중·홍영식 등과 이들을 보조하는 수원·통사·종인으로 신사유람단을 편성하여 일본에 체류하면서 문교·내무·농상·의무·군부 등 각 성(省)의 시설과 세관·조례 등의 주요 부분 및 제사(製絲)·잠업 등에 이르기까지 고루 시찰하고 돌아왔다.

>> 조선경국전(朝鮮經國典)

조선왕조의 건국이념과 정치·경제·사회·문화에 대한 기본방향을 설정한 헌장법전으로, 정도전·하윤 등에 의해 편찬되었다. 경국대전을 비롯한 조선왕조 법전편찬의 기초가 되었다.

》 규장각(奎章閣)

정조 원년(1776)에 궁중에 설치된 왕립도서관 및 학문연구소로, 역대 국왕의 시문 · 친필 · 서화 · 유교 등을 관리하던 곳이다. 이는 학문을 연구하고 정사를 토론케 하여 정치의 득실을 살피는 한편, 외척 · 환관의 세력을 눌러 왕권을 신장시키고 문예 · 풍속을 진흥시키기 위한 것이었다.

》 탕평책(蕩平策)

영조가 당쟁의 뿌리를 뽑아 일당전제의 폐단을 없애고, 양반의 세력균형을 취하여 왕권의 신장과 탕탕평평을 꾀한 정책이다. 이 정책은 정조 때까지 계승되어 당쟁의 피해를 막는데 큰 성과를 거두었으나, 당쟁을 근절시키지는 못하였다.

》 하멜표류기

조선 효종 4년(1653) 제주도에 표착한 네덜란드인 하멜(Hamel)의 14년간(1653~1668)에 걸친 억류 기록으로, '난선 제주도 난파기' 및 그 부록 '조선국기'를 통칭한 것이다. 부록인 '조선국기'는 조선의 지리 · 풍토 · 산물 · 정치 · 법속 등에 대하여 실제로 보고 들은 바를 기록한 것이다. 이 기록은 유럽인들에게 한국을 소개한 최초의 문헌이다.

》 조선의 3대 화가

조선시대 안견, 김홍도, 장승업을 말한다. 안견은 산수화, 김홍도는 풍속화, 장승업은 산수화 · 인물화를 잘 그렸다.

》 만인소(萬人疏)

정치의 잘못을 시정할 것을 내용으로 하는 유생들의 집단적인 상소를 말한다. 그 대표적인 것으로는 순조 23년(1823)에 서자손 차별반대 상소, 철종 6년(1845)에 사도세자 추존의 상소, 그리고 고종 18년(1881)에 김홍집이 소개한 황쭌셴의 조선책략에 의한 정치개혁반대 상소를 들 수 있다.

》 상평통보(常平通寶)

인조 11년(1663) 이덕형의 건의로 만들어진 화폐이다. 만들어진 후 곧 폐지되었으나, 효종 2년 김육에 의하여 새로 만들어져 서울과 서북지방에서 잠시 사용되다가 다시 폐지되었다. 그후 숙종 4년(1678)에 허적에 의하여 새로이 주조되어 전국적으로 통용되었다.

〉〉 육의전(六矣廛)

조선 때 운종가(종로)에 설치되어 왕실·국가의식의 수요를 도맡아 공급하던 어용상점을 말한다. 비단·무명·명주·모시·종이·어물 등 여섯 종류였고, 이들은 고율의 세금과 국역을 물고 납품을 독점하였으며, 금난전권을 행사하며 자유로운 거래를 제한하였다.

> **POINT** 금난전권 … 난전을 금압하는 시전상인들의 독점판매권이다. 18세기 말 정조 때 신해통공정책으로 육의전을 제외한 모든 시전상인들의 금난전권이 철폐되었다.

〉〉 갑신정변(甲申政變)

고종 21년(1884) 개화당의 김옥균, 박영효 등이 중심이 되어 우정국 낙성식에서 민씨일파를 제거하고 개화정부를 세우려 했던 정변이다. 갑신정변은 청의 지나친 내정간섭과 민씨세력의 사대적 경향을 저지하고 자주독립국가를 세우려는 의도에서 일어났으나, 청의 개입과 일본의 배신으로 3일천하로 끝났다. 근대적 정치개혁에 대한 최초의 시도였다는 점에 큰 의의가 있다.

〉〉 동학농민운동

고종 31년(1894) 전라도 고부에서 동학교도 전봉준 등이 일으킨 민란에서 비롯된 농민운동을 말한다. 교조신원운동의 묵살, 전라도 고부군수 조병갑의 착취와 동학교도 탄압에 대한 불만이 도화선이 된 이 운동은 조선 봉건사회의 억압적인 구조에 대한 농민운동으로 확대되어 전라도·충청도 일대의 농민이 참가하였으나, 청·일 양군의 간섭으로 실패했다. 이 운동의 결과 대외적으로는 청일전쟁이 일어났고, 대내적으로는 갑오개혁이 추진되었다. 또한 유교적 전통사회가 붕괴되고 근대사회로 전진하는 중요한 계기가 되었다.

〉〉 갑오개혁(甲午改革)

고종 31년(1894) 일본의 강압에 의해 김홍집을 총재관으로 하는 군국기무처를 설치하여 실시한 근대적 개혁이다. 내용은 청의 종주권 부인, 개국연호 사용, 관제개혁, 사법권 독립, 재정의 일원화, 은본위제 채택, 사민평등, 과부개가 허용, 과거제 폐지, 조혼금지 등이다. 이 개혁은 보수적인 봉건잔재가 사회 하층부에 남아 있어 근대화의 기형적인 발달을 이루게 되었다.

> **POINT** 군국기무처 … 청일전쟁 당시 관제를 개혁하기 위해 임시로 설치했던 관청으로 갑오개혁의 중추적 역할을 하였다. 모든 관제와 행정·사법·교육·재정·군사 및 상업에 이르기까지 모든 사무를 총괄하였으며 모든 정무를 심의하였다. 문벌과 노비를 철폐하고 조혼을 금지하였으며 과거제와 연좌제 등을 폐지하였다.

〉〉 거문도사건

고종 22년(1885) 영국이 전라남도에 있는 거문도를 불법 점거한 사건이다. 당시 영국은 러시아의 남하를 막는다는 이유로 러시아함대의 길목인 대한해협을 차단하고자 거문도를 점령하였다. 그리하여 조선정부는 청국정부를 통해서 영국에 항의를 하게 되고 청국정부도 중간 알선에 나서게 되었다. 그 후 러시아도 조선의 영토를 점거할 의사가 없다고 약속함으로써 영국함대는 고종 24년(1887) 거문도에서 철수했다.

〉〉 강화도조약

운요호사건을 빌미로 고종 13년(1876) 일본과 맺은 최초의 근대적 조약으로, 일명 병자수호조약이라고도 한다. 부산·인천·원산 등 3항의 개항과 치외법권의 인정 등을 내용으로 하는 불평등한 조약이나, 이를 계기로 개국과 개화가 비롯되었다는데 큰 의의가 있다.

> **POINT** 운요호사건 … 고종 12년(1875) 수차에 걸쳐 통상요구를 거절당한 일본이 수호조약의 체결을 목적으로 군함 운요호를 출동시켜 한강으로 들어오자 강화수병이 이에 발포, 충돌한 사건이다.

〉〉 단발령(斷髮令)

고종 32년(1895) 친일 김홍집내각이 백성들에게 머리를 깎게 한 명령이다. 그러나 을미사변으로 인하여 일본에 대한 감정이 좋지 않았던 차에 단발령이 내리자, 이에 반대한 전국의 유생들이 각지에서 의병을 일으키게 되었다.

> **POINT** 을미사변(乙未事變) … 조선 고종 32년(1895) 일본공사 미우라가 친러세력을 제거하기 위하여 명성황후를 시해한 사건이다. 을미사변은 민족감정을 크게 자극하여 의병을 일으키는 계기가 되었다.

〉〉 홍범 14조

고종 31년(1894)에 국문·국한문·한문의 세 가지로 반포한 14개조의 강령으로, 우리나라 최초의 헌법이다. 갑오개혁 이후 내정개혁과 자주독립의 기초를 확고히 하려는 목적으로 발표되었다.

〉〉 조선어학회(朝鮮語學會)

1921년 1월 우리말과 글의 연구·통일·발전을 목적으로 창립된 민간학술단체이다. 장지영, 이윤재, 최현배, 김윤경 등이 조선어연구회로 조직한 후 1931년 조선어학회로 개칭하였다. 주요 활동으로 한글날과 맞춤법 통일안 제정, 잡지 '한글'의 발행 등이 있다.

〉〉 광혜원

우리나라 최초의 근대식 병원이다. 조선 고종 22년(1885)에 통리교섭아문의 관리하에 지금의 서울 재동에 설립되어 미국인 알렌(H.N. Allen)이 주관, 일반사람들의 병을 치료하였다.

〉〉 여수 · 순천사건

제주도 4 · 3사건을 진압하기 위하여 여수와 순천지방의 국방경비대에게 진압명령을 내렸으나, 일부 좌익계열 군장교들이 동족을 죽일 수 없다는 선동으로 항명한 사건이다. 여수에 주둔하고 있던 14연대는 제주도 상륙을 거부하고 단독 정부를 저지하고자 하였으나 실패하여 지리산으로 숨어 들어 빨치산이 되었다. 이로 인해 정부는 국가보안법을 제정하여 강력한 반공정책을 추진하였다. 이 사건은 '여 · 순반란사건'이라고 하였으나 반란의 주체를 주민들로 오인할 수 있다고 하여 1995년부터 '여수 · 순천사건', '여수 · 순천 10 · 19사건'이라고 명명하였다.

〉〉 관민공동회(官民共同會)

열강의 이권침탈에 대항하여 자주독립의 수호와 자유민권의 신장을 위하여 독립협회 주최로 열린 민중대회이다. 1898년 3월 서울 종로 네거리에서 러시아인 탁지부 고문과 군부 교련사관의 해고를 요구하고 이승만 · 홍정하 등 청년 연사가 열렬한 연설을 하여 대중의 여론을 일으켰다. 이 대회는 계속 개최되어 그 해 10월에는 윤치호를 회장으로 선출, 정부의 매국적 행위를 공격하고 시국에 대한 개혁안인 헌의 6조를 결의하였다. 이 개혁안은 국왕에게 제출되어 왕도 처음에는 그 정당성을 인정하고 그 실시를 확약하였으나 보수적 관료들의 반대로 이에 관계한 대신들만 파면되고 실현을 보지 못하였다. 독립협회의 해산 후 얼마 동안은 만민공동회라는 이름으로 활약하였다.

> **POINT** 헌의 6조의 내용
> ㉠ 외국인에게 의지하지 말 것
> ㉡ 외국과의 이권에 관한 계약과 조약은 각 대신과 중추원 의장이 합동 날인하여 시행할 것
> ㉢ 국가재정은 탁지부에서 전관하고, 예산과 결산을 국민에게 공포할 것
> ㉣ 중대 범죄를 공판하되, 피고의 인권을 존중할 것
> ㉤ 칙임관을 임명할 때에는 정부에 그 뜻을 물어서 중의에 따를 것
> ㉥ 정해진 규정을 실천할 것

〉〉 물산장려운동(物産獎勵運動)

1922년 평양에 설립된 조선물산장려회가 계기가 되어 조만식을 중심으로 일어난 민족운동이다. 서울의 조선청년연합회가 주동이 되어 전국적 규모의 조선물산장려회를 조직, 국산품 애용 · 민족기업의 육성 등의 구호를 내걸고 강연회와 시위선전을 벌였으나, 일제의 탄압으로 유명무실해지고 1940년에는 총독부 명령으로 조선물산장려회가 강제 해산되었다.

〉〉 국권수호운동(國權守護運動)

1905년 체결된 한일협약에 반대하여 일어난 국민적 운동이다. 고종은 만국평화회의에 밀사를 파견하여 을사조약이 무효임을 호소하였으나 결국 일제에 의해 고종이 강제 퇴위당하고 정미 7조약이 맺어지면서 일본이 내정을 장악하게 되었다. 이에 일본의 식민지화를 반대하고 주권회복과 자주독립을 위해 근대문물을 받아들여 실력을 양성하자는 애국계몽운동과 무력으로 일제를 물리치자는 항일의병운동이 일어났다. 이와 같은 국권회복운동은 관원·양반·상인·농민·천민에 이르기까지 전 계층의 호응을 얻어 전국적으로 전개되었다. 이러한 운동들은 일제강점기 동안 점차 실력양성론과 무장투쟁론으로 자리잡아갔다.

〉〉 신간회(新幹會)

1927년 민족주의자와 사회주의자가 통합하여 조직한 최대 항일민족운동단체이다. 주요 활동으로는 아동의 수업료 면제·조선어교육 요구·착취기관 철폐·이민정책 반대 등을 제창하였고, 광주학생운동을 지원하기도 했다. 자매단체로는 여성단체인 근우회가 있었다.

〉〉 6·10만세운동

1926년 6월 10일 순종의 인산일을 기해 일어난 독립만세운동이다. 황제의 상여가 종로를 통과할 때 '자주교육, 타도 일본제국주의, 토지는 농민에게, 8시간 노동제' 등을 주장한 전단을 뿌리면서 만세시위를 했다. 이 사건으로 이병립·박하균이 주모자로 체포되었으며 공모자 또는 관련자로 전국에서 1천명이 체포, 투옥되었다.

〉〉 방곡령(防穀令)

고종 26년(1889) 함경감사 조병식이 식량난을 막기 위해 곡물의 일본수출을 금지한 것이다. 함경도와 황해도지방에 방곡령을 선포하였으나 조일통상장정에 위배된다는 일본의 항의로 배상금만 물고 실효를 거두지 못하였다.

〉〉 독립협회(獨立協會)

조선 고종 33년(1896)에 서재필·안창호·이승만·윤치호 등이 정부의 외세의존, 외국의 침략, 이권의 박탈 등을 계기로 독립정신을 고취시키기 위하여 만든 정치적 색채를 띤 사회단체이다. 종래의 인습타파 및 독립정신 고취 등 국민계몽에 힘썼으며, 독립문을 건립하고 독립신문을 발간하였으나 황국협회의 방해 등으로 1898년에 해산되었다.

> **POINT** 황국협회 … 광무 2년(1898)에 홍종우·길영수·이기동·박유진 등이 조직한 정치·사회단체로, 보부상과 연결되어 독립협회의 활동을 견제하였다.

>> 임오군란(壬午軍亂)

고종 19년(1882) 개화파와 보수파의 대립으로 일어난 사건으로, 신·구식 군대차별이 발단이 되었다. 이 결과 대원군이 재집권하게 되었으나, 민씨일파의 책동으로 청의 내정간섭이 시작되고 이로 인해 제물포조약이 체결되어 일본의 조선침략의 발판이 되었다.

POINT 제물포조약 … 배상금 지급과 일본 공사관의 경비병 주둔을 인정하는 내용이다.

>> 병인양요(丙寅洋擾)

고종 66) 대원군이 천주교도를 탄압하자 리델(Ridel)신부가 탈출하여 천진에 와 있던 프랑스함대에 보고함으로써 일어난 사건이다. 그해에 프랑스 로즈(Rose)제독은 함선을 이끌고 강화도를 공격·점령했는데, 대원군이 이경하 등으로 하여금 싸우게 하여 40여일만에 프랑스군을 격퇴시켰다. 이로 인해 대원군은 천주교 탄압과 통상·수교요구 거부는 더욱 강화하게 되었다.

>> 105인사건

1910년 안명근의 데라우치총독 암살기도사건을 계기로 양기탁·윤치호 등 600여명을 검거하여 그중 신민회 간부 105명을 투옥한 사건이다. 이 사건이 특히 평안·황해지방에서 일어난 것은 기독교의 보급으로 민족운동이 성하였기 때문이다.

>> 정미 7조약(丁未七條約)

정식명칭은 한일신협약이다. 1907년 일본이 대한제국을 병합하기 위한 예비조처로 헤이그밀사사건을 구실삼아 고종을 퇴위시키고 강제적으로 맺은 조약이다. 이로 인해 통감의 권한이 확대되고 일본인 차관이 행정실무를 담당하는 차관정치가 실시되었다.

>> 을사조약(乙巳條約)

광무 9년(1905) 일본이 한국을 보호한다는 명목아래 강제로 체결한 조약으로 제2차 한일협약이라고도 한다. 러일전쟁의 승리와 영일동맹조약 개정 등으로 한국에 대한 우월한 권익과 지위를 국제적으로 인정받은 일본은 이토 히로부미를 파견하여 강압적으로 조약을 체결하였다. 이 결과 우리나라는 주권을 상실하고 외교권을 박탈당했으며, 일본은 서울에 통감부를 두고 보호정치를 실시하였다.

POINT 을사 5적(乙巳五賊) … 을사조약을 체결할 때 찬성 또는 묵인한 5인의 매국노로, 박제순·이완용·이근택·이지용·권중현을 말한다.

02 출제예상문제

1 다음 법률을 통해 고조선에 대해 알 수 잇는 사실만을 있는 대로 고른 것은?

> 사람을 죽인 자는 즉시 죽이고, 남에게 상처를 입힌 자는 곡식으로 갚는다. 도둑질한 자는 노비로 삼는다. 용서받고자 하는 자는 한 사람마다 50만 전을 내야 한다.

> ㉠ 형벌 노비가 존재하였다.
> ㉡ 인간의 생명을 중시하였다.
> ㉢ 노동력과 사유 재산을 중시하였다.
> ㉣ 지혜로운 사람이 부족을 이끄는 평등 사회였다.

① ㉠, ㉡
② ㉠, ㉣
③ ㉢, ㉣
④ ㉠, ㉡, ㉢

 ㉠ 도둑질한 자를 노비로 삼는다는 것은 형벌노비가 존재했음을 의미한다.
㉡ 사람을 죽인 자는 즉시 죽인다는 것은 인간 생명 중시를 의미한다.
㉢ 남에게 상처 입힌 자는 곡식으로 갚도록 한 것은 사유재산이 중시되었음을 의미한다.
㉣ 신석기 시대에 대한 설명이다. 고조선은 계급사회이다.

2 다음 자료와 관련된 단체의 활동으로 옳은 것을 모두 고른 것은?

> 남만주로 집단 이주하려고 기도하고, 조선 본토에서 상당한 재력이 있는 사람들을 그 곳에 이주시켜 토지를 사들이고 촌락을 세워 새 영토로 삼고, 다수의 청년 동지들을 모집, 파견하여 한인 단체를 일으키고, 학교를 설립하여 문무를 겸하는 교육을 실시하면서, 기회를 엿보아 독립 전쟁을 일으켜 구한국의 국권을 회복하려고 하였다.
>
> – 105인 사건 판결문 –

> ㉠ 해외 독립군 기지 건설에 앞장섰다.
> ㉡ 헌의 6조를 올려 개혁을 요구하였다.
> ㉢ 위정척사사상을 계승하여 활동하였다.
> ㉣ 공화제에 입각한 국민 국가 수립을 목표로 하였다.

① ㉠, ㉡

② ㉠, ㉣

③ ㉡, ㉢

④ ㉡, ㉣

 제시된 내용은 신민회를 해산시키기 위하여 일제에 의해 조작된 '105인 사건'의 판결문으로 신민회의 활동에 관한 내용이 간략하게 언급되어 있다.
㉡ 독립 협회의 활동
㉢ 위정척사사상은 의병 전쟁으로 계승

Answer 1.④ 2.②

3 다음 상황에서 추진된 두 개혁의 공통점으로 적절한 것은?

> ㉠ 청·일 전쟁에서 승기를 잡은 일본은 박영효를 불러들여 군국기무처를 폐지하고 제2차 김
> 홍집 내각을 출범시켰으며 고종으로 하여금 홍범 14조를 반포하게 하였다.
> ㉡ 아관 파천으로 러시아 공사관에 머물던 고종이 1897년에 경운궁으로 돌아온 뒤 조선 정부
> 는 국호를 대한 제국, 연호를 광무, 국왕을 황제라 칭하여 독립 국가의 체제를 갖추었다.

① 전제 왕권을 강화하고자 하였다.
② 민중의 지지를 바탕으로 추진되었다.
③ 군제 개혁을 통해 국방력이 강화되었다.
④ 근대식 교육 기관의 확대를 위해 노력하였다.

 ㉠ 갑오개혁, ㉡ 광무개혁
갑오개혁에서는 교육 입국 조서를 발표하여 소학교, 사범학교, 외국어 학교 등 근대식 교육 기관의 확
대를 위해 노력하였고, 광무개혁에서도 각종 산업학교와 기술학교 등을 설립하였다.
① 광무개혁에 대한 내용이다.
② 갑오개혁과 광무개혁은 모두 민중의 지지와 참여는 적었다.
③ 갑오개혁에서는 소홀히 다루어졌다.

4 다음의 글을 통해 알 수 있는 신라 사회의 모습이 아닌 것은?

> ㉠ 웅천주 도독 헌창은 아버지 주원이 왕이 되지 못하였다는 핑계로 반역을 하였다. 나라 이름
> 을 장안, 연호를 경운 원년이라 하였다. 무진주, 완산주, 청주, 사벌주 등 네 주 도독과 국
> 원, 서원, 금관의 여러 지방관들과 여러 군현 수령들을 위협하여 자기 편으로 삼았다.
> ㉡ 국내 여러 주·군이 세금을 바치지 않아 국고가 비고 나라 살림이 어려워졌다. 왕이 사자를
> 보내 독촉하자 도적이 벌떼처럼 일어났다. 이때 원종, 애노 등이 사벌주(경북 상주)에서 반
> 란을 일으켰다.
>
> －삼국사기－

① 무열왕 직계 자손이 왕위를 계승하였다.
② 호족이 반독립적인 세력으로 성장하였다.
③ 지방세력의 후원을 받아 선종 불교가 발달하였다.
④ 농민이 몰락하여 노비나 초적이 되기도 하였다.

① 혜공왕 이후의 상황에 해당한다. 무열왕 직계 자손이 왕위를 계승한 시기는 혜공왕 때까지이다.

5 다음 시기에 볼 수 있는 사회 모습은?

> 송나라 황제께서 사신을 보내실 적에 담당 관리에게 명령을 내려 거대한 배 두척을 건조하게 하였다. …… 비가 멎자 조수를 따라 예성항으로 들어가고, 정사와 부사는 담당 관리를 거느리고 채색 배에서 조서를 받들고 갔다. …… 채색 배가 해안에 닿자 담당 관리가 조서를 받들고 육로를 따라 왕궁으로 들어갔다.
>
> －고려도경－
>
> 11월 병인일에 대식국에 상인 보나합 등이 와서 수은, 용치, 점성향, 몰약 등 각종 물자를 바쳤다. 왕이 해당 관원에게 명령을 내려 그들을 객관(客館)에서 후하게 접대하도록 하였으며, 그들이 돌아갈 때에는 금과 비단을 후히 주라고 하였다.
>
> －고려사－

① 관청에 납품할 물건을 구입하는 공인
② 벽란도에서 수입 물품을 하역하는 인부
③ 발해관에 머물고 있는 사신
④ 상평통보로 물품을 구매하는 상인

 서문은 고려 시대의 모습이다.
① 공인의 등장은 대동법의 실시를 알 수 있으므로 조선 후기이다.
③ 당은 산동 반도의 덩저우에 발해관을 설치하였다.
④ 상평통보는 조선 후기 화폐이다.

Answer 3.④ 4.① 5.②

6 다음의 사실이 있었던 시대에 대한 설명으로 옳은 것은?

> 상왕이 어려서 무릇 조치하는 바는 모두 대신에게 맡겨 논의 시행하였다. 지금 내가 명을 받아 왕통을 계승하여 군국 서무를 아울러 모두 처리하며 조종의 옛 제도를 모두 복구한다. 지금부터 형조의 사형수를 제외한 모든 서무는 6조가 각각 그 직무를 담당하여 직계한다.

① 강력한 왕권을 행사하기 위해 집현전을 없앴다.
② 사간원을 독립시켜 대신들을 견제하였다.
③ 정도전이 민본적 통치 규범을 마련하였다.
④ 국가 의례를 정리한 국조오례의를 편찬하였다.

 ① 세조 ② 태종 ③ 태조 ④ 성종

7 다음과 같이 말한 왕의 활동으로 볼 수 있는 것은?

> 홍문관은 집현전을 모방하였고, 예문관은 학사원을 모방하였으며, 춘추관은 국사원을 모방하였으나, 유독 어제를 보존할 곳이 마땅히 없었다. 이에 중국의 제도를 참고하여 창덕궁 후원에 건물을 짓고 우선 영고(영조)의 어제부터 봉안하도록 하라.

① 서원을 대폭 정리하였다.
② 상감행실도를 처음 편찬하였다.
③ 초계문신제로 관리를 재교육하였다.
④ 북방 지역에 4군과 6진을 개척하였다.

 ① 영조 ②, ④ 세종 ③ 정조

8 다음 글의 내용을 보고 이 문제를 해결하기 위해 시행한 흥선 대원군의 정책은?

> 시아버지 삼년상 벌써 지났고,
> 갓난아인 배냇물도 안 말랐는데
> 이 집 삼대 이름 군적에 모두 실렸네.
> 억울한 사연 하소연하려 해도
> 관가 문지기는 호랑이 같고,
> 이정은 으르렁대며 외양간 소마저 끌고 갔다네.

① 서원의 정리
② 사창제의 실시
③ 호포법의 시행
④ 당백전의 발행

 ① 붕당 정치의 폐단을 방지하기 위해 서원을 정리
② 환곡의 문란을 개혁하기 위해 사창제 실시
④ 경복궁 중건 비용 충당을 위한 화폐

9 다음 글에 나타난 토지제도의 특징으로 옳지 않은 것은?

> 고려시대에 문무 관리들에게 지급하던 토지제도이다. 최고위직인 중서령으로부터 최하위 지방 관리인 이원(吏員)에 이르기까지 국가 관직에 복무하거나 또는 직역(職役)을 부담하는 자들에 대하여 그 지위에 따라 응분의 전토(田土)와 시지(柴地)를 지급하던 제도이다.

① 토지소유권은 국유를 원칙으로 하나 사유지가 인정되었다.
② 전시과는 전지와 시지를 직접 관리에게 지급한다.
③ 문종 대에는 지급 대상을 현직 관료로 제한하였다.
④ 퇴직하거나 사망시 국가에 반납 하는 것이 원칙이었다.

 제시된 글은 전시과에 관한 내용이다.
② 전시과는 전지와 시지를 직접 관리에게 지급하는 것이 아니라, 그 토지에 대한 수조권(收租權)을 준 것이다. 따라서 수조권을 가진 개인이나 기관은 경작자와 아무런 관련이 없었고, 국가가 경작자로부터 조(租)를 거두어 지급하였다.

Answer → 6.① 7.③ 8.③ 9.②

10 다음의 자료에 나타난 나라에 대한 설명으로 옳은 것은?

> 큰 산과 깊은 골짜기가 많고 평원과 연못이 없어서 계곡을 따라 살며 골짜기 물을 식수로 마셨다. 좋은 밭이 없어서 힘들여 일구어도 배를 채우기는 부족하였다.
>
> －삼국지 동이전－

① 가족 공동의 무덤인 목곽에 쌀을 부장하였다.
② 특산물로는 단궁 · 과하마 · 반어피 등이 유명하였다
③ 국동대혈에서 제사를 지내는 의례가 있었다.
④ 남의 물건을 훔쳤을 때에는 50만 전을 배상토록 하였다.

 제시된 글은 고구려에 대한 내용이다.
    ① 옥저의 골장제
    ② 동예의 특산품
    ③ 고조선의 8조법

11 다음에 해당하는 세력에 대한 설명으로 옳은 것은?

> 경제력을 토대로 과거를 통해 관계에 진출한 향리출신자들이다. 이들은 사전의 폐단을 지적하고, 권문세족과 대립하였으며 구질서와 여러 가지 모순을 비판하고 전반적인 사회개혁과 문화 혁신을 추구하였다. 이들은 온건파와 급진파로 나뉘는데 조선건국을 도운 급진파가 조선의 지배층이 되었다.

① 신진사대부
② 문벌귀족
③ 신흥무인세력
④ 호족

 제시된 글은 신진사대부에 대한 내용이다.
    ② **문벌귀족** : 고려 전기의 지배 계층으로 신라 말에 등장한 호족, 6두품, 개국 공신들이 문벌 귀족이 되었다.
    ③ **신흥무인세력** : 고려 말에 홍건적과 왜구의 침입을 물리치면서 새롭게 등장한 이성계, 최무선, 박위 등의 무인을 말한다.
    ④ **호족** : 중앙의 귀족과 대비되는 용어로서 지방의 토착세력을 의미한다.

12 고려시대의 여성의 지위에 관한 일반적 사항으로서 적절한 것을 모두 고르면?

> ⊙ 부모의 유산은 자녀에게 골고루 분배되었다.
> ⓒ 태어난 차례대로 호적을 기재하여 남녀 차별을 하지 않았다.
> ⓒ 아들이 없을 경우 양자를 들이지 않고 딸이 제사를 받들었다.
> ⓔ 재가한 여성이 낳은 자식의 사회적 진출에 차별을 두지 않았다.
> ⑩ 사위와 외손자에게까지 음서의 혜택이 있었다.

① ⊙ⓒ   ② ⓒⓔ

③ ⓒⓒⓔ   ④ ⊙ⓒⓒⓔⓜ

 고려의 가족제도 및 여성의 삶
   ⊙ 재산 상속은 남녀균분상속으로 이루어졌다.
   ⓒ 호적에 남녀 구별없이 연령순으로 기재하였다.
   ⓒ 아들이 없을 경우 양자를 들이지 않고 딸이 제사를 받들었다.
   ⓔ 여성도 호주가 될 수 있었다.
   ⓜ 양자와 양녀가 모두 있었으며, 사위가 처가의 호적에 입적하여 처가에서 생활을 하기도 하였다.
   ⓗ 여성은 비교적 자유롭게 가정 밖을 출입하고 남녀관계도 자유로웠다.
   ⓢ 남녀 모두 재혼이 자유롭고 자식을 데리고 가는 것은 물론 죽은 남편의 재산을 가지고도 재혼이 가능하였다.
   ⓞ 소생 자식의 사회적 진출에도 차별이 없으며, 가정생활 및 경제운영에서는 남녀 모두 동등한 위치에 있었다.

13 다음 제시된 비문과 관련된 내용으로 옳은 것은?

> 洋夷侵犯 非戰則和 主和賣國

① 장수왕이 남진정책을 기념하기 위해 세운 것이다.
② 광개토대왕의 업적과 고구려의 건국 설화 등을 담고 있다.
③ 통일신라 당시 한 촌락의 인구 수와 가옥 수 및 가축 수 등이 자세히 나와 있다.
④ 개항을 요구하는 서양세력에 대한 쇄국정책을 엿볼 수 있다.

 제시된 비문의 내용은 흥선대원군이 전국 각지에 세운 척화비의 내용이다.
   ① 충주고구려비(중원고구려비)의 내용이다.
   ② 광개토대왕릉비의 내용이다.
   ③ 신라촌락문서(신라민정문서)의 내용이다.

Answer ➔ 10.③ 11.① 12.④ 13.④

14 다음 자료를 읽고 이 자료의 배경이 된 전쟁과 관련된 것을 모두 고르면?

이십삼일 동서남문의 영문에서 군사를 내고 임금께서는 북문에서 싸움을 독촉하셨다.

이십사일 큰 비가 내리니 성첩(城堞)을 지키는 군사들이 모두 옷을 적시고 얼어죽은 사람이 많으니 임금이 세자와 함께 뜰 가운데에 서서 하늘게 빌어 가로대, "오늘날 이렇게 이른 것은 우리 부자가 죄를 지었음이니 이 성의 군사들과 백성들이 무슨 죄가 있으리오. 하늘께서는 우리 부자에게 재앙을 내리시고 원컨대 만민을 살려주소서." 여러 신하들이 안으로 드시기를 청하였지만 임금께서 허락하지 아니하시더니 얼마 있지 않아 비가 그치고 날씨가 차지 아니하니 성중의 사람들이 감격하여 울지 않은 이가 없더라.

이십육일 이경직, 김신국이 술과 고기, 은합을 가지고 적진에 들어가니 적장이 가로되, "우리 군중에서는 날마다 소를 잡고 보물이 산처럼 높이 쌓여 있으니 이따위 것을 무엇에 쓰리오. 네 나라 군신(君臣)들이 돌구멍에서 굶은 지 오래되었으니 가히 스스로 쓰는 것이 좋을 듯 하도다." 하고 마침내 받지 않고 도로 보냈다.

㉠ 권율은 행주산성에서 일본군을 크게 무찔렀다.
㉡ 왕이 삼전도에서 항복의 예를 함으로써 전쟁은 일단락되었다.
㉢ 진주목사 김시민이 지휘한 조선군은 진주성에서 일본군에게 막대한 피해를 입혔다.
㉣ 전쟁이 끝난 후 조선은 명과의 관계를 완전히 끊고 청나라에 복속하였다.
㉤ 청은 소현세자와 봉림대군을 비롯하여 대신들의 아들을 볼모로 데려갔다.

① ㉠, ㉡, ㉢   ② ㉠, ㉢, ㉤
③ ㉡, ㉣, ㉤   ④ ㉡, ㉢, ㉣

 제시된 자료는 산성일기의 일부로 이 작품의 배경과 관련된 전쟁은 병자호란이다. 따라서 병자호란과 관련된 것은 ㉡㉣㉤이다.
㉠ 임진왜란 때의 행주대첩 ㉢ 임진왜란 때의 진주대첩

15 다음 사건과 관련된 단체는 무엇인가?

- 밀양 · 진영 폭탄반입사건
- 상해 황포탄 의거
- 종로경찰서 폭탄투척 및 삼판통 · 효제동 의거
- 동경 니주바시 폭탄투척의거
- 동양척식회사 및 식산은행폭탄투척의거

① 의열단 ② 한인애국단
③ 구국모험단 ④ 대한독립군단

 제시된 사건과 관련있는 단체는 의열단이다.
① 의열단 : 1919년 11월 만주에서 조직된 독립운동단체
② 한인애국단 : 1931년 중국 상해에서 조직된 독립운동단체
③ 구국모험단 : 1919년 중국 상해에서 조직된 독립운동단체
④ 대한독립군단 : 1920년 만주에서 조직된 독립군 연합부대

16 다음은 통일을 위한 남 · 북간의 노력들이다. 시기 순으로 옳게 나열한 것은?

㉠ 한민족공동체통일방안 ㉡ 민족화합민주통일방안
㉢ 6 · 23평화통일선언 ㉣ 민족공동체통일방안

① ㉠-㉢-㉣-㉡ ② ㉡-㉣-㉢-㉠
③ ㉢-㉡-㉠-㉣ ④ ㉣-㉠-㉡-㉢

 ㉢ 1973.6.23 ㉡ 1982.1.12 ㉠ 1989.9 ㉣ 1994.8.15

Answer ↦ 14.③ 15.① 16.③

17 다음 뉴스의 사건과 관련된 내용으로 옳은 것은?

> 앵커 : 김 기자, 현재 그 곳 상황은 어떻습니까?
>
> 김 기자 : 네, 현재 이 곳은 그야말로 하루아침에 아비규환으로 변했습니다. 11월 17일부터 제주
> 도에 선포된 계엄령으로 인해 한라산 중산간 지대는 초토화의 참상을 겪게 되었습니
> 다. 이 곳에 투입된 진압군들은 중산간 지대에서 뿐만 아니라 해안마을에 거주하는 주
> 민들에게까지도 무장대에 협조했다는 이유로 불을 지르고 살상을 일삼았는데요. 이로
> 인해 목숨을 부지하기 위해 한라산으로 입산하는 피난민들이 더욱 늘어났고 이들도 산
> 속에서 숨어 다니다 잡히면 그 자리에서 사살되거나 형무소 등지로 보내졌습니다.

① 북한 경비정의 침범이 계속되자 대한민국 해군은 함미 충돌작전을 시작하였다.

② 3명의 유엔군측 장교와 경비병들이 미루나무의 가지를 치고 있을 때 북한군 30여 명이 곡괭
이 및 도끼로 미군 장교 2명을 살해하였다.

③ 강릉 일대로 침투한 북한군의 무장공비를 소탕하기 위해 49일간 수색작전을 벌였다.

④ 남로당 계열의 장교들을 포함한 약 2,000여 명의 군인이 전라남도 여수와 순천에서 봉기하였다.

 위의 뉴스는 제주 4 · 3사건에 대한 내용이다.

    ④ 여수 · 순천 사건(여순사건)으로 이는 당시 제주 4 · 3사건의 진압출동 명령을 받고 전라남도 여수에
       대기하고 있던 국방군 제14연대 내 남로당 계열의 일부 군인들이 출동명령을 거부하고 여수와 순천
       일대에서 무장봉기한 사건이다.

    ① 연평해전에 대한 내용이다.

    ② 8 · 18 도끼 만행 사건에 대한 내용이다.

    ③ 강릉지역 무장공비 침투사건에 대한 내용이다.

18 밑줄 친 '이들'에 대한 설명으로 옳은 것을 〈보기〉에서 모두 고른 것은?

> 신분계층으로서 이들은 역관, 의관, 산관, 율관 등의 기술관과 서리, 향리, 군교, 서얼 등을 일컫는다. 양반이 상급 지배 신분층이라면, 이들은 하급지배 신분층으로서 양반이 입안한 정책을 실제로 수행하는 행정 실무자이다.

> 〈보기〉
> ㉠ 서얼들의 차별 폐지 운동을 펼치기도 했다.
> ㉡ 하나의 재산으로 취급되었고 매매, 상속, 증여의 대상이었다.
> ㉢ 서리, 향리는 직역을 세습하고, 관청에서 가까운 곳에 거주하였다.
> ㉣ 행정 실무자로써 양반들과 같은 대우를 받았다.

① ㉠, ㉢   ② ㉡, ㉢

③ ㉠, ㉣   ④ ㉡, ㉣

 제시된 자료의 '이들'은 중인이다.
  ㉠ 서얼 또한 중인 신분의 하나로 18세기 후반부터 서얼 층은 차별 없이 사회적 활동을 펼 수 있게 해달라는 허통운동을 하였다.
  ㉢ 중앙과 지방관청의 서리와 향리 및 기술관으로 그들의 직역을 세습하고 같은 신분 안에서 혼인하였으며 관청에서 가까운 곳에 거주하였다.

Answer ↦ 17.④ 18.①

19 다음 중 고려 후기 농민들의 생활상으로 옳지 않은 것은?

① 신속이 「농가집성(農歌集成)」을 편술하여 간행하였다.

② 깊이갈이가 보급되어 휴경기간이 단축되었다.

③ 밭농사는 2년 3작의 윤작법이 보급되었다.

④ 남부 일부 지방에 이앙법이 보급되기도 했다.

 조선 중기에 신속은 농민과 권농관을 위한 전형적인 농업지침서인 「농가집성(農歌集成)」을 편술하여 간행하였다.

20 다음 제시된 자료의 밑줄 친 '이것'에 참여한 인물로 옳은 것을 〈보기〉에서 고르면?

'이것'은 한국 임시정부 수립 문제를 해결할 목적으로 중도파와 좌우 정치인들이 중심이 되어 1946년 5월 25일 구성되었다. 1946년 초 서울에서 열린 제1차 미소공동위원회가 아무 성과도 없이 결렬되고 좌·우익의 대립이 격화되면서 중도파 세력들은 위기감을 느꼈다. 좌우파의 중도계열 인사들은 좌·우파 협의기구 설립에 나섰고 미군정 당국도 이를 지원하여 이에 '이것'이 구성되었다.

〈보기〉

㉠ 김구	㉡ 여운형
㉢ 이승만	㉣ 김규식

① ㉠, ㉡

② ㉡, ㉢

③ ㉠, ㉢

④ ㉡, ㉣

 위의 제시된 자료의 '이것'은 좌우 합작 위원회를 말한다. 당시 좌우 합작 위원회에 참여한 대표적인 인물로 남측의 김규식과 북측의 여운형 등이 있다.

21 다음 제시된 자료를 읽고 해당 자료의 배경이 된 사건과 관련이 있는 것은?

> • "우리나라 건국 초기에는 각도의 군사들을 다 진관에 나누어 붙여서 사변이 생기면 진관에서는 그 소속된 고을을 통솔하여 물고기 비늘처럼 차례로 정돈하고 주장의 호령을 기다렸습니다. 경상도를 말하자면 김해, 대구, 상주, 경주, 안동, 진주가 곧 여섯 진관이 되어서 설사 적병이 쳐들어와 한 진의 군사가 패한다 할지라도 다른 진이 차례로 군사를 엄중히 단속하여 군건히 지켰기 때문에 한꺼번에 다 허물어져 버리지는 않았습니다."
>
> • "(오늘날에는 군제가 제승방략 체제로 편성되어 있기에) 비록 진관이라는 명칭은 남아 있사오나 그 실상은 서로 연결이 잘 되지 않으므로 한 번 경급을 알리는 일이 있으면 반드시 멀고 가까운 곳이 함께 움직이게 되어 장수가 없는 군사들로 하여금 먼저 들판 가운데 모여 장수 오기를 천리 밖에서 기다리게 하다가 장수가 제때에 오지 않고 적의 선봉이 가까워지면 군사들이 마음 속으로 놀라고 두려워하게 되니 이는 반드시 무너지기 마련입니다. 대중이 한 번 무너지면 다시 수습하기가 어려운 것인데 이 때는 비록 장수가 온다 하더라도 누구와 더불어 싸움을 하겠습니까? 그러하오니 다시 조종 때 마련한 진관 제도로 돌아감이 좋을 것 같습니다."
>
> ―「징비록(懲毖錄)」―

① 후금이 쳐들어오자 인조는 강화도로 피신하였다.

② 여몽연합군에 대항하여 강화도에서 진도, 제주도로 본거지를 옮기며 항전하였다.

③ 사명대사는 전쟁이 끝난 후 일본에 가서 전란으로 잡혀간 3,000여 명의 조선인을 데리고 귀국하였다.

④ 인조가 삼전도에서 청나라 왕에게 항복의 예를 올림으로써 전쟁은 막을 내렸다.

 위의 제시된 자료는 서애 유성룡의 「징비록(懲毖錄)」 중 일부이다. 이 책은 저자가 임진왜란이 끝난 후 벼슬에서 물러나 있을 때 저술한 것으로 임진 전란사를 연구하는데 귀중한 자료이다.
① 정묘호란에 대한 내용이다.
② 삼별초의 몽고 항전에 대한 내용이다.
④ 병자호란에 대한 내용이다.

22 조선시대에 전국 8도에 임명되어 도(道)의 사법권·행정권·군사권 및 감찰권을 가진 중요한 직책이었던 이것은 무엇인가?

① 안찰사   ② 관찰사
③ 수령   ④ 향리

① 고려시대 양계를 제외한 일반 행정구역인 5도에 파견된 지방관리이다.
③ 조선시대 해당 군현의 행정권·사법권·군사권을 가지고 있었으며 이러한 수령을 보좌하고 향리를 규찰하던 유향소가 있었다.
④ 고려의 향리는 지방의 실제 행정 실무를 담당했었고, 조선의 향리는 수령의 행정 보조로 수령의 책임하에 실무를 담당했다.

23 다음 자료의 조세제도와 관련된 왕에 대한 설명으로 옳은 것은?

> 토지의 조세는 비옥도와 연분의 높고 낮음에 따라 거둔다. 감사는 각 읍(邑)마다 연분을 살펴 정하되, 곡식의 작황이 비록 같지 않더라도 종합하여 10분을 기준으로 삼아 소출이 10분이면 상상년, 9분이면 상중년 ··· 2분이면 하하년으로 각각 등급을 정하여 보고한다. 이를 바탕으로 의정부와 6조에서 의논하여 결정한다.

① 규장각을 설치하고 능력 있는 서얼들을 대거 등용하였다.
②「향약집성방」, 「의방유취」 등의 의약서적들이 편찬되었다.
③ 이시애가 난을 일으키자 이를 평정하고 중앙집권 체제를 공고히 수립하였다.
④「동국여지승람」, 「동국통감」, 「동문선」, 「오례의」, 「악학궤범」 등의 서적을 간행하였다.

제시된 자료는 조선 세종 때 실시된 연분 9등법과 전분 6등법에 대한 내용이다.
① 정조와 관련된 내용이다.
③ 세조와 관련된 내용이다.
④ 성종과 관련된 내용이다.

24 다음 중 고조선의 세력 범위가 요동반도에서 한반도에 걸쳐 있었음을 알게 해 주는 유물을 모두 고르면?

> ㉠ 조개껍데기 가면　　　　　　　㉡ 거친무늬 거울
> ㉢ 비파형 동검　　　　　　　　　㉣ 미송리식 토기

① ㉠, ㉡　　　　　　　　　　　② ㉡, ㉢
③ ㉠, ㉡, ㉢　　　　　　　　　　④ ㉡, ㉢, ㉣

 요령지방에서 출토된 비파형동검을 조형으로 한 세형동검이 BC 3C 초부터 대동강 일대에서 나타나는 사실로서 알 수 있으며, 고인돌과 비파형동검, 미송리식 토기 등이 대표적인 고조선의 유물에 해당한다.

25 다음은 삼국지 위지 동이전에 제시된 어느 나라의 형벌 내용이다. 어느 나라의 것인가?

> • 사람을 죽인 자는 사형에 처하고 그 가족은 노비로 삼는다.
> • 절도자는 12배를 배상한다.
> • 간음한 자는 사형에 처한다.
> • 부녀의 투기를 사형에 처하되 그 시체를 남쪽 산에 버려서 썩게 한다.

① 고구려　　　　　　　　　　　② 부여
③ 옥저　　　　　　　　　　　　④ 동예

 위에 제시된 것은 진수의 「삼국지 위지 동이전」에 나와 있는 부여의 4대 금법의 내용이다. 이를 통해 부여의 생명존중사상, 사유재산의 보호, 연좌법의 적용, 가부장적 가족제도의 확립을 알 수 있다. 고조선의 8조 금법과는 살인과 절도 조항이 공통적으로 들어가 있다.

Answer → 22.② 23.② 24.④ 25.②

26 백제 건국의 주도세력이 고구려와 같은 계통임을 보여주는 문화유산으로 옳은 것은?

① 공주 송산리 고분

② 부여 능산리 고분

③ 백제 금동 대향로

④ 서울 석촌동 고분

 백제 건국의 주도세력이 고구려와 같은 계통임을 알 수 있는 사실은 백제의 석촌동 고분과 고구려의 장군총이 같은 형태의 계단식 돌무지무덤(계단식 적석총)이라는 점과 고구려와 백제의 건국이야기의 구조가 비슷하다는 점, 백제 개로왕이 북위에 보낸 국서 등이 있다.
　① 남조의 영향을 받은 벽돌무덤
　② 사비시대의 고분으로 굴식돌방무덤
　③ 부여 능산리 고분에서 출토, 도교 및 불교사상의 영향

27 다음과 같은 특징을 가진 사회에 대한 설명으로 옳은 것은?

> 천군이 지배하는 소도라는 독립 영역을 두고, 죄인이 들어오더라도 잡아가지 못하게 하였다.

① 도둑질한 자에게는 12배를 배상하게 하였다.

② 다른 부족의 영역을 침범하면 노비나 가축으로 변상하게 하였다.

③ 철이 많이 생산되어 교역 수단으로 활용되었다.

④ 매매혼의 일종인 민며느리제가 행하여졌다.

 천군은 삼한에서 존재하던 제사장이고 소도는 천군이 다스리고 하늘에 제사지내던 곳으로 이를 통해 삼한이 제정분리 사회라는 것을 알 수 있다.
　① 1책 12법은 부여에 해당한다.
　② 동예의 책화에 대한 내용이다.
　③ 삼한 중 철이 생산되던 지역은 변한이었다.
　④ 민며느리제는 옥저의 결혼제도이다.

28 다음 중 통일신라와 발해에 대한 설명으로 옳지 않은 것은?

① 양국 사이에 동족의식은 전혀 없었다.

② 발해의 문화는 고구려 문화를 계승하였다.

③ 문화적인 면에서 강한 경쟁의식을 가지고 있었다.

④ 발해 멸망 후 그 지배층이 고려로 흡수되었다.

 ① 통일신라와 발해는 친선책과 대립의식, 민족의식이 있었다. 발해 멸망기에는 거란의 공격을 받은 발해가 911년경 신라에 사신을 보내어 도움을 요청하였고 신라는 이를 수락 하였으며 「삼국사기」와 최치원의 글에 발해를 북국으로 지칭하고 있어 동일 민족의식 또는 양국이 같은 운명체라는 의식도 있었음을 알 수 있다.

29 다음 중 우리나라 근대사 사건이 순서대로 나열된 것은?

① 병인양요 – 갑신정변 – 만인소 사건 – 동학운동 – 교조신원운동

② 강화도조약 – 임오군란 – 거문도사건 – 동학운동 – 아관파천

③ 병인양요 – 강화도조약 – 임오군란 – 아관파천 – 을미사변

④ 강화도조약 – 거문도사건 – 갑신정변 – 청 · 일전쟁 – 만민공동회

 병인양요(1866) – 강화도조약(1876) – 신사유람단 파견(1881) – 만인소사건(1881) – 임오군란(1882) – 갑신정변(1884) – 거문도사건(1885) – 교조신원운동(1892) – 동학운동(1894) – 청 · 일전쟁(1894) – 을미사변(1895) – 아관파천(1896) – 만민공동회(1898) – 국채보상운동(1907) – 헤이그특사사건(1907)

30 고려 충목왕 4년(1348)에 세워졌으며 라마 양식의 영향을 받은 석탑으로 국보 제86호로 지정되었으며 현재 국립중앙박물관에 보존되어 있는 탑의 이름은?

① 정림사지 오층석탑 ② 월정사 팔각구층석탑

③ 경천사 십층석탑 ④ 원각사지 십층석탑

 정림사지 오층석탑(국보 제9호)은 백제의 대표적인 석탑으로 충남 부여에 위치해 있고, 월정사 팔각구층석탑(국보 제48호)은 오대산 월정사에 위치한 고려시대의 석탑이다. 원각사지 십층석탑(국보 제2호)은 경천사 십층석탑의 영향을 받은 조선 초기의 석탑으로 현재 탑골공원에 위치하고 있다.

Answer 26.④ 27.③ 28.① 29.② 30.③

31 다음 중 조선의 삼사(三司)에 해당하지 않는 것은?

① 예문관   ② 홍문관

③ 사간원   ④ 사헌부

 예문관은 고려시대에는 임금의 말이나 명령에 관한 일을 담당하였고, 조선시대에는 칙령(勅令)과 교명(敎命)을 기록하는 일을 하는 곳이었다. 삼사는 조선시대의 대표적인 언론담당관청으로 사헌부, 사간원, 홍문관을 말한다.

32 다음 글에 대한 설명으로 옳은 것은?

> 농경과 정착생활을 시작하면서 인간은 자연의 섭리를 생각하게 되었다. 그리하여 농사에 큰 영향을 끼치는 자연현상이나 자연물에도 정령이 있다는 믿음이 생겨났다.

① 태양이나 물의 숭배가 대표적이다.

② 구석기시대에 나타난 종교생활이다.

③ 곰과 호랑이를 부족의 수호신으로 섬겼다.

④ 우세한 부족이 스스로 하늘의 후손이라고 주장하였다.

 제시된 글은 애니미즘에 대한 설명으로, 자연계의 모든 사물에 생명이 있고, 따라서 영혼이 깃들어 있다고 생각하여 생겨났다. 특히 '농사에 큰 영향을 끼치는 자연현상이나 자연물'이라는 점을 주목하면 태양과 물이 농사에 필수적인 요소였다는 것을 생각할 수 있다.

33 다음은 백두산정계비의 내용이다. 이 비문의 해석과 관련하여 청나라와의 영토분쟁이 있었던 지역은?

> 西爲鴨綠　東爲土門　故於分水嶺上 ……

① 간도   ② 요동

③ 연해주   ④ 산동반도

 백두산정계비 … 정계비에서 서쪽으로는 압록강, 동쪽으로는 토문강이 조선과 청 두 나라 사이의 경계선으로 확정되었으나, 후에 이 비문의 해석을 둘러싸고 양국 사이에 간도귀속문제에 대한 분쟁이 야기되었다.

34 다음 설명에 해당하는 조선 시대의 신분층은?

> • 시사(詩社)를 조직하여 문예 활동을 하였다.
> • 주로 전문 기술이나 행정 실무를 담당하였다.
> • 개화 운동의 선구적 역할을 담당하기도 하였다.

① 양반   ② 부농

③ 중인   ④ 백정

 ① 본래 '문반 + 무반'을 지칭하는 말이었지만 조선 후기 가족이나 가문까지도 양반이라 지칭하였고 각종 국역·세금 등을 면제 받았다.
② 농작시설, 시비법 등의 발달로 넓은 땅을 경작할 수 있었고 이로 인해 농민들이 부유해지면서 생겨났다.
④ 고려시대에 백정은 평민을 뜻하는 말이었으나 조선시대에 와서는 가장 천한 계급을 뜻하는 말로 변하였다.

35 다음 ( ) 안에 들어갈 수를 모두 더하면 얼마인가?

> ㉠ 19( )년 - 5.18광주민주화 운동
> ㉡ 19( )년 - 6.25전쟁
> ㉢ 19( )년 - 경술국치

① 130   ② 135

③ 138   ④ 140

 ㉠ 5·18 광주 민주화 운동 : 1980년 5월 18일에서 27일까지 전라남도 및 광주 시민들이 계엄령 철폐와 전두환 퇴진, 김대중 석방 등을 요구하여 벌인 민주화운동이다.
㉡ 6·25전쟁 : 1950년 6월 25일 새벽에 북한 공산군이 남북군사분계선이던 38선 전역에 걸쳐 불법 남침함으로써 일어난 한국에서의 전쟁이다.
㉢ 경술국치 : 1910년 8월 29일에 일본이 우리나라를 병합한 날을 말하는 것으로 경술년, 나라의 큰 수치라는 의미이다.
따라서 ( )안에 들어가는 숫자는 80 + 50 + 10이고, 모두 더하면 140이다.

Answer ⤷ 31.①   32.①   33.①   34.③   35.④

36 다음에서 공통적으로 설명하는 것은?

- 우리나라에서 가장 오래된 건축물 중 하나
- 배흘림기둥과 팔작지붕

① 봉정사 극락전   ② 부석사 무량수전

③ 수덕사 대웅전   ④ 성불사 응진전

 공통적으로 설명하는 것은 국보 제8호인 부석사 무량수전이다.
① 국보 제15호로 고려 후기에 지어진 목조건물로 맞배지붕, 주심포 양식이다.
③ 국보 제49호이며 맞배지붕, 주심포양식으로 지어졌고 현존하는 고려시대 건물 중 특이하게 백제적인 곡선을 보이는 목조건축이다.
④ 조선시대 목조건물(고려 때 지어졌으나 임진왜란 때 불타서 조선 중종 때 수리)로 북한국보 제87호이며 다포계의 맞배지붕 건물이다.

37 한 · 중 · 일 3국의 개항에 대한 설명으로 적절한 것은?

① 청, 도쿠가와 막부, 조선의 순서로 개항하였다.
② 청은 프랑스와의 난징조약으로 개항하였다.
③ 조선은 청과의 강화도조약으로 개항하였다.
④ 도쿠가와 막부는 개항과 동시에 명치유신을 단행하였다.

 청은 1842년에 영국과 난징조약을 체결하면서 개항했다. 도쿠가와 막부가 개항한 것은 1853년이며, 조선은 일본과의 강화도 조약 체결로 1876년 개항했다.
② 난징조약은 청과 영국간의 조약이다.
③ 강화도조약은 조선과 일본간의 조약이다.
④ 도쿠가와 막부는 1853년 미국의 페리 제독이 동경만을 무차별 폭격하여 500명의 사망자가 나오는 아비규환을 겪고 문호 개방을 하였다. 명치유신을 단행한 것은 그로부터 15년 뒤의 일이다.

38 우리나라 최초로 설립된 국립교육 기관은?

① 태학   ② 국학

③ 국자감   ④ 성균관

 ① 고구려 ② 통일신라 ③ 고려 ④ 조선

39 다음 중 가장 이른 시기에 발생한 사건부터 바르게 나열한 것은?

> ㉠ 민족자존과 통일번영에 관한 특별선언(7.7선언)
> ㉡ 7.4남북공동성명 발표
> ㉢ 6.15남북공동선언

① ㉢ − ㉡ − ㉠   ② ㉡ − ㉢ − ㉠

③ ㉡ − ㉠ − ㉢   ④ ㉠ − ㉡ − ㉢

 ㉠ 1998년 7월 7일
㉡ 1972년 7월 4일
㉢ 2000년 6월 15일

40 조선이 국호를 대한제국이라고 처음 부른 것은 어떤 사건 이후인가?

① 임오군란   ② 갑신정변

③ 아관파천   ④ 갑오개혁

 명성황후가 시해된 을미사변 이후 일본에 대해 신변의 위협을 느낀 고종이 1896년 2월 11일부터 약 1년 간 러시아 공관에 옮겨 거처한 사건을 아관파천이라 한다. 1897년 2월 25일 고종이 경운궁으로 환궁하면서 국호를 대한제국(大韓帝國)으로 고치고 황제 즉위식을 하여 독립제국임을 내외에 선포하였다.

Answer ⌐ → 36.② 37.① 38.① 39.③ 40.③

PART

IV

면접

01 면접의 기본

① 면접

　면접관은 면접을 통해서 서류만으로는 알 수 없었던 당신에 대해서 알고 싶어한다. 성품과 지적 수준, 잠재능력 등은 서류만으로는 확인할 수 없다. 이에 기업은 면접을 통하여 지원자가 회사에 이익을 가져다 줄 수 있는 우수한 인재인지 검증하려는 것이다.

　최근에는 서류전형은 일정한 자격만 갖추면 통과할 수 있도록 가능성을 넓히고, 다양한 면접을 통해서 지원자들의 역량을 평가하는 기업이 늘고 있다. 단순히 SPEC으로 지원자를 판단하는 것이 아니라 여러 가지 상황과 질문에 대처해 나가는 자세를 보고 사람을 평가하겠다는 취지인 것이다.

　이에 따라 지원자들은 면접관이 중요하게 생각하는 사항과 최근 면접의 유형, 그리고 각 기업의 정보를 통해서 면접에 철저하게 대비할 필요가 있다.

② 면접관의 주요 평가 사항

(1) 첫인상

　면접시간이 짧은 만큼 첫인상이 당락에 차지하는 비중은 상당하다. 자세, 표정, 목소리, 사회인으로서의 기본 매너, 복장 등에 의해 첫인상이 결정되므로 이에 대한 준비는 철저하게 하는 것이 좋다.

① 답변에만 신경을 쓰거나 긴장하다 보면 다리를 떠는 등 평소의 좋지 않은 습관을 드러낼 수 있으므로 주의하여야 한다.

② 면접은 처음 몇 초, 지원자가 인사하는 모습에 의해 판가름 나기도 한다. 긴장한 나머지 구부정한 자세와 작은 목소리로 인사하게 되면 좋은 인상을 주기 어렵다. 큰 목소리로 밝게 인사하여 면접관이 자신에게 호감을 느끼도록 만들어야 한다.

③ 지나친 당당함, 거친 걸음걸이 등 무례한 태도로는 면접관에게 호감을 줄 수 없다.

④ 등을 굽히거나 몸을 움츠리고 있으면 소극적이고 소심한 사람으로 보일 수 있다. 머리를 심하게 만지거나 옷매무새를 빈번하게 고치게 되면 면접관이 지원자의 답변에 집중하지 못한다.

⑤ 논쟁의 여지가 있는 주제에 대해서는 면접관과 심각하게 논쟁할 필요가 없다. 자신의 주장을 겸손하게 드러내는 것으로 족하다.

⑥ 미리 준비한 모범답변으로 의기양양하게 대답한다거나 쉽고 간결하게 답할 수 있음에도 불구하고 장황하게 설명하는 모습은 면접관을 불쾌하게 할 수 있다.

⑦ 시선을 피해 입실하여 면접관을 힐끗힐끗 쳐다보거나, 두리번거리는 모습으로는 호감을 줄 수 없다. 지원자가 눈길을 피하는 순간에도 면접관은 지원자에게 오감을 집중하고 있다.

(2) 1분 자기소개

1분 자기소개의 가장 효과적인 방법은 절도있는 자기소개나 명랑한 아이디어가 아니다. 바로 자신이 업계와 기업에 대하여 관심이 많고, 기업에 유익한 인재임을 설득력 있게 소개하는 것이다.

① 상품가치 … 업계의 트렌드, 회사의 당면과제를 짚어주고 자신의 강점이 회사에 얼마나 도움이 되는지 소개하여야 한다.

② 에피소드 … 에피소드를 활용하여 자신의 강점을 보다 객관적, 구체적으로 전달하여야 한다. 그 경험을 통해 얻은 교훈과 성과를 덧붙여 자신의 강점이 직무에 큰 도움이 됨을 보여주는 것이다.

(3) 업무에 대한 열정 및 기본능력

기업은 업무수행과정에서 발생하는 여러 난관을 극복하고 직무를 지속해서 담당할 수 있는 능력과 열정을 갖춘 인재를 원한다. 따라서 무기력한 이미지를 보여주거나, 지원 분야에 대해 관심이 적고 업무와 관련된 기본지식이 부족해 보이는 지원자는 채용하지 않는다.

① 열정 … 업무를 제대로 수행하기 위해서는 전문성도 중요하지만 지원 분야에 대한 의욕과 도전정신이 반드시 필요하기 때문에 열정 역시 중요한 평가 대상이 된다.

　　㉠ 자세 : 면접에 임하는 태도만으로도 열의를 보여줄 수 있다. 등은 곧게 펴고 시선은 면접관을 정면으로 바라보며 대답은 크고 자신감 있게 하여야 한다.

　　㉡ 자기소개 : 해당 분야와 직무에 관한 트렌드 및 당면과제를 언급하고, 이에 대한 의견과 대안 등을 제시함으로써 그 분야에 열정을 가진 인재임을 보여주어야 한다.

　　㉢ 질문 : 면접관이 질문할 기회를 준다면 복리후생에만 집착하는 모습을 보이지 않도록 하고, 직무에 관련된 질문을 함으로써 지원 분야에 대한 열정을 드러내어야 한다.

　　㉣ 마지막으로 하고 싶은 말 : 마지막으로 할 말이 있느냐는 질문에는 오히려 지망 분야의 전문가로 성장하기 위한 노하우 등을 되묻는 것도 좋다.

② 업무수행능력 … 직무에 필수적인 전문성 외에도 담당 업무를 원활히 수행하는 데 필요한 기본능력을 평가한다.

　　㉠ 사고력 : 이해력, 분석력, 창의력 등의 기초적인 사고 능력

　　㉡ 팀워크 : 호감을 유발하는 언어구사력, 원활한 의사소통 능력과 같이 팀 단위의 업무 수행에 영향을 주는 요소

　　㉢ 업무에 대한 이해도 : 업무수행에 필요한 기초 지식, 업무 프로세스 이해 등 담당 업무 전반에 대한 이해력

(4) 인성

면접관은 지원자의 답변을 통해 타인과 잘 어울리고 업무를 제대로 수행할 만한 인격을 갖추었는지를 평가한다.

① Key point … 기업 특유의 인재상과 같이 기업은 지원자의 인성에 대한 나름의 평가 기준을 가지고 있다. 지원자가 이런 기업의 요구에 자신의 강점을 연결시켜 소개하는 것도 좋지만 자신의 개성을 알고 이를 직무와 연관된 강점으로 부각시키는 것이 더욱 중요하다.

② 평가요소

　　㉠ 사교성 및 협조성 : 말투, 표정에서 친밀감을 표현하는지, 타 지원자의 의견을 경청하고 있으며, 정확한 의사소통능력을 보여주는지를 본다.

　　㉡ 이해력 및 표현력 : 타인의 말을 바르게 이해하고 이에 대한 자신의 생각을 명확하게 전하는지, 알기 쉬운 말투로 적절한 표현을 하고 있는지를 살펴본다.

　　㉢ 성실성 : 침착한 자세로 끈기있게 답변하고 있는지 무책임한 답변을 하고 있지는 않는지 살펴본다.

　　㉣ 외관이나 언행 등 : 답변 시 표정이나 태도와 압박 질문에 어떤 대응을 살펴본다. 또 외관이 청결하고 자세는 바른지 살펴본다.

(5) 적성 적합 여부

위의 조건을 모두 갖추고, 스펙도 좋으며 업무에 대한 열정도 있지만 지원자의 적성이 업무에 적합하지 않은 것으로 평가되어 불합격하는 경우도 있다. 그 만큼 지원자의 적성이 중요한 평가 대상인 것이다.

② 사전조사 … 미리 지원 분야와 담당할 직무를 조사하여 해당 분야에 관심과 지식이 많다는 것을 보여주어야 한다.

② 연결고리 … 사전 조사한 내용을 자신의 인성적인 측면에서의 강점과 연결하여 담당 직무에 어떻게 기여할 것인지를 보여준다면, 면접관은 지원자가 직무를 담당하기에 적합한 적성을 가진 사람이라고 생각하게 된다.

❸ 면접 과정

(1) 입실

① 노크 … 2, 3회 정도 하는 것이 기본이다. 노크하는 간격에 여유를 두고, 면접 장소로 들어가기 전부터 미소를 머금도록 하여야 한다. 집단 면접에서는 첫 번째 사람만 노크한다. 입실 후에는 시끄럽지 않을 정도의 큰 소리로 인사를 하고 웃는 얼굴로 자리로 이동한다.

② 착석 … 서 있을 때는 등을 곧게 펴고, 머리를 숙이지 않도록 한다. 웃는 얼굴로 서 있다가 면접관이 자리에 앉으라고 할 때는 눈길을 마주하고 자신의 성명을 밝히며 간단히 인사한 후 자리에 앉는다. 자리에 앉을 때에는 신발 뒤꿈치를 가지런하게 하고, 다리가 벌어지지 않도록 주의하여 자세가 흐트러지지 않도록 한다. 착석 후에는 어깨의 힘을 빼고 등은 곧게 편다. 무릎 위에 손을 가지런히 두고 의자의 등받이와 등 사이에 주먹을 넣을 정도의 간격을 두어 깊게 앉도록 한다.

(2) 대화

① 시선 … 면접관의 질문에 답변할 때는 상대방의 아이 존(눈매로부터 넥타이 부근까지)에 눈길을 두자. 턱을 들어 올리며 눈을 살며시 아래로 뜨는 거만한 자세는 아닌지, 턱을 너무 집어넣어 눈을 치켜뜨며 노려보고 있지는 않은지 점검한다. 또, 타 지원자가 답변할 때는 천장이나 아래를 보며 어색해하거나 다른 생각에 빠져 있지 않도록 주의한다.

② 표정 … 인상이 좋아 보이는 눈매가 되기 위해서는 눈을 적절히 크게 뜨는 것이 좋으며, 항상 상대방과 시선을 마주치면서 미소를 짓는다. 면접관의 이야기에 귀 기울이다가 인상적인 말에는 적절한 반응을 취하도록 한다.

③ 목소리 … 목소리에 기운이 있고 밝아 보인다는 인상을 면접관에게 주도록 한다. 이름이 호명될 때 긴장하지 않은 목소리로 크게 대답한다. 말하는 속도는 적절히 조절하여 안정적인 분위기를 유도하는 것이 유리하다.

④ 태도 … 면접 도중 자주 머리를 만지든지 옷을 신경 쓰는 모습을 보여주지 않도록 한다. 정서불안이나 긴장하고 있음을 나타내는 증거이기 때문이다.

(3) 퇴실

① 인사 … 면접이 끝나면 일어나서 정중하게 인사하고 퇴장한다. 이때 지나치게 허리를 굽혀 인사하면 오히려 좋은 인상을 주지 못한다. 밝은 인상으로 천천히 30도 정도 굽혀 인사하는 모습이 훨씬 공손해 보인다. 인사한 후에는 의자를 정리하는 것을 잊지 않도록 한다.

② 표정…간혹 실수했다는 생각에 빠져 어두운 표정을 짓는 지원자도 있다. 그러나 당신이 크게 실수했다고 자책하는 부분을 면접관이 아무렇지 않게 여기는 경우도 있다. 면접의 결과를 예상하여 들뜨거나 낙심하지 말고 끝까지 최선을 다하는 것이 중요하다.

④ 면접의 유형

(1) 개인면접

① 특징

    ㉠ 형식 : 면접관 1~3명이 지원자 1명을 평가하는 형식으로 지원자에 대한 심도있는 평가가 가능하다. 면접관과 독대하는 경우가 많으므로 상당히 긴장할 수 있다. 하지만 집단면접보다는 차분하게 이야기를 나눌 수 있으므로 면접관에게 질문이 있으면 해도 좋다.

    ㉡ 평가항목 : 답변의 내용뿐 아니라 자세와 태도 및 기본 매너 등을 관찰한다.

② 대책

    ㉠ 진실성 : 특히 개인면접은 장시간에 걸쳐 연속해서 질문을 받게 되므로 솔직하게 답변하는 것이 좋다.

    ㉡ 기회 : 비교적 많은 시간이 주어지므로 자기소개, 지원동기 등을 통해서 자신의 생각을 분명히 나타낼 수 있다.

    ㉢ 대화 : 답변을 외워서 대답하는 것보다 실수하지 않을 정도로 암기하고 자연스럽게 대화하는 기분으로 면접에 임하는 것이 좋다.

(2) 집단면접

① 특징

    ㉠ 형식 : 다수의 지원자를 여러 명 혹은 한 명의 면접관이 대면한다. 주로 면접관이 질문하고 지원자가 순서대로 답변하는 형식이다.

    ㉡ 평가항목 : 논리력, 표현력, 설득력, 사회성 등을 주로 평가한다.

② 대책

    ㉠ 명확성 : 각자에게 배당된 시간이 적은만큼 간결하고 확실하게 답하는 것이 중요하다.

    ㉡ 경청 : 다른 지원자의 발표를 경청하도록 한다. 일부 지원자들은 긴장한 나머지 자신의 답변만 신경쓰는데, 이때 면접관이 타 지원자의 답변에 대한 의견을 물어오면 당황할 수 있다.

(3) 그룹토의

① 특징

　㉠ 형식 : 다수의 지원자가 한 주제에 대해 토의하게 된다. 평가항목 의사소통능력, 리더십, 팀워크, 전문지식 등을 평가한다.

　㉡ 진행방식 : 주제에 대해 자유롭게 대화하는 자유토론 형식과 대립하는 2개 조로 나뉘어서 토론하는 디베이트(debate) 형식이 있다.

② 대책

　㉠ 적극성 : 면접에 적극적으로 임하려는 자세와 타인의 의견을 경청하는 태도가 중요하다.

　㉡ 배려 : 타 지원자의 발언을 모두 들은 후에 자신의 의견을 제시해야 하며, 소극적이고 발언이 적은 지원자를 배려해주면 좋은 평가를 받을 수 있다.

(4) 그룹과제

① 특징

　㉠ 형식 : 다수의 지원자로 구성된 그룹에 과제가 주어지고 구성원들이 협력하여 과제를 해결해 나가게 된다.

　㉡ 평가항목 : 집단 속에서의 협력성, 적극성과 독창성 등을 주로 평가받는다.

② 대책

　㉠ 협동 : 개인의 능력을 과시하고 성과에 집착하기보다 집단 속에서 잘 어우러져 협력하는 모습을 보여주는 것이 중요하다.

　㉡ 업무파악능력 : 전반적인 작업 과정을 빠르게 파악하여 자신의 역할을 바르게 이해하고, 정확한 발언과 행동을 하는 것이 중요하다.

　㉢ 리더십 : 자신만의 리더십을 겸손하게 보여주면 더욱 좋은 평가를 받을 수 있다.

(5) PT면접

① 특징

　㉠ 형식 : 사전에 준비된 과제를 부여받아 정해진 시간 내에 발표하는 것으로서 주로 기획 능력이 필요한 분야에서 시행하는 형식이다. 최근에는 거의 모든 업계에서 PT면접을 진행하고 있다.

　㉡ 평가요소 : 기획력, 전문지식에 대한 이해력을 주로 평가받는다.

② 대책

    ㉠ 규정 : 준수 시간, 자료, 분량의 제한 등을 통해 규칙을 준수하는 의식을 평가하므로 규정 준수가 중요하다.

    ㉡ 문제해결능력 : PT주제는 거의 전공과 관련된 문제가 많다. 사실 지원자들에게 확실한 답변을 얻기 위한 것이라기보다는 문제를 해결해 나가는 능력과 순발력을 평가하기 위한 면접이다. 모르는 문제 라고 해서 당황하거나 자신감 없는 모습을 보이는 것보다는 자신만의 논리를 가지고 자신감 있게 문제를 해결해 나가는 모습을 보여주는 것이 좋다.

(6) 합숙면접

① 특징

    ㉠ 형식 : 면접관과 지원자가 하루 혹은 이틀 동안 합숙하는 형식이다.

    ㉡ 평가요소 : 적응력, 문제해결능력, 팀워크, 리더십을 주로 평가하며 면접관은 지원자의 숨겨진 재 능까지도 유심히 살핀다.

② 대책

    ㉠ 자연스러움 : 새로운 친구를 사귀는 기분으로 다른 지원자들과 자연스럽게 어울리며 자신의 능력 을 한껏 드러내도록 한다.

    ㉡ 팀워크, 리더십 : 팀을 이루어 수행하는 과제가 대부분이므로 팀에 잘 융화되고 타 지원자들을 적 극적으로 리드하는 모습을 보여주면 좋은 평가를 받을 수 있다.

5 면접에 대한 궁금증

1차 면접, 2차 면접의 질문이 같다면 대답도 똑같아야 하나요?

    면접관의 질문이 같다면 일부러 대답을 바꿀 필요는 없다. 1차와 2차의 면접관이 다르다면 더욱 그러하며 면접관이 같더라도 완전히 다른 대답보다는 대답의 방향을 조금 바꾸거나, 예전의 질문에서 더욱 구체적으 로 파고드는 대답이 좋다.

제조회사의 면접시험에서 지금 사용하고 있는 물건이 어느 회사의 제품인지를 물었을 때, 경쟁회사의 제품을 말해도 괜찮을까요?

타사 특히 경쟁사의 제품을 거론하는 것을 좋아할 만한 면접관은 한 명도 없다. 그러나 그 제품의 장·단점까지 분석할 수 있고 논리적인 설명이 가능하다면 경쟁회사의 제품을 거론해도 무방하다. 만약 면접을 보는 회사의 제품을 거론할 때 장·단점을 설명하지 못하면, 감점요인은 아니지만 좋은 점수를 받기는 힘들다.

면접관이 '대답을 미리 준비했군요'라는 말을 하면 어떻게 해야 할까요?

외워서 답변하는 경우에는 면접관의 눈을 똑바로 보고 말하기가 힘들며 잊어버리기 전에 말하고자 하여 말의 속도가 빨라진다. 면접에서는 정답이 표면적으로 드러나 있는 질문보다는 지원자의 생각을 묻는 질문이 많으므로 면접관의 질문을 새겨듣고 요구하는 바를 파악한 후 천천히 대답한다.

부모님의 직업이 나와 무슨 관계가 있습니까?

면접관이 지원자의 부모님 직업이 궁금해서 묻는 것이 아니다. 이 대답을 통해서 지원자가 자식으로서 부모님을 얼마나 이해하고 있는가와 함께 사회인으로서 다른 직장인을 얼마나 이해하고 포용할 수 있는가를 확인하는 것이다. 부모님의 직업만을 이야기하지 말고 그에 따른 자신의 생각을 밝히는 것이 좋다.

집단면접에서 면접관이 저에게 아무런 질문도 하지 않았습니다. 그 이유는 무엇인가요?

이력서와 자기소개서는 면접의 기본이 되며 이력서의 내용이 평범하거나 너무 포괄적이라면 면접관은 지원자에게 궁금증이 생기지 않을 수도 있다. 그러므로 이력서는 구체적이면서 개성적으로 자신을 잘 드러낼 수 있는 내용을 강조해서 작성하는 것이 중요하다.

면접관에게 좋은 인상을 남기기 위해서는 어떻게 하는 것이 좋을까요?

지나치게 가벼워 보이거나 잘난 척하는 자세는 바람직하지 않다. 면접관은 성실하고 진지한 지원자를 대할 경우 고개를 끄덕이거나 신중한 표정을 짓는다.

질문에 대한 답변을 다 하지 못하였는데 면접관이 다음 질문으로 넘어가 버리면 어떻게 할까요?

면접에서는 간단명료하게 자신의 의견을 일관성 있게 밝히는 것이 중요하다. 두괄식으로 주제를 먼저 제시하는데 서론이 길면 지루해져 다음 질문으로 넘어갈 수 있다.

> **면접에서 실패한 경우에, 역전시킬 수 있는 방법이 있나요?**
>
> 지원자 스스로도 면접에서 실패했다고 느끼는 경우가 종종 있다. 이런 경우에는 당황하여 인사를 잊기도 하나 그 때 당황하지 말고 정중하게 인사를 하면 또 다른 인상을 심어줄 수 있다. 면접관은 당신이 면접실에 들어서는 순간부터 나가는 순간까지 당신을 지켜보고 있다는 사실을 기억해야 한다.

❻ 면접의 대비

(1) 면접대비사항

① 지원회사에 대한 사전지식 습득 ··· 필기시험에 합격하거나 서류전형을 통과하면 보통 합격 통지 이후 면접시험 날짜가 정해진다. 이때 지원자는 면접시험을 대비해 본인이 지원한 계열사 또는 부서에 대해 다음과 같은 사항 정도는 알고 있는 것이 좋다.

  ㉠ 회사의 연혁

  ㉡ 회장 또는 사장의 이름, 출신학교, 전공과목 등

  ㉢ 회사에서 요구하는 신입사원의 인재상

  ㉣ 회사의 사훈, 비전, 경영이념, 창업정신

  ㉤ 회사의 대표적 상품과 그 특색

  ㉥ 업종별 계열 회사의 수

  ㉦ 해외 지사의 수와 그 위치

  ㉧ 신제품에 대한 기획 여부

  ㉨ 지원자가 평가할 수 있는 회사의 장·단점

  ㉩ 회사의 잠재적 능력 개발에 대한 각종 평가

② 충분한 수면을 취해 몸의 상태를 최상으로 유지 ··· 면접 전날에는 긴장하거나 준비가 미흡한 것 같아 잠을 설치게 된다. 이렇게 잠을 잘 자지 못하면 다음날 일어났을 때 피곤함을 느끼게 되고 몸 상태도 악화된다. 게다가 잠을 못 잘 경우 얼굴이 부스스하거나 목소리에 영향을 미칠 수 있으며 자신도 모르게 멍한 표정을 지을 수도 있다.

③ 아침에 정보를 확인 ··· 아침에 일어나서 뉴스 등을 유의해서 보고 자신의 생각을 정리해 두는 것이 좋다. 또한 면접일과 인접해 있는 국경일이나 행사 등이 있다면 그에 따른 생각을 정리해 두면 좋다.

(2) 면접 시 유의사항

① **첫인상이 중요** … 면접에서는 처음 1~2분 동안에 당락의 70% 정도가 결정될 정도로 첫인상이 중요하다고 한다. 그러므로 지원자는 자신감과 의지, 재능 등을 보여주어야 한다. 그리고 면접자와 눈을 맞추고 그가 설명을 하거나 말을 하면 적절한 반응을 보여준다.

② **지각은 금물** … 우선 면접장소가 결정되면 교통편과 소요시간을 확인하고 가능하다면 미리 방문해보는 것도 좋다. 당일에는 서둘러서 출발하여 면접 시간 10~15분 일찍 도착하여 회사를 둘러보고 환경에 익숙해지는 것이 좋다.

③ **면접대기시간의 행동도 평가** … 지원자들은 대부분 면접실에서만 평가받는다고 생각하나 절대 그렇지 않다. 면접진행자는 대부분 인사실무자이며 당락에 영향을 준다. 짧은 시간 동안 사람을 판단하는 것은 힘든 일이라 면접자는 지원자에 대한 평가에 대한 확신을 위해 타인의 의견을 듣고자 한다. 이때 면접진행자의 의견을 참고하므로 면접대기시간에도 행동과 말을 조심해야 한다. 또한 면접을 마치고 돌아가는 그 순간까지도 행동과 말에 유의하여야 한다. 황당한 질문에 답변은 잘 했으나 복도에 나와서 흐트러진 모습을 보이거나 욕설을 하는 것도 다 평가되므로 주의한다.

④ **입실 후 공손한 태도**

　㉠ 본인 차례가 되어 호명되면 대답을 또렷하게 하고 들어간다. 만약 문이 닫혀 있다면 상대에게 소리가 들릴 수 있을 정도로 노크를 두 번 한 후 대답을 듣고 나서 들어간다.

　㉡ 문을 여닫을 때에는 소리가 나지 않게 조용히 하며 공손한 자세로 인사한 후 성명과 수험번호를 말하고 면접관의 지시에 따라 자리에 앉는다. 이 경우 자리에 착석하라는 말이 없는데 의자에 앉으면 무례한 사람처럼 보일 수 있으므로 주의한다.

　㉢ 의자에 앉을 때는 끝에 걸터앉지 말고 안쪽으로 깊숙이 앉아 무릎 위에 양손을 가지런히 얹는 것이 좋다.

⑤ **대답하기 난해한 개방형 질문도 반드시 답변을 함**

　㉠ 면접관의 질문에는 예, 아니요로 답할 수 있는 단답형도 있으나, 정답이 없는 개방형 질문이 있을 수 있다. 단답형 질문의 경우에는 간단명료하면서도 그렇게 생각하는 이유를 밝혀주는 것이 좋다. 그러나 개방형 질문은 평소에 충분히 생각하지 못했던 내용이라면 답변을 하기 힘들 수도 있다. 하지만 반드시 답변을 해야 된다. 자신의 생각이나 입장을 밝히지 않을 경우 소신이 없거나 혹은 분명한 입장이나 가치를 가지고 있지 않은 사람으로 비쳐질 수 있다. 답변이 바로 떠오르지 않는다면, "잠시 생각을 정리할 시간을 주시겠습니까?"하고 요청을 해도 괜찮다.

　㉡ 평소에 잘 알고 있는 문제라면 답변을 잘 할 수 있을 것이다. 그러나 이런 경우 주의할 것은 면접자와 가치 논쟁을 할 필요가 없다는 것이다. 정답이 정해져 있지 않은 경우에는 가치관이나 성장배경에 따라 문제를 받아들이는 태도에서 답변까지 충분히 차이가 있을 수 있다. 그런데 그것을 굳이 지적하여 고치려 드는 것은 좋지 않다.

⑥ 자신감과 의지 … 면접을 하다 보면 미래를 예측해야 하는 질문이 있다. 이때에는 너무 많은 상황을 고려하지 말고, 자신감 있는 내용으로 긍정문으로 답변하는 것이 좋다.

⑦ 자신의 장·단점 파악 … 면접을 하다 보면 나에 대해서 부정적인 말을 해야 될 경우가 있다. 이때에는 자신의 약점을 솔직하게 말하되 너무 자신을 비하하지 말아야 한다. 그리고 가능한 단점은 짧게 말하고 뒤이어 장점을 말하는 것이 좋다.

⑧ 정직한 대답 … 면접이라는 것이 아무리 본인의 장점을 부각시키고 단점을 축소시키는 것이라고 해도 절대로 거짓말을 해서는 안 된다. 거짓말을 하게 되면 지원자는 불안하거나 꺼림칙한 마음이 남아 있어 면접에 집중하지 못하게 되고 면접관은 그것을 놓치지 않는다. 거짓말은 그 사람에 대한 신뢰성을 떨어뜨리며 이로 인해 다른 조건이 좋다하더라도 탈락할 수 있다.

⑨ 지원동기에 가치관이 반영 … 면접에서 거의 항상 물어보는 질문은 지원동기에 관한 것이다. 어떤 응시자들은 이 질문을 대수롭지 않게 여기거나 중요한 것은 알지만 적당한 내용을 찾지 못해 추상적으로 답변하는 경우가 많다. 이런 경우 면접관들은 응시자의 생각을 알 수 없거나 성의가 없다고 생각하기 쉬우므로 그 내용 안에 자신의 가치관이 내포되도록 답변한다. 이러한 답변은 면접관에게 응시자가 직업을 통해 자신의 가치관을 실현하기 위한 과정이라는 인상을 주게 되므로 적극적인 삶의 자세를 볼 수 있게 한다.

⑩ 경력직일 경우 전의 직장에 대한 험담은 금물 … 응시자에게 이전 직장에서 무슨 일이 있었는지, 그곳 상사들이 어땠는지 등은 그다지 면접관이 궁금해하는 사항이 아니다. 전 직장에 대해 험담을 늘어놓는다든가, 동료와 상사들에 대한 악담을 하게 된다면 오히려 부정적인 이미지를 심어 줄 수 있다. 만약 전 직장에 대한 말을 할 필요성이 있다면 가능한 객관적으로 이야기하는 것이 좋다.

⑪ 대답 시 유의사항

㉠ 질문이 주어지자마자 답변하는 것은 미리 예상한 답을 잊어버리기 전에 말하고자 하는 것으로 오인될 수 있으며, 침착하지 못하고 즉흥적으로 비춰지기 쉽다.

㉡ 질문에 대한 답변을 할 때에는 면접관과의 거리를 생각해서 너무 작게 하는 것은 좋지 않으나 큰 소리로 이야기하면 면접관이 부담을 느끼게 된다. 자신있는 답변이라고 해서 너무 빠르게 많이 말하지 않아야 하며, 자신의 답변이 적당하지 못했다고 느꼈을 경우 머리를 만지거나 혀를 내미는 등의 행동은 좋지 못하다. 그리고 정해진 답변 외에 적절하지 않은 농담은 경망스러워 보이거나 취업에 열의가 없어 보이기도 한다.

㉢ 가장 중요한 것은 올바른 언어의 구사이다. 존대어와 겸양어를 혼동하기도 하고 채팅어를 자기도 모르게 사용하기도 하는데 이는 면접 실패의 원인이 될 수 있다.

⑫ 옷매무새 … 여성들의 경우 이러한 모습이 특히 두드러지는데 외모에 너무 신경을 쓰거나 너무 긴장하여 머리를 계속 쓸어 올리거나 치마 끝을 만지작거리는 경우가 있다. 특히 너무 짧은 치마를 입고서 치마를 끌어 내리는 행동은 좋지 못하다.

⑬ 다리를 떨거나 산만한 시선은 금물

　　㉠ 자신도 모르게 다리를 떨거나 손가락을 만지는 등의 행동을 하는 사람들이 많다. 이는 면접관의 주의를 끌 뿐만 아니라 불안하고 산만한 사람이라는 느낌을 주게 된다.

　　㉡ 면접관과 시선을 맞추지 못하고 여기저기 둘러보는 듯한 산만한 시선은 거짓말을 하고 있다고 여기거나 신뢰성이 떨어진다고 생각하기 쉽다.

⑭ 질문의 기회를 활용 … 면접관이 "면접을 마치겠네." 혹은 "면접과는 상관없는 것인데…"하면서 질문을 유도하기도 한다. 이 경우 면접관이 하는 말은 지원자를 안심시켜 마음을 알고자 하는 것으로 거기에 넘어가서는 안 된다. "물어볼 것이 있나?"라는 말은 '우리 회사에서 가장 관심이 있는 것이 무엇인가'라는 말과 같은 의미이므로 유급휴가나 복리후생에 관한 질문 등을 하게 되면 일보다는 휴가에 관심이 많은 사람이라는 인식을 주게 된다. 이런 내용들은 다른 정보망을 활용하여 미리 파악해 두는 것이 좋으며 업무에 관련된 질문으로 하고자 하는 일의 예를 들면서 합격 시에 하는 일을 구체적으로 설명해 달라고 하거나 업무를 더욱 잘 수행하기 위해서 필요한 능력 등을 물어보는 것이 좋다.

7 자기소개 시 유의사항

　　면접에서 빠지지 않는 것이 자기소개를 간단히 해 보라는 것이다. 자기소개라는 것은 매우 추상적이며 넓은 의미를 포괄한다. 자신의 이름에 얽힌 사연이나 어릴 적의 추억, 고향, 혈액형 등 지원자에 관한 일이라면 모두 자기소개가 될 수 있다. 그러나 이는 면접관이 원하는 대답이 아니다. 면접관은 지원자의 신상명세를 알고 싶은 것이 아니라 지원자가 지금껏 해 온 일을 통해 그 사람 됨됨이를 알고자 하는 것이기 때문이다.

(1) 자신의 집안에 대해 자랑하는 사람

　　자신의 부모나 형제 등 집안사람들이 사회·경제적으로 어떠한 위치에 있는지를 서술하는 유형으로 자신도 대단한 사람이라는 것을 강조하고 싶은 것일지 모르나 면접관에게는 의존적이며 나약한 사람으로 비춰지기 쉽다.

(2) 대답을 하지 못하는 사람

면접관의 질문에는 난도가 있어서 대답하기 힘든 문제도 분명 있을 것이다. 그러나 이는 어려운 것이지 난처한 문제는 아니다. 그러나 면접관이 '당신에게 지금까지 무슨 일을 해왔습니까?' 라고 묻는다면 바로 대답을 하지 못하고 머뭇거리게 될 것이다. 평소에 끊임없이 이런 질문을 스스로 던져 자신이 원하는 것을 파악하고 직업도 관련된 쪽으로 구하고자 하면 막힘없이 대답할 수 있을 것이다.

(3) 자신이 한 일에 대해서 너무 자세하게 이야기하는 사람

면접은 필기시험과 마찬가지로 시간이 정해져 있고 그 시간을 효율적으로 활용하여 자신을 내보이는 것이다. 그러나 이러한 사람들은 그것은 생각하지 않고 적당하지 않은 말까지 많이 하여 시간이 부족하다고 하는 사람들이다. 이들은 자신이 한 일을 열거하면서 모든 일에 열의가 있는 사람이라고 생각해주길 바라지만 단순 나열일 뿐 면접관들에게 강한 인상을 남기지 못한다.

(4) 너무 오래된 추억을 이야기하는 사람

면접에서 초등학교의 시절의 이야기를 하는 사람은 어떻게 비춰질까? 그 이야기가 지금까지도 영향을 미치고 있다면 괜찮지만 단순히 일회성으로 그친다면 너무 동떨어진 이야기가 된다. 가능하면 최근의 이야기를 하는 것이 강렬한 인상을 남길 수 있다.

⑧ 자주 나오는 질문과 대처법

(1) 가족 및 대인관계에 관한 질문

당신의 가정은 어떤 가정입니까?

면접관들은 지원자의 가정환경과 성장과정을 알고 싶어하는 것이다. 비록 가정 일과 사회의 일이 완전히 일치하는 것은 아니지만 '가화만사성'이라는 말이 있듯이 가정이 화목해야 사회에서도 화목하게 지낼 수 있기 때문이다. 그러므로 답변 시에는 가족사항을 정확하게 설명하고 집안의 분위기와 특징에 대해 이야기하는 것이 좋다.

친구관계에 대해 말해보시오.

　지원자의 인간성을 판단하는 질문으로 교우관계를 통해 답변자의 성격을 알 수 있다. 새로운 환경에 적응을 잘하여 새로운 친구들이 많은 것도 좋지만, 깊고 오래 지속되어온 인간관계를 말하는 것이 더욱 바람직하다.

(2) 성격 및 가치관에 관한 질문

당신의 PR포인트를 말해주십시오.

　지나치게 겸손한 태도는 좋지 않으며 적극적으로 자기를 주장해야 한다. 앞으로 입사 후 하게 될 업무와 관련된 자기의 특성을 구체적인 일화로 이야기하면 좋다.

당신의 장·단점을 말해 보시오.

　지원자의 구체적인 장·단점을 알고자 하기 보다는 지원자가 자기 자신에 대해 얼마나 알고 있으며 어느 정도의 객관적인 분석을 하고 있나, 그리고 개선의 노력 등을 시도하는지를 파악하고자 하는 것이다.

가장 존경하는 사람은 누구입니까?

　존경하는 사람을 말하기 위해서는 우선 그 인물에 대해 알아야 한다. 대충 알고서 질문에 응답하는 것을 면접관은 바로 알 수 있으므로 추상적이라도 좋으니, 그 사람의 어떤 점이 좋고, 존경스러운지 대답해야 한다. 또한 자신에게 어떤 영향을 미쳤는지도 언급하면 좋다.

(3) 학교생활에 관한 질문

지금까지의 학교생활 중 가장 기억에 남는 일은?

가급적 직장생활에 도움이 되는 경험을 이야기하는 것이 좋다. 또한 경험만을 간단하게 말하지 말고 그 경험을 통해서 얻을 수 있었던 교훈 등을 예시와 함께 이야기하는 것이 좋으나 너무 상투적인 답변이 되지 않도록 주의한다.

학교 때의 성적은 좋은 편이었습니까?

면접관은 이미 서류심사를 통해 지원자의 성적을 알고 있다. 성적 자체는 중요한 것이 아니다. 이 질문의 핵심은 당신이 성적에 대해서 어떻게 인식하느냐 하는 것이다. 성적이 나빴던 이유에 대해서 변명하려 하지 말고 담백하게 받아들이고 그것에 대한 개선노력을 했음을 밝히는 것이 적절하다.

학창시절에 시위나 데모에 참여한 적이 있습니까?

기업에서는 노사분규를 기업의 사활이 걸린 중대한 문제로 인식하고 거시적인 차원에서 접근한다. 이러한 기업문화를 제대로 인식하지 못하여 학창시절의 시위 경험을 자랑스럽게 답변할 경우 감점요인이 되거나 심지어는 탈락할 수 있다는 사실에 주의한다.

(4) 지망동기 및 직업의식에 관한 질문

왜 우리 회사를 지원했습니까?

이 질문은 어느 회사나 가장 먼저 물어보고 싶은 것으로 지원자들은 기업의 이념, 사장의 경영능력, 재무구조, 복리후생 등 외적인 부분을 설명하는 경우가 많다. 이러한 답변도 적절하지만 지망회사의 주력 상품에 관한 소비자의 인지도, 경쟁사 제품과의 시장점유율을 비교하면서 입사동기를 설명한다면 상당히 주목받을 것이다.

만약 이 회사에 불합격하면 어떻게 하겠습니까?

불합격할 것을 가정하고 회사에 응시하는 사람은 거의 없다. 이는 지원자를 궁지로 몰아 넣고 그 대응을 살펴 입사희망 정도를 알아보려고 하는 것이다. 이 질문은 깊이 들어가지 말고 침착하게 답변하여야 한다.

당신이 생각하는 바람직한 사원상은?

직장인으로서 또는 조직의 일원으로서의 자세를 묻는 질문으로 지원하는 회사에서 어떤 인재상을 요구하는 가를 알아두는 것이 좋으며 평소에 자신의 생각을 미리 정리해 두는 것이 적절하다

직무상의 적성과 보수의 많음 중 어느 것을 택하겠습니까?

이런 질문에서 회사측에서 원하는 답변은 당연히 일에 비중을 둔다는 것이다. 그러나 적성만을 너무 강조하다 보면 오히려 솔직하지 못하다는 인상을 줄 수 있으므로 어느 한 쪽을 너무 강조하거나 경시하는 태도는 바람직하지 못하다.

상사와 의견이 다를 때 어떻게 하겠습니까?

과거에는 어떠했을지 모르나 요즘은 상사의 명령에 무조건 따르겠다는 수동적인 자세는 바람직하지 않다. 회사에서는 때에 따라서는 자신이 판단하고 행동할 수 있는 직원을 원하기 때문이다. 그러나 지나치게 자신의 의견만을 고집한다면 이는 팀원 간의 불화를 야기할 수 있으며 팀 체제에 악영향을 미칠 수 있으므로 선호하지 않는다는 것에 유념하여야 한다.

이번에 뽑는 사원은 근무지가 지방인데 근무가 가능합니까?

근무지가 지방 중에서도 특정 지역은 되고 다른 지역은 안 된다는 답변은 바람직하지 않다. 직장에서는 순환 근무라는 것이 있으므로 처음에 지방에서 근무를 시작했다고 해서 계속 지방에만 있는 것은 아님을 유의하고 답변해야 한다.

02 면접기출

1 한국중부발전 면접기출

(1) 토론면접

① 재생에너지 2030계획의 효율적인 이행을 위한 방안에 대하여 토론하시오.

② 공기업의 수익성, 공익성 중 무엇이 우선이라고 생각되는지 토론하시오.

③ 트위터 및 SNS 열풍에 대한 견해와 우리사회에 미칠 영향을 주제로 토론하시오.

④ 외국인과 함께 일하는 것에 대해 어떻게 생각하는지 토론하시오.

⑤ 임금피크제와 정년퇴직에 관한 내용을 토론하시오.

⑥ 발전소 발생 가능 문제와 보완대책에 대하여 토론하시오.

(2) PT면접

① 발전소 예방정비의 미흡 및 규정 미준수 등으로 인한 손실액을 감소시키기 위하여 본인이 세울 수 있는 중장기대책에 대해 말해보시오.

② 서울 열병합 지하발전소 건립에 대해 설명하시오.

③ 국제정세가 중부발전에 미치는 영향과 그에 따른 대응방안에 대해 말해보시오.

④ 기업의 친환경 이미지를 구축하기 위한 방법을 말해보시오.

⑤ 기업이미지 제고 방안과 효과에 대해 설명하시오.

⑥ 발전소가 환경에 악영향을 미친다고 생각하는 국민의 이해 및 이미지 개선을 위해서 펼쳐야하는 홍보활동에 대해 말해보시오.

⑦ 본인이 중부발전 팀장이고 그 밑으로 10명의 부하직원이 있다면 어떻게 팀을 이끌 것인지 말해보시오.

⑧ 발전소 운영 향상을 위해 중부발전이 해야 할 내부노력을 기술면에서 정리해보시오.

⑨ 세계경제구조와 한국 경제 환경에 대한 자신의 생각을 말해보시오.

⑩ 개인의 이익과 공공의 이익 중 어느 것이 먼저라고 생각하는지 말해보시오.

⑪ 스마트워크의 장점과 단점을 말해보시오.

(3) 인성면접

① 약속시간에 맞춰 가는가? 늦게 가는가?

② 1년에 책 몇 권을 읽는가? 최근에 감명 깊게 읽은 책은 무엇인가?

③ 살아오면서 부모님으로부터 어떤 영향을 받았는가? 그 영향이 지금 자신의 삶에 어떻게 나타났는가?

④ 살면서 가장 실패의 쓴 맛을 본 적은 언제인가?

⑤ 타인과의 갈등으로 힘들었던 사례와 그 갈등을 해결하기 위해 어떠한 노력을 기울였는가?

⑥ 책임감을 가지고 임했던 일 중에서 성취, 또는 실패했던 경험이 있는가?

⑦ 한국중부발전에 지원한 이유는 무엇이며, 자신이 지원직무에 적합하다고 생각하는 이유는 다른 회사에 지원한 곳이 있는가?, 왜 떨어졌다고 생각하는가?

⑧ 입사 후 본인이 지원한 직무에 배치되지 않는다면 어떻게 할 것인가?

⑨ 한국중부발전의 바람직한 기업문화와 복지정책은 무엇이라 생각하는가?

⑩ 한국중부발전의 기업 광고를 본 적 있는가?

⑪ 자신의 생활신조 또는 좌우명이 있다면 말해보시오

⑫ 최근 사회이슈를 말해보고 이에 대한 지원자의 견해를 제시하시오

⑬ 살아오면서 가장 기뻤던 일은 무엇인가?

⑭ 신입사원이 갖추어야 할 자세 및 덕목은 무엇인지 말해보시오

⑮ 학생과 직장인의 차이는 무엇인지 말해보시오

⑯ 즐겨보는 TV 프로그램은 무엇인가?

⑰ 지원자의 특기를 지금 면접 자리에서 직접 보여 줄 수 있는가?

⑱ 가훈은 무엇인가?

⑲ 지원자가 상사일 경우 부하직원을 어떻게 다룰 것인지에 대해 말해보시오

⑳ 지원자가 다시 태어날 경우 어느 나라 사람이 되고 싶은가?

㉑ 입사하면 어떤 일을 하고 싶은가?

㉒ 최근에 본 사회이슈와 그에 대한 자신의 견해를 말해보시오.

㉓ 당사 업종에서 중요한 점과 나아가야 할 방향은?

당신의 꿈은 뭔가요?

MY BUCKET LIST !

꿈은 목표를 향해 가는 길에 필요한 휴식과 같아요.

여기에 당신의 소중한 위시리스트를 적어보세요. 하나하나 적다보면 어느새 기분도

좋아지고 다시 달리는 힘을 얻게 될 거예요.

☐ _____   ☐ _____
☐ _____   ☐ _____
☐ _____   ☐ _____
☐ _____   ☐ _____
☐ _____   ☐ _____
☐ _____   ☐ _____
☐ _____   ☐ _____
☐ _____   ☐ _____
☐ _____   ☐ _____
☐ _____   ☐ _____
☐ _____   ☐ _____
☐ _____   ☐ _____
☐ _____   ☐ _____
☐ _____   ☐ _____
☐ _____   ☐ _____
☐ _____   ☐ _____
☐ _____   ☐ _____
☐ _____   ☐ _____
☐ _____   ☐ _____
☐ _____   ☐ _____
☐ _____   ☐ _____
☐ _____   ☐ _____
☐ _____   ☐ _____

창의적인 사람이 되기 위해서

정보가 넘치는 요즘, 모두들 창의적인 사람을 찾죠.
정보의 더미에서 평범한 것을 비범하게 만드는 마법의 손이 필요합니다.
어떻게 해야 마법의 손과 같은 '창의성'을 가질 수 있을까요. 여러분께만 알려 드릴게요!

01. 생각나는 모든 것을 적어 보세요.

아이디어는 단번에 솟아나는 것이 아니죠. 원하는 것이나, 새로 알게 된 레시피나, 뭐든 좋아요.

떠오르는 생각을 모두 적어 보세요.

02. '잘하고 싶어!'가 아니라 '잘하고 있다!'라고 생각하세요.

누구나 자신을 다그치곤 합니다. 잘해야 해. 잘하고 싶어.

그럴 때는 고개를 세 번 젓고 나서 외치세요. '나, 잘하고 있다!'

03. 새로운 것을 시도해 보세요.

신선한 아이디어는 새로운 곳에서 떠오르죠. 처음 가는 장소, 다양한 장르에 음악, 나와 다른 분야의 사람.

익숙하지 않은 신선한 것들을 찾아서 탐험해 보세요.

04. 남들에게 보여 주세요.

독특한 아이디어라도 혼자 가지고 있다면 키워 내기 어렵죠.

최대한 많은 사람들과 함께 정보를 나누며 아이디어를 발전시키세요.

05. 잠시만 쉬세요.

생각을 계속 하다보면 한쪽으로 치우치기 쉬워요. 25분 생각했다면 5분은 쉬어 주세요.

휴식도 창의성을 키워 주는 중요한 요소랍니다.